U0631369

浙江省文化研究工程指导委员会

主　任　　王　浩

副主任　　刘　捷　　彭佳学　　邱启文　　赵　承
　　　　　　胡　伟　　任少波

成　员　　高浩杰　　朱卫江　　梁　群　　来颖杰
　　　　　　陈柳裕　　杜旭亮　　陈春雷　　尹学群
　　　　　　吴伟斌　　陈广胜　　王四清　　郭华巍
　　　　　　盛世豪　　程为民　　蔡袁强　　蒋云良
　　　　　　陈　浩　　陈　伟　　施惠芳　　朱重烈
　　　　　　高　屹　　何中伟　　李跃旗　　吴舜泽

浙江文化名人传记精选修订丛书

原 主 编：万 斌

执行主编：卢敦基

亘古男儿

陆游传

高利华 著

浙江人民出版社

图书在版编目（CIP）数据

亘古男儿：陆游传 / 高利华著. -- 杭州：浙江人
民出版社，2025. 1. -- ISBN 978-7-213-11818-0

Ⅰ. K825. 6

中国国家版本馆CIP数据核字第2025UW6464号

亘古男儿：陆游传

GENGU NANER LU YOU ZHUAN

高利华　著

出版发行：浙江人民出版社(杭州市环城北路177号　邮编　310006)
市场部电话：(0571)85061682　85176516

责任编辑：毛江良　　　　　　　　责任校对：何培玉
责任印务：程　琳　　　　　　　　封面设计：王　芸
电脑制版：杭州天一图文制作有限公司
印　　刷：杭州钱江彩色印务有限公司
开　　本：710毫米×1000毫米　1/16　　印　张：20.75
字　　数：315千字　　　　　　　　插　页：2
版　　次：2025年1月第1版　　　　印　次：2025年1月第1次印刷
书　　号：ISBN 978-7-213-11818-0
定　　价：72.00元

如发现印装质量问题，影响阅读，请与市场部联系调换。

"浙江文化研究工程成果文库"总序

　　有人将文化比作一条来自老祖宗而又流向未来的河，这是说文化的传统，通过纵向传承和横向传递，生生不息地影响和引领着人们的生存与发展；有人说文化是人类的思想、智慧、信仰、情感和生活的载体、方式和方法，这是将文化作为人们代代相传的生活方式的整体。我们说，文化为群体生活提供规范、方式与环境，文化通过传承为社会进步发挥基础作用，文化会促进或制约经济乃至整个社会的发展。文化的力量，已经深深熔铸在民族的生命力、创造力和凝聚力之中。

　　在人类文化演化的进程中，各种文化都在其内部生成众多的元素、层次与类型，由此决定了文化的多样性与复杂性。

　　中国文化的博大精深，来源于其内部生成的多姿多彩；中国文化的历久弥新，取决于其变迁过程中各种元素、层次、类型在内容和结构上通过碰撞、解构、融合而产生的革故鼎新的强大动力。

　　中国土地广袤、疆域辽阔，不同区域间因自然环境、经济环境、社会环境等诸多方面的差异，建构了不同的区域文化。区域文化如同百川归海，共同汇聚成中国文化的大传统，这种大传统如同春风化雨，渗透于各种区域文化之中。在这个过程中，区域文化如同清溪山泉潺潺不息，在中国文化的共同价值取向下，以自己的独特个性支撑着、引领着本地经济社会的发展。

　　从区域文化入手，对一地文化的历史与现状展开全面、系统、扎实、有序的研究，一方面可以借此梳理和弘扬当地的历史传统和文化资源，繁荣和丰富当代的先进文化建设活动，规划和指导未来的文化发展蓝图，增强文化软实力，为全面建设小康社会、加快推进社会主义现代化提供思想保证、精神动力、智力支持和舆论力量；另一方面，这也是深入了解中国文化、研究中国文化、发展中国文化、创新中国文化的重要途径之一。如今，区域文化研究日益受到各地重视，成为我国文化研究走向深入的一个重要标志。我们今天实施浙江文化研究工程，其目的和意义也在于此。

千百年来，浙江人民积淀和传承了一个底蕴深厚的文化传统。这种文化传统的独特性，正在于它令人惊叹的富于创造力的智慧和力量。

浙江文化中富于创造力的基因，早早地出现在其历史的源头。在浙江新石器时代最为著名的跨湖桥、河姆渡、马家浜和良渚的考古文化中，浙江先民们都以不同凡响的作为，在中华民族的文明之源留下了创造和进步的印记。

浙江人民在与时俱进的历史轨迹上一路走来，秉承富于创造力的文化传统，这深深地融汇在一代代浙江人民的血液中，体现在浙江人民的行为上，也在浙江历史上众多杰出人物身上得到充分展示。从大禹的因势利导、敬业治水，到勾践的卧薪尝胆、励精图治；从钱氏的保境安民、纳土归宋，到胡则的为官一任、造福一方；从岳飞、于谦的精忠报国、清白一生，到方孝孺、张苍水的刚正不阿、以身殉国；从沈括的博学多识、精研深究，到竺可桢的科学救国、求是一生；无论是陈亮、叶适的经世致用，还是黄宗羲的工商皆本；无论是王充、王阳明的批判、自觉，还是龚自珍、蔡元培的开明、开放，等等，都展示了浙江深厚的文化底蕴，凝聚了浙江人民求真务实的创造精神。

代代相传的文化创造的作为和精神，从观念、态度、行为方式和价值取向上，孕育、形成和发展了渊源有自的浙江地域文化传统和与时俱进的浙江文化精神，她滋育着浙江的生命力、催生着浙江的凝聚力、激发着浙江的创造力、培植着浙江的竞争力，激励着浙江人民永不自满、永不停息，在各个不同的历史时期不断地超越自我、创业奋进。

悠久深厚、意韵丰富的浙江文化传统，是历史赐予我们的宝贵财富，也是我们开拓未来的丰富资源和不竭动力。党的十六大以来推进浙江新发展的实践，使我们越来越深刻地认识到，与国家实施改革开放大政方针相伴随的浙江经济社会持续快速健康发展的深层原因，就在于浙江深厚的文化底蕴和文化传统与当今时代精神的有机结合，就在于发展先进生产力与发展先进文化的有机结合。今后一个时期浙江能否在全面建设小康社会、加快社会主义现代化建设进程中继续走在前列，很大程度上取决于我们对文化力量的深刻认识、对发展先进文化的高度自觉和对加快建设文化大省的工作力度。我们应该看到，文化的力量最终可以转化为物质的力量，文化的软实力最终可以转化为经济的硬实力。文化要素是综合竞争力的核心要素，文化资源是经济社会发展的重要资源，文化素质是领导者和劳动者的首要素质。因此，研究浙江文化的历史与现状，增强文化软实力，为浙江的现代化建设服务，是浙江人民的共同事业，也是浙江各级党委、政府的重要使命和责任。

2005年7月召开的中共浙江省委十一届八次全会，作出《关于加快建设文化大省的决定》，提出要从增强先进文化凝聚力、解放和发展生产力、增强社会公共服务能力入手，大力实施文明素质工程、文化精品工程、文化研究工程、文化保护工程、文化产业促进工程、文化阵地工程、文化传播工程、文化人才工程等"八项工程"，实施科教兴国和人才强国战略，加快建设教育、科技、卫生、体育等"四个强省"。作为文化建设"八项工程"之一的文化研究工程，其任务就是系统研究浙江文化的历史成就和当代发展，深入挖掘浙江文化底蕴、研究浙江现象、总结浙江经验、指导浙江未来的发展。

浙江文化研究工程将重点研究"今、古、人、文"四个方面，即围绕浙江当代发展问题研究、浙江历史文化专题研究、浙江名人研究、浙江历史文献整理四大板块，开展系统研究，出版系列丛书。在研究内容上，深入挖掘浙江文化底蕴，系统梳理和分析浙江历史文化的内部结构、变化规律和地域特色, 坚持和发展浙江精神; 研究浙江文化与其他地域文化的异同, 厘清浙江文化在中国文化中的地位和相互影响的关系; 围绕浙江生动的当代实践, 深入解读浙江现象, 总结浙江经验, 指导浙江发展。在研究力量上, 通过课题组织、出版资助、重点研究基地建设、加强省内外大院名校合作、整合各地各部门力量等途径, 形成上下联动、学界互动的整体合力。在成果运用上, 注重研究成果的学术价值和应用价值, 充分发挥其认识世界、传承文明、创新理论、咨政育人、服务社会的重要作用。

我们希望通过实施浙江文化研究工程, 努力用浙江历史教育浙江人民、用浙江文化熏陶浙江人民、用浙江精神鼓舞浙江人民、用浙江经验引领浙江人民, 进一步激发浙江人民的无穷智慧和伟大创造能力, 推动浙江实现又快又好发展。

今天, 我们踏着来自历史的河流, 受着一方百姓的期许, 理应负起使命, 至诚奉献, 让我们的文化绵延不绝, 让我们的创造生生不息。

2006 年 5 月 30 日于杭州

目录

第一章　陆子家风

世代诗书簪缨之家

北宋宣和七年（1125）十月中旬，直秘阁、淮南路计度转运副使陆宰，带着家眷，奉诏由寿春（今安徽寿县）赴京师（今河南开封）朝见。十六日晚，舟行淮河途中，天降狂风急雨，河面掀起惊涛骇浪，只好夜泊岸边。次日清晨时分，在这条官船上，一个伟大的生命呱呱落地了，他就是陆宰的第三个儿子①、后来名闻天下的大诗人陆游。

陆游（1125—1210）字务观，号放翁，越州山阴（今浙江绍兴）人。陆游的出生，给山阴陆氏这个人丁兴旺的名门世家再一次带来了喜气。好消息很快就传到了老家山阴。

山阴古属会稽，是个历史悠久、文化积淀深厚的地方，也是我国长江流域较早绽现文明曙光的一个区域。相传大禹治水功成后，会诸侯于会稽，逝后也安葬在会稽山。春秋时期，山阴是越国的都城所在，也是当时江南地区开发最早、最有影响力的城市之一，越王句践在此卧薪尝胆，最终实现了复仇兴国、称霸中原的大业。秦统一中国后，推行郡县制，越地设会稽郡，置山阴县。明

---

① 陆宰有四子，长子陆淞，字子逸，官至知辰州；二子陆濬，字子清，官至岳州通判；三子陆游；四子陆淓，字仲虚，官至泉州、严州通判。长子陆淞、二子陆濬分别生于北宋大观三年（1109）和政和三年（1113），陆游排行第三，本年陆宰三十八岁。

兰亭

代袁宏道《山阴道上》诗有"钱塘艳若花，山阴芊如草。六朝以上人，不闻西湖好"①的说法，因为与同是历史文化名城的钱塘（今浙江杭州）相比，山阴的历史更为悠久，得名也要早得多。

自六朝以来，山阴就以山水秀丽、人文荟萃闻名天下。晋室南渡，带来了南北文化的交融。越地千岩竞秀、万壑争流，一直是文人士大夫心向往之的地方。王羲之、谢安等众多文化名流，于永和九年（353）在会稽山阴之兰亭，举行了诗酒风流的修禊盛会，一时传为佳话。谢灵运创作的山水诗，就有许多是以会稽一带的山水为背景的，中国山水诗与越地山水的深厚渊源自不待言。《世说新语·言语》篇记载，王献之说："从山阴道上行，山川自相映发，使人应接不暇。"②从此以后，慕名前来越中寻觅山水踪迹的文人便络绎不绝。这就是山阴陆氏家族七世定居的一方故土。

陆游不仅有着地灵人杰的故土，更有引以为荣的显赫家世。据说山阴陆氏的始祖是春秋时期的高士陆通，陆通就是赫赫有名的楚狂接舆③。陆游曾这样自豪地描述陆氏家世：

> 陆氏自汉以来，为天下名族，文武忠孝，史不绝书。比唐亡，恶五代之乱，乃去不仕。然孝弟行于家，行义修于身，独有古遗法，世世守之，

---

① 〔清〕徐元梅修、朱文翰纂《嘉庆山阴县志》，民国二十五年绍兴县修志委员会校刊铅印本，第1132页。

② 徐震堮校笺《世说新语校笺》上册《言语第二》，中华书局1984年版，第82页。

③ 陆游《宋会稽陆氏重修宗谱序》，见〔清〕陆曾纂修《山阴陆氏族谱》，清康熙四十三年世德堂刻本，上海图书馆藏。

不以显晦易也。宋兴，历三朝数十年，秀杰之士毕出。太傅（陆轸）始以进士起家，楚公（陆佃）继之，陆氏衣冠之盛，寖复如晋、唐时，往往各以所长见于世。①

古人喜欢推源识本，这既是对祖先的崇仰，其实也是文化寻根意识的表现，族谱本身就承载着极其丰厚的乡土之情和文化归属感。陆氏一门在历史上确实出了许多有名望的人物。如曾经辅佐汉高祖刘邦定天下的能臣陆贾、被光武帝称为"气节之士"的陆闳、唐德宗时官拜宰相德高望重的陆贽等，真所谓"文武忠孝，史不绝书"，这是令陆氏家族引以为荣的资本。《放翁家训》说陆氏家族在唐朝官为辅相者有六人之多。唐末政局动荡，陆氏为避五代之乱，才从吴郡迁徙到嘉兴、钱塘。吴越国时，再迁到山阴隐居。从此，陆氏家族在山阴鲁墟遵循祖训，以耕读传家，寂然如雾豹冥鸿，不轻易出仕为官。

直到北宋大中祥符年间（1008—1016），天下太平，政通人和，陆氏家族才与时俱进，再次加入仕宦行列。陆游高祖陆轸以进士起家，而后，才俊之士层出不穷。家族中登进士者达十六人②，文才儒学应有尽有，为官有声望者更不计其数。陆氏在山阴称得上是诗书簪缨之望族，也是科举入仕人数较多的仕宦家族之一。陆游的曾祖陆珪为国子博士；祖辈中，祖父陆佃、叔祖陆傅均是神宗朝进士，伯祖陆伱官至中大夫，均有政绩；父辈中，堂伯父陆长民是徽宗朝进士，伯父陆宲是个书法家，伯父陆寘官至中散大夫赠少师，叔父陆案（元珍）官至右朝散大夫；同辈中，也不乏出类拔萃的人才，堂兄陆升之、陆光之是高宗朝进士，堂弟陆沭是孝宗朝进士，胞兄陆淞官至辰州知州，雅好文学，词采斐然。总之，陆氏家族中可表可书，值得称道的人物是很多的。然而，对陆游一生产生重大影响的莫过于高祖陆轸、祖父陆佃和父亲陆宰三位。

---

① 陆游《右朝散大夫陆公墓志铭》，见朱迎平笺校《渭南文集笺校》卷三二，上海古籍出版社2022年版，第1644页。以下引陆游《渭南文集》均用该版本，只注明篇目、卷次、页码。

② 据冯丽君《谈宋代山阴陆氏家族对陆游的影响》一文所列简表，载《绍兴文理学院学报》2003年第3期。

家学：从陆轸、陆佃到陆宰

陆游的老师、宋代著名诗人曾几在谈到陆游时，总是津津乐道于"陆子家风"①，可见在时人眼里，"陆子家风"是渊源有自、很有口碑的。北宋山阴陆氏以经学、文学起家，家族中一直秉承着优良的学风和处世作风。

陆游笔下时时引以为荣的太傅，就是陆氏第四十八世祖、陆游的高祖陆轸。

陆轸（978—1054），字齐卿，是个颇有传奇色彩的人物。相传年幼时默默不能言，七岁时忽然开口朗然作诗，语出惊人："昔年曾住海三山，日月宫中屡往还。无事引他天女笑，谪来为吏向人间。"②从此才思迸发，一发而不可收。宋真宗大中祥符五年（1012）登进士，康定元年（1040）六月以工部郎中充集贤校理出任越州知州，也以吏部郎中直昭文馆知严州。为官多施惠政，清廉有声望。后因其孙陆佃功绩卓著，朝廷追赠他为太子太傅。

陆轸一生性情宽厚、正直坦荡，仁宗皇帝为此特赐玉砚表彰他的清白。他笃信道教，精通阴阳堪舆之术，看到会稽吼山一带山水绝佳，便有意识地在那儿建了住宅，经常往来于鲁墟与吼山之间。他写了《修心鉴》一书，教育子孙如何为学为人。他十分信奉道学，热衷于修炼道教辟谷炼丹之术，功力深厚。他还很爱喝酒，酒醉之后，将花插在帽上，怡然自乐；他还懂医学，擅长养生，晚年自号"朝隐子"。

这位高祖在陆游心目中有着崇高的地位，陆游的《家世旧闻》中对高祖的德行有许多记载③，景慕之情溢于言表，因而后来陆游的立身行事常常带有乃祖的风格。陆轸为官清廉自洁，两袖清风，终身未置余产。喜欢读书买书，把有

---

① 曾几《陆务观效孔方四舅氏体倒用二舅氏题云门草堂韵某亦依韵》："陆子家风有自来，胸中所患却多才。学如大令仓盛笔，文似若耶溪转雷。"见曾几《茶山集》卷五，四库全书本，载上海古籍出版社1987年版《四库全书》，第141页。以下"四库全书本"均指上海古籍出版社1987年版《四库全书》，不再另注。

② 〔宋〕叶寘撰《爱日斋丛钞》卷二，丛书集成本，中华书局1985年版，第129页。

③ 孔凡礼点校《家世旧闻》，唐宋史料笔记丛刊本，中华书局1993年版，第175—177页。以下引陆游《家世旧闻》均用该版本，只注明卷次、页码。

限的俸禄都购置典籍留与子孙，为子孙作出了榜样。另外，陆轸身上学道修身自适的作风对陆游影响也是明显的。

曾祖陆珪（1022—1076），字廉叔，是陆轸的次子。陆珪生前为国子博士，后因其子陆佃功绩，朝廷追赠他为太尉。陆珪同时代人苏颂在《国子博士陆君墓志铭》说他"有才气，好学尚义"①，为人刚正，治政以聪察为先。陆珪有四个儿子，以次子陆佃、三子陆傅名声为著，时人把他们兄弟俩比为"二陆"，即西晋时的大才子陆机、陆云兄弟。值得一提的是陆游的叔祖陆傅，官至礼部尚书，和陆游一样，也是一位有名气的高寿、高产诗人②。

祖父陆佃（1042—1102），字农师，号陶山，神宗熙宁三年（1070）进士，官至尚书左丞，卒后追赠太师楚国公，《宋史》有传。

陆佃出生在山阴鉴湖边的鲁墟故居，爷爷陆轸当时就说："是儿必荣吾家！"③于是取小名叫"荣"。陆佃秉承祖上清廉自守的家风，从小刻苦好学，寒暑不辍。年幼时家里清贫，没有油灯，就映着月光读书。青年时代的陆佃景慕"王学"，就不远千里跑到金陵，拜王安石为师，学习经学。后来，由于陆佃对王安石推举的新政持有不同意见，又不肯盲目依附，因而得罪了王安石，王安石便不再和他谈论时政。因此，在经学上，他们是师徒；在政见上，陆佃与身为宰相和主考官的王安石是对立的，以至于后来被奸臣划为元祐党籍。

哲宗即位后，任用司马光为相，把以前参与王安石变法的官员全部摈除。王安石一失势，许多人便望风而变色，甚至不惜倒戈相背。陆佃则处之如素，不离不弃，终生执弟子礼甚恭。王安石死后，陆佃还特地到王安石的神像前哭祭，颂恩师为"真儒"，在修撰《神宗实录》时，数次与史官范祖禹、黄庭坚争辩，客观评价了王安石的历史贡献。士大夫纷纷称赞陆佃人品高尚，敬佩他的操持，这种不背于本真的做法最为后人所推重。陆佃历任神宗、哲宗、徽宗三朝仕宦，是个耿直尽职、不亢不卑的朝臣，更是个持论宽恕、博学多才的学者。

---

① 苏颂《苏魏文公文集》卷五九，四库全书本，第1995页。

② 《家世旧闻》上："六叔祖祠部平生喜作诗，日课一首，有故则追补之，至老不废。年八十余时，尝有句云：枕上吹齑醒宿酒，窗间秉烛拾残棋。"第187页。

③ 《家世旧闻》上，第195页。

他爱好读书藏书，一生著书242卷，参与了《神宗实录》《哲宗实录》的修撰，在经学、文学、礼仪、名数方面造诣精深。著有《埤雅》《尔雅新义》《礼象》《春秋后传》等著作。《陶山集》是他的诗文集，流传下来的诗歌有二百多首，其中以七言近体诗最有特色，这方面陆游可谓得其真传，有家学渊源。

陆游对祖父陆佃的道德文章是极其敬佩的，他甚至把祖父比作儒学创始人孔子和儒学大师董仲舒。陆佃在经学、文学方面的卓越成就深深地激励着子孙后代见贤思齐，自此，经学和文学也就成了陆氏代代相传的家学。陆游的《家世旧闻》中涉及祖父的材料有五十多则，非常形象生动地记录了陆佃一生的思想、德行、操守、学问、见识等，可补《宋史》本传之不足。陆佃有七子，陆游的父亲陆宰排行第四。

陆宰（1088—1148），字元钧，号千岩，通经学，是一位信守"王学"、为人正直、坚持气节的人，又是宋代著名的藏书家。陆游的《家世旧闻》有三十多处记到父亲陆宰，为我们了解陆宰其人提供了难得的资料。

在陆游眼里，父亲陆宰是个学识丰富的人。他博闻强识，能诗善文，还特别爱好藏书。陆家典藏书籍上万卷，与当时藏书大家石公弼、诸葛行仁齐名，被誉为浙中三大藏书家。父亲在隐居山阴时花大力气修筑了双清堂、小隐山，用来收藏图书。家里藏书最多时达上万卷。南宋初年，重建宫廷藏书库，求天下遗书。陆宰呈献的藏书单上有书一万三千多卷，百余名书手抄录了一年多，是当时全国献书最多的，陆宰因此受到朝廷的表彰。

陆游为自己出身于这样一个书香门第而感到自豪，自称"七世相传一束书"[①]。陆宰的藏书对子孙的学业影响是很大的。受家庭环境熏陶，陆游从小即养成爱书的好习惯，和其父一样也酷爱读书藏书，自嘲为"书痴""书颠"，说"客来不怕笑书痴"[②]，"不是爱书即欲死，任从人笑作书颠"，"老死爱书心不厌，来生恐堕蠹鱼中"[③]。陆游如此如痴如狂地嗜书，后来卓然成家，成为著名

① 陆游《园庐》，见钱仲联《剑南诗稿校注》卷六一，上海古籍出版社1985年版，第3499页。以下引陆游《剑南诗稿》均用该版本，只注明篇目、卷次、页码。
② 《读书》，《剑南诗稿校注》卷一四，第1118页。
③ 《寒夜读书》，《剑南诗稿校注》卷一九，第1490页。

的诗人学者、远近闻名的藏书家也是情理之中的事。陆游爱书，自称"平生喜藏书，拱璧未为宝"①"有酒一樽聊自适，藏书万卷未为贫"②。他对生活清贫并不在意，却把丰富的藏书看作是家族兴盛的基业。陆游中年入蜀，广泛收集蜀中善本，淳熙五年（1178）奉诏东归时不带长物，尽载蜀书以归。在陆游的影响下，幼子陆子通（一作子聿）继承父祖之业，也成为南宋闻名的藏书家。陆氏祖孙三世的藏书在中国藏书史上是有一定影响的。

在思想情操方面，父亲陆宰也给陆游以深刻影响。在陆游幼小的心目中，父亲就是个有血性的爱国志士，素来关心国事并且不畏权贵。早在北宋末年，他敢对权倾朝野的蔡京之劣行表示愤慨，进行直言不讳的嘲讽。南渡后，在宋金关系问题上，力主对金用兵。往来交游者，如李光（1078—1159）、傅崧卿〔生卒年不详，政和五年（1115）进士〕、张浚（1097—1164）、周聿（？—1146）等，多是主张恢复中原的主战派人士。因而很快遭到投降派权相秦桧的嫉恨与排斥。政治上一直受到压制，被迫退居山阴领祠禄（实际上是投闲置散）。即便如此，陆宰也未尝忘怀国事，常常为政局维艰慷慨流涕、食不甘味。这些对陆游爱国思想的形成产生了直接的影响。

山阴陆氏是富有文学氛围、学术传统和淑世精神的家族，陆游为生活在这样一个家庭里倍感自豪。他身上那种强烈的家族使命感和家国情怀，促使他时时用家学和祖上的业绩勉励自己，还常常把先辈的学问、素行讲给自己的子孙听，告诫子孙："经术吾家事，躬行更不疑"③，希望儿孙能很好地继承光大陆氏的家学、家风。这些我们可以从陆游后来精心撰写的《家世旧闻》《放翁家训》和数量众多的示儿诗中得到强烈的印象。

陆氏祖业：从鲁墟到吼山

一个著名人物的身后，总有一些引人瞩目的家族背景故事。陆氏祖业的迁

---

① 《冬夜读书》，《剑南诗稿校注》卷一五，第1212页。
② 《遣兴》，《剑南诗稿校注》卷四三，第2693页。
③ 《自儆》之二，《剑南诗稿校注》卷六三，第3581页。

徙，对整个家族来说就有非同一般的意义。

陆氏家族在唐代比较显赫，唐德宗时陆贽（754—805）官拜宰相。陆氏在唐，世代为官，给家族增添了许多荣耀。因此，陆氏对唐王朝自有一种亲附之情。唐末政局动荡，五代中原乱起，陆氏从此韬光养晦，不再涉足科举仕途。为避五代之乱，陆氏一支从嘉兴、钱塘再迁到山阴。陆游的七世祖陆忻，因耻仕吴越国，迁居到山阴农村，入赘鲁墟一个李姓人家，从此隐居读书，从事农桑之业，后来才恢复陆姓。这就是陆游《夜过鲁墟》诗中"灯出篱落间，七世有故庐。门低不容驷，壁坏亡遗书"①提到的七世祖祖业——鲁墟老宅。

青甸湖畔的鲁墟村

宋时的鲁墟，据嘉泰《会稽志》记载："（鲁墟桥）在县西北一十三里。南为漕河，北抵水乡"②，是个风光秀丽、交通十分便利的水乡村庄。周遭青山绿水环绕，四顾层峦叠翠，景色宜人。它靠近浙东运河，与柯桥毗近；南与陆游后来安家定居的三山别业相邻，贯通蜻蜓湖（今青甸湖）、古鉴湖广袤的水域。③

成年后的陆游曾多次到鲁墟寻访祖上旧业，并充满深情地描述过周围所见到的景况。陆游的祖上在山阴以农桑为本，隐居生活比较清贫简朴。老屋本来就不高大宽敞，岁月的风霜又使门墙斑驳褪色，破败不堪。在陆游面前，只有篱落间的桑竹依然葱翠，屋前墙后的菜畦、陂塘错落有致，还是昔日恬静优美

---

① 《剑南诗稿校注》卷五六，第3289页。
② 《嘉泰会稽志》卷第一一，见《（南宋）会稽二志点校》，安徽文艺出版社2012年版，第219页。
③ 《鲁墟先太傅旧宅》："鲁墟无复坏垣存，偶榜舟来入乱云。杜曲桑麻犹郁郁，桃源鸡犬亦欣欣。青围旧墅千峰立，绿引官河一脉分。我卜数椽差不远，得归何以报吾君。"《剑南诗稿校注》卷五五，第3247页。

的田园景象。①

陆游的六世祖陆郇和五世祖陆昭一直是在鉴湖畔的鲁墟村附近定居的。他们择地建宅，繁衍子孙，世守农桑之业，亦耕亦读，往来于鲁墟和梅市之间。其间，陆氏家族无一人出仕。②

到高祖陆轸时，情况开始有了变化。陆轸生活的年代，北宋时中原已定，朝纲一统，朝廷十分重视文治。陆氏家族认为是到了为云龙、为风鹏的时候了，于是重新加入科举行列。高祖陆轸以进士起家，成为朝廷中举足轻重的人物。他的出仕，翻开了宋代陆氏家族重振家业的新篇章。

按照古时候的惯例，士大夫文人金榜题名后，于国于家总要有一些作为。也许是出于光宗耀祖、改换门庭的需要，精通道术的陆轸，在家乡游览访胜的过程中，发现会稽吼山一带地理形势不错，非常适宜于家族的发展，便有意识地在魏家山之阳置宅，频繁往来于吼山和鲁墟之间，想把家族迁到吼山去。但几代人经营下来的祖业，毕竟不是想动迁就可以动迁的。这个宏大的心愿，一直到陆轸之子陆珪手里才算得以实现。曾祖陆珪把祖业从山阴之鲁墟迁到会稽之吼山。鲁墟旧宅，则舍为法云寺；北宋靖国元年（1101），朝廷赐名为功德院；殿前留有一口"太傅井"，是为了纪念太傅公陆轸而命名的。③

陆氏在吼山建立的宅第比鲁墟规模要大得多，是一个建筑宅群。自陆轸起，就有长期居住的打算。后来子孙参加举业，有了官职和社会地位，就各自陆续增建宅第。陆珪的长子陆佖的宅院为东宅，次子陆佃的宅第为中宅，三子陆傅的宅院为西宅。徽宗宣和五年（1123），陆氏在吼山北麓还郑重其事地建起了家庙，供奉自唐代宰相陆贽以来的列祖列宗。为此，徽宗皇帝特赐名为"东山寿宁院"，可见陆氏家族在当时的地位和声望。

吼山，原名"犬亭山"，在绍兴东南二十五里处，据《越绝书》载，是越王句践卧薪尝胆养狗之地，又称"狗山"，岁久转音为"吼山"，它距离后来南宋

---

① 《过鲁墟先太傅旧隐》："桑竹萧条带夕阳，故居依约古河傍。颓垣坏瓮无寻处，父老犹言学士庄。"《剑南诗稿校注》卷七二，第3993页。

② 据陆游《跋吴越备史》，见《渭南文集笺校》卷三〇，第1538页。

③ 据〔清〕陆曾篆修《山阴陆氏族谱》，清康熙四十三年世德堂刻本，上海图书馆藏。

吼山脚下坝头村陆氏祖业

皇陵所在地攒宫很近。远远望去，吼山怪石奇峰，拔地而起，十分壮观。吼山是会稽山的余脉，石质非常好，历史上是绍兴著名的采石场，采石形成了奇特的山石奇观，至今是绍兴的风景名胜。

陆轸晚年在此建宅后，这里前后住过高祖陆轸、曾祖陆珪和祖父陆佃三代。后来由于子孙显贵，家族人丁兴旺，陆游祖父陆佃开始把府第安在越州城内斜桥坊。但陆氏的祖宅、祠堂均在城东南的吼山，祖坟则在城南九里、平水一带。按照封建时代重祖庙和重祭祀的习俗，吼山应该是北宋以来陆氏祖业的又一根本所在。

陆氏家族由鲁墟到吼山的大规模动迁，使得陆氏在山阴城西鲁墟的旧业迅速荒废凋敝。在以后的岁月里，家族中没有一人回迁到鲁墟生活。陆游说："予先世本鲁墟农家，自祥符间去而仕，今且二百年。穷通显晦所不论，竟无一人得归故业者。室庐、桑麻、果树、池沟之属，悉已芜没。族党散徙四方，盖有不知所之者。过鲁墟，未尝不太息兴怀，至于流涕也。"①每过鲁墟的旧业，陆游总为此不胜感叹！

在陆游的家族史上，祖业从鲁墟迁到吼山是一个带有标志性的转折。似乎昭示着陆氏一门隐居韬晦时代的结束，举业显贵时代的开始。有宋一代，陆氏名人辈出，仕宦有声，遂成为名副其实的东南望族。陆游则是这个家族的骄傲，也是以家族声誉为荣的人，他告诫儿孙重视稼穑，莫论得失穷通："为贫出仕退为农，二百年来世世同。富贵苟求终近祸，汝曹切勿坠家风。"②良好的家教家风，亦足称于世。

---

① 《陈氏老传》，《渭南文集笺校》卷二三，第1118—1119页。

② 《示子孙》，《剑南诗稿校注》卷四九，第2943页。

名字的奥秘

古人非常注重名字的命定，书香门第，就更讲究了。人一生可以有许多别号，陆游就有很多别号，如放翁、渔隐子、九曲老樵、龟堂老人、笠泽渔翁、山阴老民等，林林总总有十几个之多。别号大都由本人取定，随感遇而发，比较随意，反映了古代士大夫文人风雅的一面。而名和字一般由长辈慎重命定，幼时为其取名，成年礼时为其取字，名用于内称，字用于外称，均蕴含着深意，寄托着长辈对儿孙的期望。

陆游，名游、字务观。关于这个名字的来历有各种说法。

有人传说陆游母亲唐氏在生陆游之际梦到大诗人秦观其人，所以陆家为孩子取名特用秦观的名为字，而以秦观的字为名。又有人说是因为陆游景慕秦观，所以才以秦观的字为名①。这两种说法虽然有板有眼，但仔细推敲起来，恐怕都不一定站得住脚。

秦观（1049—1100），名观、字少游，是北宋元祐年间的著名诗人。陆游母亲唐氏虽然是个知书识礼、有文化的妇人，但陆家与秦观从来没有什么交往，这个梦来得颇有点蹊跷。何况陆游出生的年代，正值朝廷禁止元祐学术，并对元祐党人进行严厉打击和彻底清算之际，凡是追随元祐党如苏轼、秦观之类的都要受到牵累！在这种情势下，陆家如果张扬景慕元祐党人秦观，并以儿子的名字相同为幸，似乎有点不合常理。据此推测，"唐氏梦秦观"的故事不过是后人在元祐党祸平息、元祐党人得到平反被重新追捧之时，想当然的附会罢了。

至于陆游景慕秦少游，却是事实。陆游自己在八十二岁时曾写了一首《题陈伯予主簿所藏秦少游像》诗，说："晚生常恨不从公，忽拜英姿绘画中。妄欲步趋端有意，我名公字正相同。"②但陆游之名和字取自他父亲陆宰，目前没有

---

① 〔宋〕叶绍翁《四朝闻见录》卷乙《陆放翁》："陆游……盖母氏梦秦少游而生公，故以秦名为字而字其名。或曰公慕少游者也。"中华书局1989年版，第65页。以下引叶绍翁《四朝闻见录》均用该版本。只注明卷次、篇目、页码。
② 《剑南诗稿校注》卷六六，第3749页。

证据说陆宰仰慕秦少游，因而"我名公字正相同"只能是陆游晚年看到秦观画像时的一时兴到之语，与未成年时由父亲定下来的名和字，应该没有什么关系。

关于陆游名和字的来历，还是南宋末年一个叫王应麟的学者在《困学纪闻》里说得合情在理。他认为陆宰给儿子取名是借用《列子·仲尼篇》中"务外游，不知务内观。外游者，求备于物；内观者，取足于身"的含义①，这个说法比较符合古代士大夫家庭给儿辈取名定字的惯例。士大夫文人一般喜欢摘取古代典籍中含义丰富的词语取名定字，并通过对句意的合理阐释，形成名和字之间的内在联系。陆宰引用《列子》中的话给儿子取名，一则，比较符合陆家四代学道的家学之风，陆宰从道学经典《列子》中寻找灵感，是不足为奇的；二则，以游为名，也符合陆氏家谱中陆游这一辈谱系从"水"的要求。②

"务外游"和"务内观"在《列子·仲尼篇》中，是二个不同的层次，二种不同境界。务外游者，必须依赖于外物；而务内观者，则取决于本心，是"游之至也"，即观察事物的最高境界。陆游的名和字，游，务观，是否寄寓着父母希望儿子的一生不为外物所羁绊，既务外游，也务内观，即不仅要用自己的一双慧眼去观察外界的变化，还要善于用自己的灵心慧根去体悟生活、洞察人世，从而明辨物理，达到人生的至高境界？

如果这一逆探接近事实的话，我们就不难体会，陆宰对陆游今后的人生有多么高的期望！

---

① 参见〔宋〕王应麟《困学纪闻》卷二〇《杂识》，王所引《列子》原文有误处，已勘正。
② 参见邹志方《陆游研究》第一章第二节《名字、卒年考》，人民出版社2008年版，第20—21页。

第二章 生长兵间

生于淮上，少逢丧乱

陆游一生都铭记着当年父母向他描述出生淮上时不寻常的场景，以至于到了古稀之年，那惊心动魄的一幕还时时浮现在眼前，"我生急雨暗淮天，出没蛟鼍浪入船"[①]，这是大自然为他开启的独特人生序幕！

如此动荡的画面是否正暗示着那个动荡时代的即将到来？陆诗说："宣和七年冬十月，犹是中原无事时"，意思是说他出生的那年的十月，中原还太平无事，依然是一派承平的气象。

其实，"中原无事"只是表面的现象，潜伏在承平时局背后的是朝廷的昏庸、麻木和腐朽。因为，此时的中原之北的上空，已经弥漫着血雨腥风，一场蓄势已久的政治阴谋正在积极酝酿之中。

事情还得从宋、辽、金三国国力形势的

宣和通宝

[①] 《十月十七日，予生日也。孤村风雨萧然，偶得二绝句。予生于淮上，是日平旦，大风雨骇人，及予坠地，雨乃止》其二，《剑南诗稿校注》卷三三，第2199页。

消长说起。

北宋立国后，北面边境时常是狼烟弥漫，一刻也没有消停过，先后受党项族建立的西夏、契丹部族建立的辽与女真族建立的金的侵扰。北宋前期，辽很强大，1005年，辽军大举进攻北宋，兵临澶州（今河南濮阳）城下，北宋奋起抗击，在初战告捷的情况下，匆匆与辽议和，立下了屈辱的"澶渊之盟"。于是，贡辽的巨额"岁币"成为北宋长期以来沉重的负担。那时，北方的女真族也受辽的控制，过着迁徙不定的游牧生活。11世纪初，女真族逐渐发展起来，他们学会了汉人先进的生产、生活方式，开始过定居生活。12世纪初，完颜部族中勇敢而有计谋的完颜阿骨打（1068—1123）做了首领，1115年，阿骨打称帝，建立金国，是为金太祖。就在金崛起的同时，辽的统治集团内部开始腐朽，国力下降，势力范围在不断缩小，金军乘机占领了辽的许多土地。1125年，也就是陆游出世的这一年春天，金和北宋联起手来夹攻辽国。金军大获全胜，俘获了辽的皇帝。北宋军队则依仗金军的力量，乘机收复了燕山府（今属北京）。契丹部族建立起来的辽国终于灭亡了。长期以来形成的宋、辽、金三国相互牵制的平衡链也随之瓦解。

金、宋联手灭辽，产生了一个令北宋统治者始料未及的后果。一方面，金人看透了北宋政治集团色厉内荏的本质：北宋的军队缺乏战斗力，加上防备空虚，实在不堪一击。另一方面，金国灭辽后风头正健，更大的野心日益膨胀。但昏聩的北宋朝廷却满足于既得利益，依然歌舞升平，根本看不到灭顶之灾正在步步逼近。

陆宰正是在这种情形下奉命抵达京城的。

陆宰进京后，随即调任京西路转运副使，主要负责供应泽州（今山西晋城）、潞州（今山西长治）一带的粮饷。这时，北方的形势已经吃紧，为了全力以赴办公事，陆宰把夫人和褓褓中的陆游等一干家眷，安顿在河南荥阳（今属郑州市），自己则轻装赶赴新任。

宣和七年十一月，金人已经完成了挥师南下的军事部署，分东、西两路向北宋扑来。十一月底，蓟州（今属天津）失守；十二月初，燕山府沦陷；十二月中旬，北方重镇太原被金兵重重包围。至此，金人完全背弃原先的盟约，大举进攻北宋。

面对突如其来的虎狼之师，宋徽宗赵佶（1082—1135）惊慌失措，唯一想到的是自己落个清闲，把帝位传给太子赵桓（1100—1156），是为宋钦宗。

次年（1126），改元靖康。正月初，金国大军渡过黄河，长驱直入，兵临宋都东京城下。金人一连几日在城郊杀人放火，无恶不作。宋徽宗撂下一副烂摊子，自己出奔亳州（今属安徽省），一直南逃到镇江避难。大敌当前，北宋朝廷内部顿时乱成一团。在对金问题上明显地分作两派，一派主张割地求和，一派力主坚守东京。刚即位的宋钦宗本来也打算逃跑，碍于主战派的一再呼吁，只得留了下来抗金，任命主战的尚书右丞李纲（1083—1140）为亲征行营使，保卫东京。

李纲带领将士坚守城池，击退了金人的多次进攻。不久，各地援军纷纷赶往东京救援，河北、山东等地民众也组成义军，联手抗金。金兵孤军深入，此时也不能不有所顾忌。尽管东京的形势有所缓解，但钦宗还是按捺不住内心的恐慌，派计议使匆匆与金人议和，一口答应了金人要求割让中山（治所在河北定州）、河间（河北沧州）、太原三地，岁币黄金五百万两，银五千万两，绢、彩各一万匹等所有苛刻的条件。金人心满意足，二月方才撤兵。撤退时，还让北宋宰相、亲王护送他们过黄河，满载金银财宝而归。

在与金人的初次交锋中，北宋统治集团懦弱无能的本性可谓暴露无遗。朝廷重臣中，如张邦昌、李邦彦之流，在关键时刻往往明哲保身，只会屈膝投降；镇守一方的将帅如郭药师（本辽降将）之流，更是望风而降，充当了金人南侵的内应和走狗。而议和的结果无异于投降，欲壑难填的金人觊觎的远非这些！

金军退走以后，统治者自以为割地、赔钱终于换来了天下太平。于是，主和派在朝廷神气十足，显得非常得势。宋钦宗遣散了各地援军，四月，宋徽宗回京师。陆宰遭徐秉哲弹劾，被吏部正式罢免了京西路转运副使之职。九月，主战的李纲等被撵出朝廷。这一切，都令爱国志士痛心疾首，也为将来留下了无尽的后患！

面对突如其来的免职，陆宰感到非常震惊和气愤。几个月来抛家别子、不辞辛劳地奔波，为前线筹办粮饷，非但未曾得到半点揄扬，反而被一句"身为漕臣，未尝过而问"①的话，送吏部推问论罢。难道真的是自己失职吗？显然不是。经过这次变故，陆宰也看清了投降派在朝廷中盘根错节的势力。他们党同伐异，颠倒是非，不择手段地排挤主战派人士，无非是为了达到不可告人的政治目的。

看来京城是待不下去了，满怀愤懑的陆宰打算离开这个是非之地。他从荥阳接来家眷，离开京城，暂时回到原先寓居的寿春。一边料理这半年多来猬集的家事，一边打点行装准备回山阴老家，心里暗暗发誓，以后再也不蹚官场这摊浑水了。

陆宰原打算秋凉以后上路，没想到时局变化竟比他回乡的脚步还快。

当年八月，金军对北宋发动了第二次猛烈的进攻。闰十一月，金军渡过黄河攻陷东京，宋钦宗向金人投降。随后，金人将东京城洗劫一空，民众处于水深火热之中。次年四月，掳走徽、钦二帝北去，北宋宣告灭亡。这就是历史上著名的"靖康之难"。

儿时的陆游，跟着父母兄弟仓促南下，在兵荒马乱之中，度过了他人生最难忘的逃难生涯，这一经历给他幼小的心灵烙下了刻

靖康元宝

骨铭心的记忆。他在后来的诗中回忆道：

> 我生学步逢丧乱，家在中原厌奔窜。淮边夜闻贼马嘶，跳去不待鸡号旦。人怀一饼草间伏，往往经旬不炊爨。呜呼，乱定百口俱得全，孰为此者宁非天！②

在回乡的路上，一家人一会儿躲战火，一会儿避贼兵。他们渡淮水，经运

---

① 《宋会要辑稿》职官六九，中华书局1957年版，第3941页。
② 《三山杜门作歌》，《剑南诗稿校注》卷三八，第2455页。

河，历尽千辛万苦，饱尝了各种惊吓和颠沛流离之苦。建炎元年（1127）初，终于回到了山阴老家。

同年五月，宋钦宗的弟弟康王赵构（1107—1187）在南京（今河南商丘）即皇帝位，是为宋高宗，下诏改元建炎，这就是历史上的南宋王朝。

归迁山阴旧庐，避乱东阳

回到山阴老家，陆游已经是个三岁的小孩童了。这是他有生以来第一次回到故乡，他不禁用自己好奇的眼神，打量着父母嘴边经常念叨的故里，在这个山清水秀的地方，寻找家的感觉。对于一个刚逃过劫难的孩童来说，远离了惊恐的日子，这里的一切当然都是新鲜的、美好的。

他们住在越州城内中正坊斜桥里[①]，祖父陆佃留下的尚书府第内。宅子背靠蕺山，面朝府城内运河，屋宇虽然不算豪华，但比较宽敞。陆宰精心经营的书房双清堂、千岩亭，建筑别致，高大，通风，屋里、堂前到处可见视若珍宝般成摞成摞的藏书。

最让陆游兴奋的是，府内还有许多族内从、表兄妹，他们十分友好，很快都成了他要好的小伙伴。在小孩的世界里，有伴就有欢乐，其他则可以摞在一边；在大人的世界里，亲友的关切和问候，也足以融化远游归来的疲惫和伤痛。

同乡好友听说陆宰举家远道归来，纷纷登门拜访，一时间陆家门庭若市。造访陆宰的大多是与他志同道合的人士，他们一则想会会老友，二来也打听一下北方的形势。初来乍到，陆府上下洋溢着久别重逢的温馨和经历劫难后阖家团聚的幸福。

陆家在城东南三十二里的云门山也有一处隐居的别业[②]，那是陆宰以前住过的云门草堂。有时候，陆游也跟着父亲到那儿去住一阵子。云门山一带环境幽静，屋宇古老，树木参天，冬暖夏凉，一年四季流泉绕屋，是个隐居读书的好

---

① 据《重校据陆氏宗谱源流音绎》《会稽陆氏族谱》。
② 据《云门寿圣院记》，见《渭南文集笺校》卷一七，第834页。

地方。每逢四时八节，陆游会跟着家人到吼山北面的祠堂拜祭祖先。那一带风景也很优美，既可以登高临远，又可以下水划船，十分有趣。没多久，幼小的陆游打心眼里喜欢上了这个地方。

建炎通宝

但好景不长，就在陆游回到山阴的第二年，即宋高宗建炎三年（1129），金军渡过长江，企图一举歼灭立足未稳的南宋王朝，战火正以迅雷不及掩耳之势向南袭来。

宋高宗即位之初，以李纲为相，用岳飞为将，宗泽为东京留守，重用主战人士，这一切似乎表明要恢复中原与金决战的积极姿态。但不久，宋高宗就暴露出他两面派的本质。他表面上高喊抗金口号，以博取民心；暗中却与敌人讲和，欲以黄河为界，隔江而治，苟且偷安。为此，他罢免了主战的李纲，提拔主和的黄潜善、汪伯彦为左右相，努力实施既定的计划。但金人并不买账，他们一面在占领区扶植傀儡政府，一面把贪婪的目光投向黄河以南大片肥沃的土地，认为攫取中原，就如囊中探物那么轻而易举。

当金军进入黄河流域的时候，却遭到了当地民众的强烈抵抗。人们纷纷拿起武器，组成许多支义军，反抗金人的劫掠屠杀，给金军很大的威胁。留守开封的老将宗泽（1060—1128），先后二十多次上书，要求南宋还都开封，稳固民心，以收复失地，但都被宋高宗一一拒绝。不久，宗泽忧愤而死，将殁，还三呼"渡河"。

这年十月，完颜宗弼（？—1148）率领大军南侵，大举进入浙江境内，宋高宗吓得一路逃窜。先从杭州跑到越州（今绍兴），再从越州跑到沿海的明州（今宁波）、定海。金军穷追不舍，宋高宗只得仓皇乘船下海逃到温州。等到金军撤兵，已是第二年的事了。

在这次兵祸到来之前，陆宰听从了友人的建议，带着全家老小外出避难，投奔东阳当地的豪杰之士陈彦声。

陈彦声（1092—1165），名宗誉，是当时活跃在东阳一带地方武装组织的头领。他拥有一支乡兵，主要是用来防范抵御外敌入侵的，同时还维护地方秩序，保一方平安。乡军号令严密，管理有素，一直驻扎在东阳县城东南一带的地盘上，远近很有声望。据笔者实勘印证，当年陆游一家避难安身之处，就在东阳县城东南七十里的

磐安安文文溪

磐安县安文街道，今天磐安二中校园内。安文四围山色，重峦叠嶂，唯一的入口处，前面还横亘着一条湍急的河流——文溪，地势十分险要。所谓一夫当关，万夫莫开者，非常适宜于防守。

陆宰一家到东阳的那天，陈彦声特地带领一干人马，到百里之外的地方隆重迎接。到庄后，又给陆家大小以周全的安排。住房、家具、日常用品一应齐全。陆游在回忆这段经历时动情地说，初到东阳真有一种宾至如归的感觉。陆游在这个万山深处的世外桃源度过了相对安定的孩提时期，他像许多学童一样进村学习，"琅琅诵诗书"①，开始了启蒙教育。

三年后，时局逐渐稳定，陆家要离开东阳回山阴了。陈彦声又一次出境饯别送行，双方泣下沾襟，依依不舍。②陆游垂老之际尚对幼时情景记忆真切，在《家世旧闻》中也有记载："建炎之乱，先君避地东阳山中者三年。山中人至今怀思不忘，有祠堂，在安福寺。"《家世旧闻》保留了陆宰《留别东阳》诗："前身疑是此山僧，猿鹤相逢亦有情。珍重岭头风与月，百年常记老夫名。"③当地还流传着陆游九岁离开东阳时留别寺僧的诗，为《剑南诗稿》所无，不一定可信，但陆游对儿时东阳的这段经历念念不忘，确是有据可查的。

就在陆游一家避难东阳期间，金人燃起的兵火，几乎席卷了大半个浙江。

---

① 《斋中杂兴》，《剑南诗稿校注》卷四三，第2690页。

② 据《陈君墓志铭》，见《渭南文集笺校》卷三二，第1653页。

③ 《家世旧闻》下，第216页。

所到之处，均为所欲为，大肆抢掠，无一幸免。越州也惨遭兵燹，城西鲁墟祖业旁的法云寺化为灰烬，一瓦不存；更为可恨的是，败北的官兵也趁火打劫，为非作歹，百姓深受双重祸害，真是苦不堪言。

陆游"儿时万死避胡兵"，待乱定再次回乡，已经是九岁的学童了。

先辈的忧时爱国言行

绍兴三年（1133），陆宰带着一家老小从东阳回乡，侥幸躲过了一场大劫难。

金军撤退后，越州城百业凋零，满目疮痍，一片萧条凄凉的景象。亡国的耻辱和金人咄咄逼人的嚣张气焰，深深地刺伤了每个有民族自尊的文人士大夫的心。

在这样天崩地坼的大变故中，许多文人士大夫目睹了战争给民众带来的灾难，切身体会到流浪逃难的苦涩艰辛，这使他们的心理、思想与情感都产生了很大变化。期待民族强盛的愿望与眼前屈辱地位的对比，民众要求收复失地的强烈呼声与朝廷的懦弱退让的对比，无不使他们群情激昂，感到愤愤不平！

建炎四年（1130），当宋高宗再次返回越州，驻跸州治时，大臣们纷纷上书上表，呼吁重振河山。因为这个被战争蹂躏得千疮百孔的国家，太需要有扭转乾坤、振奋人心的举措了。于是，宋高宗应群臣之请，宣布大赦天下，并改元为"绍兴"。高宗在次年正月发布的大赦文中有"绍奕世之宏休，兴百年之丕绪"①等语，意思说要继承百代以来创立的宏大事业，振兴大宋皇统，并取这两句话的首字"绍兴"二字为年号（1131），以示中兴。另外，朝廷还为"元祐党人"平反，恢复其官职，或录用其子女（陆游的祖父陆佃追复为资政殿学士，陆宰也恢复了"直秘阁"的官衔），以赵鼎（1085—1147）、张浚为左右相，这些做法都大得人心。

改元之初，上述一系列举措确实起到了激励士气、振奋人心的作用，并且

---

① 〔宋〕徐梦莘撰《三朝北盟会编》卷一四四，四库全书本，第4273页。

绍兴元宝、宋高宗御书绍兴通宝

立竿见影，形势大有转机，好消息接二连三地传来：绍兴四年（1134），川陕宣抚司都统制吴玠（1093—1139），大败完颜宗弼于仙人关，岳飞收复襄阳等六郡，韩世忠抗击金军多次获胜，岳飞还收编了不少抗金义军……

前方的节节胜利，令南宋军民欢欣鼓舞、扬眉吐气，却使投降派忧心忡忡、寝食不安。

绍兴初年，宋高宗因情势所趋，做了一些符合民众意愿的事，但后来的作为，却令爱国志士大失所望。他害怕义军在抗金中壮大起来，威胁他的统治；更担心宋军取得胜利迎回皇兄宋钦宗，自己将面临帝位动摇的威胁。因此，他开始依赖、重用主和的秦桧为丞相，一味奉行投降苟安政策，一再退让，向金人妥协。绍兴八年（1138），和议初定。但不久金帝撕毁和约，再度南侵。南宋军民奋起反击，高奏凯歌。绍兴十一年（1141），一心议和的宋高宗在宋军取得胜利的形势下，急急诏令岳飞班师，不久又解除了岳飞、韩世忠等抗金名将的兵权。随后宋金重开和议，十一月，双方议定：南宋对金称臣，把东起淮水、西到大散关以北的土地，划归金统治，每年还要送给金国银、绢各二十五万两（匹）。十二月，秦桧等诬陷岳飞谋反，以"莫须有"的罪名杀害了岳飞。令世人倍感耻辱的"绍兴和议"生效后，宋金对峙的局面形成了。

绍兴年间，陆游的父亲一直奉祠家居，读书治经。对于朝廷一系列的重大政治变故，都有所耳闻。陆宰愤于秦桧等当权派的卖国投降行径，决意隐退，不再出仕。但他仍然与一些具有爱国思想的士大夫频繁交往，每每说到国事时局，总是情绪激愤，切齿之恨，久久不能平静。此情此景，已经深深地烙在陆游的脑海里，令他终生难以忘怀。他的诗文中有很多这样的回忆：

> 某生于宣和末，未能言，而先少师以畿右转输饷军，留泽潞，家寓荥阳。及先君坐御史徐秉哲论罢，南来寿春，复自淮徂江，间关兵间，归山阴旧庐，则某稍长矣。一时贤公卿与先君游者，每言及高庙盗环之寇，乾陵斧柏之忧，未尝不相与流涕哀恸。虽设食，率不下咽。引去，先君归，亦不复食也。（《跋周侍郎奏稿》）①

> 某未成童时，公过先少师，每获出拜侍立，被公教诲。……公自政和讫绍兴，阅世变多矣，白首一节，不少屈于权贵，不附时论以苟登用。每言虏，言畔臣，必愤然扼腕裂眦，有不与俱生之意。士大夫稍有退缩者，辄正色责之若仇。一时士气，为之振起。（《傅给事外制集序》）②

> 绍兴初，某甫成童，亲见当时士大夫相与言及国事，或裂眦嚼齿，或流涕痛哭，人人自期以杀身翊戴王室，虽丑裔方张，视之蔑如也。卒能使虏消沮退缩，自遣行人请盟。会秦丞相桧用事，掠以为功，变恢复为和戎，非复诸公初意矣。志士仁人抱愤入地者，可胜数哉！（《跋傅给事帖》）③

当时与陆家往来的乡贤、士大夫名流主要有李光、傅崧卿、周聿等。李光，字泰发，上虞人，官至吏部尚书、参知政事。傅崧卿，字子骏，山阴人，高宗初除直龙图阁知越州，官至给事中。周聿，字不详，曾以刑部侍郎充陕西宣谕使，奏请朝廷移都关中，以建根本。他们都是主张恢复中原的主战派人士，道德人品，可为一代师表。上述简短的文字中，傅崧卿、周聿等"贤公卿"之爱

---

① 《渭南文集笺校》卷三〇，第1563页。周侍郎即周聿。
② 《渭南文集笺校》卷一五，第764页。
③ 《渭南文集笺校》卷三一，第1605页。

国立场，铮铮铁骨，浩然正气，都栩栩如生，令人动容！他们给陆游留下极为深刻的印象，使其从小就受到了民族意识和爱国思想的感染。

陆宰是北宋名臣陆佃之后，因此，交往人员中，总不乏当时朝廷的显宦政要，如张浚、李光、向子諲等。张浚，字德远，汉州绵竹（今属四川）人，是南宋著名的将领，官拜右相。隆兴二年（1164），张浚曾以右丞相督视江淮兵马，驻节镇江时，陆游即以世谊拜谒，可见张、陆两家的交情。向子諲，字伯恭，开封人，是南渡时的名臣，曾坚守长沙，抵抗金兵，与陆宰也有文字之交。在众多前辈社会名流中，名臣李光既是绍兴乡贤，又是当时政坛上的风云人物，陆游对他印象殊为深刻：

> 李庄简公泰发奉祠还里，居于新河。先君筑小亭曰千岩亭，尽见南山。公来必终日，尝赋诗曰："家山好处寻难遍，日日当门只卧龙。欲尽南山岩壑胜，须来亭上少从容。"每言及时事，往往愤切兴叹，谓秦相曰"咸阳"。一日来坐亭上，举酒属先君曰："某行且远谪矣，咸阳尤忌者，某与赵元镇耳。赵既过峤，某何可免？然闻赵之闻命也，涕泣别子弟。某则不然，青鞋布袜，即日行矣。"后十余日，果有藤州之命。先君送至诸暨，归而言曰："泰发谈笑慷慨，一如平日。问其得罪之由，曰不足问，但咸阳终误国家耳。"[1]

李庄简公即李光。彼时，陆家的尚书第老宅居斜桥里，与李光所住的新河里相距不远，所以，落职后的李光经常来访，与陆宰谈得很投缘，有时候，一谈就是一整天。李光把秦桧叫作"咸阳"，等同"暴秦"！他在殿前当面怒斥秦桧弄权卖国，所以连遭秦桧打击，一贬再贬。李光远贬藤州（今广西藤县）、琼州（今属海南）前，特来千岩亭小坐，与陆游的父亲陆宰举杯话别，说："投降派最顾忌的不过是我和赵元镇（赵鼎，高宗时曾两度为相，因不堪秦桧之迫害，

---

[1] 李剑雄、刘德权点校《老学庵笔记》卷一，中华书局1979年版，第10页。以下引陆游《老学庵笔记》均用该版本，只注明卷次、页码。

绝食而死）二人而已。赵公已经被贬，我怎么会幸免呢？我听说赵公听到远贬消息时，哭着与子弟告别。我却不会这样，换上百姓穿的布鞋布袜，说走就走。"对于李光的高风亮节，陆游《渭南文集》中《跋李庄简公家书》一文也有生动记载，说他"目如炬，声如钟，其英伟刚毅之气，使人兴起"[1]。在陆游心目中，李光刚直不阿、疾恶如仇，不以自身荣辱否泰为怀，唯以国事为念。风节凛然，气概豪迈，其立身行事的作风，在陆游笔下均刻画得虎虎有生气。

前辈们的忠义之情、凛然之气，深深地影响着陆游，使他牢牢树立了胸怀天下、抗金复国的坚定信念。生活在这样一个时代，更兼社会与家庭环境的影响，孕育了陆游忧国忧民的思想，自此立下"上马击狂胡"[2]的雄心壮志，"少年志欲扫胡尘"[3]是他一生恢复大业的精神起点。

陆氏藏书与少年时代的游学生涯

陆游出身书香世家，祖父陆佃、父亲陆宰都是著名的学者，酷爱藏书，通晓经学，雅好文学，诗礼之泽深厚。家庭环境给陆游的启蒙教育创造了得天独厚的条件。

对陆游学业最早施以直接影响的是其父亲陆宰。陆宰自落职南归后，一直没有出仕。因为曾经做过朝官，所以退居林下后，还可以"奉祠洞霄"的名义得到朝廷半俸的待遇，衣食无虞地在家一心著书治学，教育子女。

陆游在正式入学前就有很好的家庭教育根基。父亲除了在思想、道德人品方面给予言传身教外，刻苦学习的态度和对书的痴迷也给幼年时代的陆游留下深刻印象，在这方面，父子俩有惊人的相似之处，是一脉相传的。

陆家藏书数万卷，是浙中三大藏书家之一。陆宰爱书，在家里经常和子弟谈一些祖辈的言行和读书藏书方面的话题，"率至夜分"：

---

① 《渭南文集笺校》卷二七，第1377页。
② 《观大散关图有感》，《剑南诗稿校注》卷四，第357页。
③ 《书叹》，《剑南诗稿校注》卷二七，第1901页。

收书之富，独称江浙，继而胡骑南骛，州县悉遭焚劫，异时藏书之家，百不存一，纵有在者，又皆零落不全。予旧收此书，得自京师，中遭兵火之余，一日，于故箧中偶寻得之，而虫龁（hé咬）鼠伤，殆无全幅，缀缉累日，仅能成帙，乃命工裁去四周所损者，别以纸装背之，遂成全书。呜呼！吾老懒目昏，虽不复读，然嗜书之心，固未衰也。后世子孙知此书得存之如此，则其余诸书幸而存者，为予宝惜之。绍兴戊午（1138）十月七日，双清堂书。①

这是陆游十四岁时父亲陆宰留下的题跋。陆宰记录了自己在兵燹丧乱之际，抢救《京本家语》一书的经历。跋语说，屡遭兵火焚劫以后，这本书几乎没有一页是完整的，陆宰于是仔细拼接，请工匠裁去受损的地方，重新装裱才恢复了全书的模样。他就是这般精心保护收藏了那么多的书，并且告诫子孙要珍视这份殊为不易、浸染了几代人心血的家业。"我家释未起，远自东封前。诗书守素业，蝉联二百年。"②诗书守素业，是陆游家的传统，也是他很早就明白的道理。

陆游幼年的启蒙教学，是在双亲慈爱赞许的目光下起步的。陆游自小就爱书、喜欢读书，和书有着一种天生的缘分。他在诗中屡屡强调"我生学语即耽书，万卷纵横眼欲枯"③，"儿时爱书百事废，饭冷葅干呼不来"④，"先亲爱我读书声，追慕慈颜涕每倾"⑤。对于一个有良好天赋的诗人来说，耳濡目染，还有学习兴趣，本身就是最好的老师。

诗人早慧，传说七岁时，就能指着乌鸦为题，作出"穷达得非吾有命，吉凶谁谓汝先知"的对子⑥。以这么幼小的年龄，口占这么一副老成的对子，确实有点令人难以置信。但对"黄卷青灯自幼童"的陆游来说，早慧，当不是空穴

---

① 《跋京本家语》附载，《渭南文集笺校》卷二八，第1415页。
② 《岁暮感怀以余年谅无几休日怆已迫为韵》，《剑南诗稿校注》卷三一，第2109页。
③ 《解嘲》，《剑南诗稿校注》卷六八，第3826页。
④ 《初冬杂咏》其三，《剑南诗稿校注》卷七九，第4278页。
⑤ 《读书》，《剑南诗稿校注》卷四九，第2959页。
⑥ 〔宋〕叶寘《爱日斋丛钞》卷二，中华书局，1985年版，第88页。

来风，应该是在情理之中的。

陆家不但家学渊源深厚，往来之亲友，大都是学有所成的知名人士，可谓"谈笑有鸿儒，往来无白丁"。也正因为如此，陆游才有机会得以从南渡的耆老那里，聆听到关于文章的堂奥：

> 大驾初渡江，中原皆避胡。吾犹及故老，清夜陪坐隅。论文有脉络，千古著不诬。[①]

陆游在东阳期间，已入乡校读书。诗人七十六岁时，有诗回忆儿时读书的情景："琅琅诵诗书，尚记两髦髧"[②]，还有一首诗，描述了当年蒙学的情景："我昔生兵间，淮洛靡安宅。纨髦入小学，童丱（guàn）聚十百。先生依灵肘，教以《兔园册》。"[③]乡校老师是毛德昭，名文，江山人，是一位很有个性的读书人，平时喜欢"大骂剧谈"，议论时政，无所顾忌。治学却极为刻苦，人到中年，眼睛都瞎了，不久病逝。陆游中年入蜀，在途经江山时，想起先生以前终日危坐、苦学不已的样子，不胜感慨。

从东阳回来后，陆游即从名师韩有功和族伯父陆彦远在云门山读书。韩有

绍兴府城广宁桥

功，即韩复禹，是绍兴年间越州的士子领袖。嘉泰《会稽志》记载，高宗绍兴年间（1131—1162），韩有功经常与诸生在暑夜相约在距陆宅不远的广宁桥上纳凉纵谈，曳杖畅游。陆游对这位老师印象非常深刻，曾写诗推许，表达了自己对这位老师的敬仰。陆彦远

---

① 《书叹》，《剑南诗稿校注》卷三八，第593页。

② 《斋中杂兴十首以丈夫贵壮健惨戚非朱颜为韵》，《剑南诗稿校注》卷四三，第2690页。

③ 《予素不工书，故砚笔墨皆取具而已，作诗自嘲》，《剑南诗稿校注》卷七〇，第3919页。

则是陆游的族伯父，也有声望。陆游《斋中杂兴十首》（其一）回忆云：

> 成童入乡校，诸老席函丈。堂堂韩有功，英概今可想。从父有彦远，早以直自养。始终临川学，力守非有党。纷纷名佗师，有沘在其颡。二公生气存，千载可畏仰。[①]

云门山是陆游童年时代最熟悉的地方，云门寺西，有陆宰曾经隐居的草堂。"总角来游老不忘"[②]，诗人一生的学习生活，都与云门结下了不解之缘。少年时代的陆游就常住在云门山读书，一起读书的同学还有胡尚书之子胡杞等。

陆游学业，从家学起步，初学主要以习经史为主，诗赋则是他的兴趣爱好。陆游学习刻苦，他后来的成功是与少年时代的勤学苦练分不开的。有诗为证：

> 少年志力强，文史富三冬。但喜寒夜永，那知睡味浓。庭树风渐渐，城楼鼓冬冬。自鞭不少贷，冻坐闻晨钟。探义剧攻玉，擒文笑雕龙。落纸笔纵横，围坐书叠重。得意自吟讽，清悲答莎蛩。饥肠得一饼，美如紫驼峰。[③]

《宋史》本传说陆游"年十二，能诗文"，说明那时候陆游已经有了相当的文学基础。十几岁，正是陆游广泛涉猎各种书籍，读书渐入佳境之时。他除了在云门山从师读书外，还往来于城中陆氏老宅和城外陆宰小隐山别业之间，如饥似渴地诵读家中的藏书。

经过几代人日积月累的努力，陆家的藏书也越来越丰富。陆宰后来在城西南另置了一处小隐山园，用来隐居读书。陆游也随父到小隐山园居住。

小隐山园，在离城西南五里处，这是陆宰退居山阴后，花了一番心血精心

---

① 《剑南诗稿校注》卷四二，第2688页。
② 《云门感旧》，《剑南诗稿校注》卷二〇，第1556页。
③ 《老病追感壮岁读书之乐作短歌》，《剑南诗稿校注》卷二〇，第1548页。

小隐山、小隐山摩崖拓本

布置的一处园林式住宅。里面有赋归堂、六友堂、遐观堂、秀发轩、放鱼台、蜡屐亭、明秀亭、挂颊亭、抚松亭等建筑，园景玲珑别致，很有诗情画意。嘉泰《会稽志》卷七："小隐山园，在城西鉴湖中。四面环水，旧名侯山。……少师陆公宰尝得之，以为别墅。……今唯赋归堂、蜡屐亭存焉，皆少师所扁。"陆家最殷实的财产就是上万卷的藏书，而陆游在小隐山园最大的收获，也是发现了一批自己特别感兴趣的好书：

吾年十三四时，侍先少傅居城南小隐，偶见藤床上有渊明诗，因取读之，欣然会心。日且暮，家人呼食，读书方乐，至夜，卒不就食。今思之，如数日前事也。[1]

予自少时，绝好岑嘉州诗。往在山中，每醉归，倚胡床睡，辄令儿曹诵之，至酒醒，或睡熟，乃已。尝以为太白、子美之后，一人而已。[2]

余年十七八时，读摩诘诗最熟。后遂置之者几六十年。今年七十七，永昼无事，再取读之，如见旧师友，恨间阔之久也。[3]

---

① 《跋渊明集》，《渭南文集笺校》卷二八，第1427页。
② 《跋岑嘉州诗集》，《渭南文集笺校》卷二六，第1315页。
③ 《跋王右丞集》，《渭南文集笺校》卷二九，第1475页。

陆游读陶渊明诗，可以乐而忘食。他还十分喜欢唐代边塞诗人岑参（别称嘉州）诗歌豪迈的风格，对唐代大诗人王维（字摩诘）的诗歌也非常入迷，另外，他也广泛留意于屈原、杜甫、李白等著名诗人的作品，为今后走上诗歌创作道路夯实了基础。

私淑江西，师从曾几学诗

陆游青少年时期的学习，主要在经学不在诗赋。十二岁能诗文，应该是粗通诗歌的基本技法而已。他所接触到的师长，大都和父亲一样，是精通经学的学者型的文人，并不以诗词歌赋见长。

陆游对诗歌的浓厚兴趣，是在大量阅读的基础上形成的。十三四岁时，对陶渊明诗歌产生了浓厚的兴趣，他不仅诵读诗三百，还读汉魏六朝民歌、唐代诸贤诗，连本朝前贤的诗歌也在他的关注之列。从此，对诗歌的爱好，一发而不可收。平时口诵心惟，含英咀华，常常发于笔端。到了十七八岁时，陆游开始崭露头角，有了诗名。因此，陆游早年的诗歌创作，走的是一条摸索、模仿的道路。真正学诗论诗，则是在师从江西诗人名家曾几之后。

绍兴十二年（1142），江西诗派诗人曾几，从江西来浙江看望时任显谟阁学士的兄长曾懋[①]。曾几（1084—1166），字吉甫，号茶山，祖籍赣州（今属江西），是南宋初年江西诗派的巨擘之一。陆游对这位大名鼎鼎的诗人是仰慕已久，听说这次将到绍兴来，兴奋得好几天都睡不着觉。他精心准备了一些得意之作，决定主动向这位前辈请教，心里期盼着能得到名师的亲炙。

事情的结果，可以说大大超过了陆游的愿望。曾几读了陆游的诗作后，大为赞赏。他惊喜地发现，这位少年诗人的诗居然与吕本中诗歌有神似之处，于是告诉陆游：君诗渊源出于吕本中，且不减吕诗当年风采！要知道，这是一个多么高的评价！吕本中和曾几都是江西诗派在南宋的开路人，在当时是卓然成

---

① 据孔凡礼《陆游五题——关于陆游生平的若干资料》，见《徐州师范大学学报》1998年第2期。

名的人了。特别是吕本中，著有《江西诗社宗派图》，对江西诗法了如指掌，作诗提倡"活法"和"悟入"，即"规矩备具，而能出规矩之外，变化不测，而不背于规矩"①。吕本中除了"活法"以外，还比较重视养气，欣赏波澜自阔的诗风，把黄庭坚开创的江西诗法又向前推进了一步，奠定了南渡以后江西诗派的理论基础，成就卓著。曾几居然把自己的诗作与吕本中相提并论，给予这样的赏识和评价，陆游自然是非常激动，大有相见恨晚的知遇之感。从此，曾几不仅收下了陆游这个得意门生，还为陆游和江西诗派之间架起了一座桥梁。

曾几提到陆游作诗私淑吕本中，确实是有依据的。陆游的确十分仰慕江西诗人吕本中，他说："某自童子时，读公（吕本中）诗文，愿学焉"②，并认为吕本中诗文"汪洋闳肆，兼备众体，间出新意，愈奇而愈浑厚，震耀耳目"③，风格浑厚、高古，在江西诗人中是别树一帜的。当时，曾几虽然与吕本中齐名，但关于江西诗派的源流脉络、诗法技巧，吕本中还是比较权威的，曾几也曾问学于吕本中，得到一些指点，陆游有诗为证：

> 忆在茶山听说诗，亲从夜半得玄机。常忧老死无人付，不料穷荒见此奇。律令合时方帖妥，工夫深处却平夷。人间可恨知多少，不及同君叩老师！④

这里的老师，就是倡导的"活法"的江西诗派中坚吕本中，陆游因没有机会当面向他请教，深以为憾。现在看来，陆游年轻时私淑吕本中，实际上是对江西诗派门法的一种自觉体悟。

江西诗派崛起于北宋后期，是以黄庭坚、陈师道等诗人为核心，形成的一个诗歌宗派。在诗歌创作方面倡导学习杜甫，讲究炼字、炼句和作诗的章法技巧。在北宋，因为黄庭坚等被打成元祐党人，所以，江西诗人在政治上颇受压

---

① 吕本中《夏均父集序》，见刘克庄《后村先生大全集》卷九五，四部丛刊本，第826页。
② 《吕居仁集序》，《渭南文集笺校》卷一四，第723页。
③ 《吕居仁集序》，《渭南文集笺校》卷一四，第722页。
④ 《追怀曾文清公呈赵教授近尝示诗》，《剑南诗稿校注》卷二，第202页。

抑。在两宋之交，曾一度沉寂。南渡以后，活跃在北宋后期成名的江西诗人，如韩驹、陈师道、吕本中等一个一个相继离世，陈与义虽然很有诗名，但不久后也离开了诗坛。另外，由于北宋自王安石变法以来，科举屡废诗赋，更兼元祐诗人又因诗而获罪（徽宗政和年间，元祐诗人屡次遭禁），士大夫对于作诗往往心有余悸，唯恐避之不及，哪有热情去做这吃力不讨好的事情？因此，习经者多，学诗人少，成了这个时期的一个普遍现象。直到南宋初年，朝廷逐渐恢复科举以诗赋、经义分科取士的制度，情况才有所变化。但一时间，在诗歌创作圈内，诗人断层的现象还是存在的。而在一度沉寂的南渡的诗坛上，曾几是以江西诗派旗手的身份挺立其间的。

"我得茶山一转语，文章切忌参死句。"[1]陆游早年学江西，主要是从曾几那儿接受了吕本中"活法"的影响。在名师的指点和积极影响下，陆游的诗艺上了一个新的台阶，在合规板正外追求流动圆活，由讲究辞藻转向自然轻快，注重诗的格局与浩然之气。这些在陆游晚年的诗中仍特征明显，可惜的是，宋代诗人都有删诗的习惯，江西诗人黄庭坚就大量地删汰早年的作品，陆游也不例外，陆游早年写的许多作品都没能保存下来，所以，其嬗变过程也就无法一一印证了。

但有一点是肯定的，那就是曾几、吕本中对陆游的影响不限于诗歌创作的技法，他们在思想、人品和情操方面，对陆游的感召也是巨大的。

曾几和吕本中都是南渡时有气节的士大夫文人。吕本中为人正直坦荡，晚年为力排和戎之议，即便是触忤秦桧也在所不惜；曾几人品高洁，是个爱国者，与其兄曾开，因强烈反对秦桧和议而被罢官，曾几为此投闲隐居上饶茶山长达七年！直到秦桧死后才重新起用，官至礼部侍郎、敷文阁待制，卒谥文清。曾几还是"武夷学派"胡安国的传人，他把胡安国借《春秋》"尊王攘夷"思想，阐述爱国思想和民族立场的做法继承了下来，并且传给了陆游。陆游从曾几处学到了许多宝贵的东西，对其道德文章更是佩服得五体投地，特别是曾几忧国忧民的思想对陆游的一生都有巨大的影响：

---

① 《赠应秀才》，《剑南诗稿校注》卷三一，第2115页。

绍兴末，贼亮入塞，时茶山先生居会稽禹迹精舍，某自敕局罢归，略无三日不进见，见必闻忧国之言。先生时年过七十，聚族百口，未尝以为忧，忧国而已。[1]

为了纪念自己和曾几之间的师生关系，陆游后来在严州第一次刊刻诗集《剑南诗稿》时，把《别曾学士》置于开卷第一首，当有饮水思源不忘师长教诲的深意：

儿时闻公名，谓在千载前。稍长诵公文，杂之韩杜编。夜辄梦见公，皎若月在天。起坐三叹息，欲见亡繇缘。忽闻高轩过，欢喜忘食眠。袖书拜辕下，此意私自怜。道若九达衢，小智妄凿穿。所愿瞻德容，顽固或少瘥。公不谓狂疏，屈体与周旋。骑气动原隰，霜日明山川。鲍系不得从，瞻望抱悁悁。画石或十日，刻楮有三年。贱贫未即死，闻道期华颠。他时得公心，敢不知所传。[2]

尽管后来大家都认为"咄咄逼人门弟子，剑南已见祖灯传"[3]，"学诗于茶山曾文清公，其后冰寒于水云"[4]，陆游的诗歌创作成就远远超过了曾几，但曾几让陆游认识了诗的真谛，对陆游的成名无疑起了很大作用。

---

① 《跋曾文清公奏议稿》，《渭南文集笺校》卷三〇，第1554页。
② 《剑南诗稿校注》卷一，第1页。
③ 赵庚夫《读曾文清公集》，见陈起编《江湖后集》卷八，四库全书本，第342页。
④ 《四朝闻见录》乙集《陆放翁》，第65页。

第三章 青年时的两大变故

名动高皇，语触秦桧：坎坷的应试之路

科举是宋代士大夫晋身的主要途径，要实现经济天下的宏愿，第一步便是参加朝廷的科举选拔，而这一步，陆游一走走了十几年。

绍兴十年（1140），陆游十六岁时，有过一次短暂的赴京应试经历。那是他第一次到京城临安。

临安这个以"三秋桂子，十里荷花"闻名的三吴都会，自成为南宋都城后，便日益繁华起来。比起当年中州京洛之盛日，其奢靡的程度，可是有过之而无不及。皇城根下青楼酒肆，珠帘绣幕，竞夸富丽奢华；街坊灯火，湖光山色，一派承平的景象。然而，在这繁华景象的掩盖下，一场肮脏阴谋和卑劣的政治交易正在赵构、秦桧主持下秘密进行着。这一切，不是那些年少气盛、满怀豪情的年轻士子们能够料想到的！

那年，陆游和堂兄陆伯山、陆仲高等一干要好的亲友一起上京，借宿在灵芝寺的僧房里，因为是初次到京城，所以大家既兴奋又新奇，应举之余，便放怀山水，借此机会领略湖光山色，结交了一批少年朋友，如陈公实、叶晦叔、范元卿、韩梓等。他们踌躇满志，意不在功名。酒酣耳热之际，往往指点江山，激扬文字，言谈之间，充满了建功立业的豪情。尽管这次应试不出意外地落第了，但并不影响他们对未来充满了期待。

就在陆游应举回乡的次年（1141），岳飞以莫须有的罪名被赐死，张宪、岳云等主战将士也同时被害。朝廷拜秦桧为左相，正积极着手与金国签订屈辱的和议。这些消息，犹如晴天霹雳，粉碎了爱国志士燕然勒功的人生理想，把民众心头刚刚燃起的希望之火，无情地浇灭了。

从临安回来后，陆游渐渐对父辈们痛恨卖国投降的行径有了切实的理解。当时，李光因当面痛斥秦桧"盗弄国权，怀奸误国"而罢归乡里，张浚也因反对和议被罢枢密使之职。唯独卖国贼秦桧却加官晋爵，封魏国公。陆游对南宋王朝屈膝求和的政策愤愤不平，对朝廷中奸臣当道尤感痛恨。自师从曾几学诗以来，先生的言行也深深地感染了他，于是，反对和戎，尝胆枕戈，北取中原的思想开始成为他笔下习见的主题。

绍兴十三年（1143）秋天，陆游十九岁，又逢科举之年，陆游第二次由山阴至临安应秋试，并准备次年的礼部春闱。这一年，他留在临安过年，开年正月上元节，从舅唐仲俊招呼陆游，一起观看了临安的元宵灯会。南宋的灯节，从正月十四日开始，至十六夜收灯，家家灯火，处处管弦，盛况空前，游人玩赏热闹非凡。正如吴自牧在《梦粱录》里所描述的：

> 又有深坊小巷，绣额珠帘，巧制新装，竞夸华丽。公子王孙，五陵年少，更以纱笼喝道，将带佳人美女，遍地游赏。人都道玉漏频催，金鸡屡唱，兴犹未已。甚至饮酒醺醺，倩人扶着，堕翠遗簪，难以枚举。[1]

这次应试还是无功而返。这一年，宋王朝开始筹建秘书省，地点设在临安天井巷的东面，朝廷下诏征集天下藏书，首先从陆游家借抄藏书凡一万三千余卷。陆游的长兄陆淞参与了校勘。

陆游第二次应试失利回到山阴，心里开始有了无形的压力，也在暗自思忖自己落第的原因。可能是对策时，只以意度，对古人用心处理解得不够深刻吧？诗赋登第之路难行，或许可以试一下经义取士之路？南宋初年，进士考试正式

---

[1] 〔宋〕吴自牧《梦粱录》卷一，中国商业出版社1982年版，第3页。

恢复诗赋与经义分科取士制度。而高宗朝初期重诗赋，导致考生纷纷转习诗赋。高宗朝中期，重新强调经学，经义取士比例上升。于是，陆游开始发愤研习经学。

但树欲静而风不止，偏偏在仕途进学的节骨眼上，陆游最不愿意看到的家庭变故接二连三地发生。完婚不久的陆游，迫于家庭的压力，不得不和发妻分手；父亲陆宰年来也日见衰老，终于在绍兴十八年（1148）溘然去世。按照古代惯例，在家居丧期间是不能参加科举考试的。在这段苦闷的日子里，陆游有过剡中、天台之行，从剡溪逆流而上，远游江湖，放怀山水。

他还与山阴城北蕺山天王广教院的老和尚惠迪交上了朋友，说禅论道，排解心中的苦闷。每逢重九，他常与一些读书人聚在一起，登蕺山宇泰阁。宇泰阁是读书人经常去的地方，多的时候有千余人。蕺山上当时还有北宋名相韩琦之后韩度创办的蕺山书院。

蕺山书院

陆游祖父陆佃的尚书府邸，就坐落在蕺山南麓山阴县之斜桥坊，是陆佃出任尚书左丞后，宋徽宗所赐。朝臣认为重臣居住的地方不宜叫"斜"，遂将"斜桥坊"改名为"中正坊"。陆游和祖父陆佃、父亲陆宰都住在这里，府邸北靠蕺山，南临漕河，舟楫往来便利。

陆游还与友人陈山（鲁山）、王岮（季夷）、堂兄陆升之（仲高）相从，上会稽山，游禹祠禹庙，纵览古今，评说千秋功业……同游的堂兄陆仲高长陆游十二岁，才情横溢，词翰俱妙，系高宗绍兴十八年（1148）进士，这位堂兄长得一表人才，只是政治上有点投机，和陆游走的是两条完全不同的道路。陆游因喜论恢复得罪秦桧，导致一生与科名无缘，而陆升之很早就依附秦桧，不惜告发兄弟的岳丈、秦桧的政敌李光得以升迁[1]，为人所不齿。陆游感到惋惜痛心，作《送仲高兄宫学秩满赴行在》诗，以"道义无今古，功名有是非"[2]，委婉讽喻陆升之不要在这条道上走得太远。但是，仕途亨通的陆升之对陆游的规劝也不以为然，兄弟两人的思想发生了分歧。

陆游开始体会到人生初旅的压抑和艰辛。好在他善于把积聚在胸中的痛苦和烦恼，付诸苦读与交游，不断地磨砺自己的意志，有意识地培养自己的文韬武略，准备着有朝一日科举及第，实现平生志向。

绍兴二十三年（1153）秋天，机会终于又来到陆游面前。

二十九岁的陆游再一次到临安应试，这次参加的是两浙转运司锁厅试。

宋代的锁厅试是专为现任官吏和恩荫子弟而设的进士科考试，是考核他们才干的一种方式。考试成绩好的，只迁官而不与科第，不及格者则落职停官。陆游曾荫补登仕郎，所以有资格参试。凑巧的是权相秦桧之孙秦埙也来应试。在恩荫制度下，秦埙已经官居右文殿修撰了，但秦桧还不满意，非要让孙子通过应举，博取一个状元及第的美名。秦氏权焰嚣张，考前早就盘算着要让秦埙取第一，而且志在必得。结果主持考试的两浙转运使陈之茂阅卷时，发现陆游的文章十分精彩，便将陆游取为第一，把秦埙置于第二，并未完全按秦桧的意图行事。秦桧知道之后，大为震怒。第二年送礼部复试，陆游又名列前茅。呈报时，秦桧公然把陆游的名字剔除，还要拿陈之茂问罪，幸而秦桧不久病死了，才避免了一场奇祸。但台谏仍据此对陈之茂进行了弹劾，竟至罢官，这未免有些冤屈。

陈之茂（？—1166），字阜卿，绍兴二年张九成榜进士，官至吏部侍郎兼中书舍人。张九成说他"能言人之所不敢言"，是一个公平耿直、不畏权势的人物。

这件事给陆游的触动很大，陆游虽然最终没有及第，并受到了沉重的打击，但陈之茂的为人，却给他留下了深刻的印象，直到晚年，他都珍藏着陈的手帖。每每念及陈之茂的刚正无私与对自己的赏识厚爱，就感动得热泪盈眶。写了一

---

① 钱汝平《新见陆游从祖兄陆升之墓志发覆》，载《绍兴文理学院学报》2018年第6期。
② 《剑南诗稿校注》卷一，第2页。

首题如小序的七言律诗，深情地表达了诗人对这位前辈主司的推重和感激：

> 冀北当年浩莫分，斯人一顾每空群。国家科第与风汉，天下英雄惟使君。后进何人知大老？横流无地寄斯文。自怜衰钝辜真赏，犹窃虚名海内闻。[1]

陆游被黜，固然是由于秦桧要让他的孙子出人头地，同时还有更隐秘的原因，那就是陆游"喜论恢复"[2]，引起了秦桧的仇视和嫉恨。南宋之世，朝廷上主和、主战两派之间壁垒分明，一直存在着不可调和的斗争。秦桧因力主和议，博得了宋高宗赵构和金人的宠幸，大权独揽、气焰嚣张。朝廷中凡有反对和议、主张恢复者，或加以杀戮贬窜，或逼迫其屏退隐居。陆游的父亲虽然不做朝官，但他所结交的人都是主战派人士。陆游本人受先辈爱国思想的熏陶，胸中常怀"上马击狂胡"的雄心壮志，此种心志必然会在科场对策中喷薄而出，这在秦桧看来绝对是不能容忍的。陆游触犯了当权者，必然会遭到黜落。对于此事引起的风波，陆游在后来的诗文中屡屡提起：

> 顷游场屋，首犯贵权。[3]

> 少日飞扬翰墨场，忆曾上疏动高皇。[4]

> 名动高皇，语触秦桧。[5]

---

① 《陈阜聊先生为两浙转运司考试官，时秦丞相孙以左文殿修撰来就试，直欲首选。阜卿得予文卷，擢置第一，秦氏大怒。予明年既显黜，先生亦几蹈危机。偶秦公薨，遂已。予晚岁料理故书，得先生手帖，追感平昔，作长句以识其事，不知衰涕之集也》，《剑南诗稿校注》卷四〇，第2530页。

② 《四朝闻见录》乙集《陆放翁》，第65页。

③ 《答人贺赐第启》，《渭南文集笺校》卷七，第310页。

④ 《记梦》，《剑南诗稿校注》卷六三，第3615页。

⑤ 《放翁自赞》，《渭南文集笺校》卷二二，第1099页。

陆游年轻时参加的三次科举考试，最后都以失败而告终，因为三次应试都处在同样的一个环境下：在投降派当道的年代，凡有恢复之志者，必然被视为异类，遭当权者的嫉恨和排斥。所谓顺者昌，逆者亡是也。陆游在参加锁厅试时，碰到了一位有良知和正义感的主考官，才使行之如素的科举考试，爆出丑闻。据《建炎以来系年要录》记载：

> 殿中侍御史汤鹏举言：今科举之法，名存实亡。或先期以出题目，或临时以取封号，或假名以入试场，或多金以结代笔。故孤寒远方士子，不得预高甲，而富贵之家子弟，常窃巍科，又况时相预差试官，以通私计。前榜省闱殿试，秦桧门客、孙儿、亲旧得占甲科，而知举、考试官皆登贵显。天下士子，归怨国家。①

这种现象，从表面上看，似乎只是科场舞弊和个人功名得失的冲突而已。其实，深层的痼疾则在于朝廷奸佞当道，以秦桧为首的投降派得势，把持朝政。同是陆氏家族，陆游的堂兄陆升之（仲高），绍兴年间因为依附秦桧，不择手段诬告李光，被擢升大宗正丞。因此，秦桧一伙结党营私，党同伐异，才是陆游科场失意的真正原因。

青年时代的陆游不但科场失意，平地而起的婚变，也使他黯然伤怀、倍感苦涩。

伉俪相得，忍痛仳离：苦涩的爱情悲剧

大约二十岁时，陆游与表妹唐氏结婚。

唐氏是江陵人，父亲唐意，字居正，是北宋名臣唐介的次子义问之子。陆游在文章中盛称从舅唐意"精于史学，考验是非尤精审"②"文学气节为一时师

---

① 〔宋〕李心传《建炎以来系年要录》卷一七一，中华书局1988年版，第2082页。以下引《建炎以来系年要录》均用此版本，只注明卷次、页码。

② 《家世旧闻》卷下，第224页。

表"①。唐意的祖父唐介（1010—1069）字子方，即质肃公，是北宋名臣，官至参知政事，以忠言直节著称，《宋史》卷三百一十六有传。陆游的母亲唐氏（陆宰妻）是唐介幼子之问之女，与唐意为堂兄妹。唐氏家族历来崇尚气节，爱好文学。如此缙绅之家，与山阴陆氏论婚，可谓是门当户对。宋高宗建炎初，唐意避兵武当山中，不久病逝，女儿唐氏投奔山阴陆家，投靠姑母，并与陆游结为伉俪。②

既然陆游的新婚妻子是陆母堂兄的女儿，这层婆媳兼姑侄的特殊关系，在古代婚姻中，称之为亲上加亲，彼此之间应该是十分满意的。陆游在与唐氏结缡之初，确实曾经拥有一段琴瑟和鸣、十分甜蜜温馨的生活。

唐氏不但容貌姣好，而且颇有藻思，是一个风雅多才的女子。新婚后，两人情投意合，和所有幸福的才子佳人一样，花前月下，缠绵燕尔。他们一起饮酒、赏花，游园、荡舟，只羡鸳鸯不羡仙，生活诗意而浪漫：

> 少狂欺酒气吐虹，一笑未了千觞空。凉堂下帘人似玉，月色泠泠透湘竹。三更画船穿藕花，花为四壁船为家。不须更踏花底藕，但嗅花香已无酒。花深不见画船行，天风空吹白纻声。双桨归来弄湖水，往往湖边人已起。即今憔悴不堪论，赖有何郎共此尊，红绿疏疏君勿叹，汉嘉去岁无荷看。③

陆游酷爱梅花，春日料峭的时候，他们一起兴致勃勃地踏雪探梅；在菊花盛开的重阳佳节，他们仿效诗人陶潜采菊东篱的雅事，遍求黄花，采集清香，缝制枕囊，赋诗作对，夫唱妇随，一度沉浸在充满诗意的闺房吟唱中。陆游还为此题写了"颇传于人"的《菊枕诗》④。那时候，唐氏无疑是笔下引人瞩目的

---

① 《老学庵笔记》卷七，第48页。

② 参见黄世中《唐琬家世籍贯考》，见《中国古典诗词：考证与解读》，吉林人民出版社2001年版，第330—347页。

③ 《同何元立赏荷花追怀镜湖旧游》，《剑南诗稿校注》卷五，第416页。

④ 《余年二十时，尝作菊枕诗，颇传于人。今秋偶复采菊缝枕囊，凄然有感》，《剑南诗稿校注》卷一九，第1473页。

生活原型和第一位忠实的读者。陆游以《菊枕诗》诗示人，还赢得了风雅的诗名。然而，这首给他带来风雅诗名的《菊枕诗》，并没有成为美满生活的开始。

由于陆游婚后与唐氏两意相投，恩爱逾常，一度沉浸在充满诗意的闺房生活之中。家学至尊、督教甚严的双亲，出于对儿子的期望，是不允许他在功名未就之际，便沉湎于儿女情长之中。于是，方严的翁姑便迁怒于新媳，严令陆游休妻。在封建社会里，家族的利益高于一切，父母之命怎能违抗？陆游在万般无奈中，忍痛与挚爱的妻子分手。这一对倾心相爱的小夫妻就这样劳燕分飞，被生生拆散了。陆游不久继娶蜀郡王氏夫人，唐氏也改嫁同郡士人赵士程，但是彼此间的情缘，并不因离别而中断，都深深埋在各人的心底。

陆游继娶的夫人王氏是蜀郡（今属四川成都）人，是父亲陆宰僚友澧州刺史王瞻之女。绍兴十八年（1148），陆宰在过世前，终于看到了陆游的长子子虡的出生。两年后，陆游次子子龙出生，后一年，又添一子，即三子子修。岁月匆匆，平淡居家的日子在不经意间流逝。

沈园

大约在绍兴二十一年（1151）的那年春天①，一个偶然的机会，陆游来到城南禹迹寺边的沈氏小园，与唐氏夫妇邂逅。

沈园内，柳丝依依，碧波涟涟，正是香穿客袖，绿蘸寺桥，春色撩人的季节。陆游与唐氏相遇了，一个已是宗室赵士程的娇妻，一个已经是三个孩子的父亲，两人虽近在咫尺，只有默默相对，而不能通片语只言。

此时的沈园，春色让人伤感，柳丝情人断肠。也许唯有园中一汪清澈池水，

---

① 关于沈园之会的年月，陆游绍熙三年（1192）有《禹迹寺南有沈氏小园，四十年前尝题小阕壁间，偶复一到，而园已易主，刻小阕于石，读之怅然》诗，若据此上推四十年，即绍兴二十二年（1152）。然陈鹄《耆旧续闻》说是亲见书"辛未三月题"，即绍兴二十一年（1151），陈鹄与陆游长兄陆淞游，所记当不诬，从之。诗人自述或举其成数，也合。

还能见证当年惊鸿照影时的欢愉。面对此情此景，陆游百感交集。千种情愁，万种怨苦，一齐涌上心头。于是在酒后微醉之时，情不自禁地在沈园墙壁上题词一阕①。多少哀怨，多少惆怅，剪不断，理还乱！唐氏终因不能忘情，不久便郁郁而逝。这场爱情悲剧使诗人愧疚万分，触处心痛，抱憾终生。

对于这件锥心的往事，陆游一直在苦苦回避，个中情愫，自然不便明言，但终究无法忘却，所以情不自禁地发于咏叹。

陆游的爱情悲剧，不久就引起了世人的关注。宋代陈鹄《耆旧续闻》（卷十）云：

> 余弱冠客会稽，游许氏园，见壁间有陆放翁题词云："红酥手，黄滕酒，满城春色宫墙柳。东风恶，欢情薄，一怀愁绪，几年离索。错、错、错！　春如旧，人空瘦，泪痕红浥鲛绡透。桃花落，闲池阁，山盟虽在，锦书难托。莫、莫、莫！"笔势飘逸，书于沈氏园，辛未三月题。放翁先室内琴瑟甚和，然不当母夫人意，因出之。夫妇之情，实不忍离。后适南班士名某，家有园馆之胜。务观一日至园中，去妇闻之，遣遗黄封酒果馔，通殷勤。公感其情，为赋此词。其妇见而和之，有"世情薄，人情恶"之句，惜不得其全阕。未几，怏怏而卒，闻者为之怆然。此园后更许氏。淳熙间，其壁犹存，好事者以竹木来护之，今不复有矣。②

刘克庄《后村诗话·续编》（卷二）云：

① 关于沈园题壁词之争详见拙文《陆游〈钗头凤〉词研究综述》，载《文学遗产》1989年第2期；《陆游沈园本事诗考辨》，载《文史》2003年第2期；《陆游〈钗头凤〉是"伪作"吗？——兼谈文本中"宫墙"诸意象的诗词互证》，载《学术月刊》2011年第4期；《陆游〈钗头凤〉本事及若干意象再辨析》，载《中国韵文学刊》2021年第1期。另，吴熊和先生80年代初有《陆游〈钗头凤〉本事质疑》（见《文学欣赏与评论》，浙江人民出版社1982年版），后收入《吴熊和词学论集》杭州大学出版社1999年版，第274页。

② 〔宋〕陈鹄《耆旧续闻》卷一○，见《宋元笔记小说大观》，上海古籍出版社2001年版，第4852页。

放翁少时，二亲教督甚严。初婚某氏，伉俪相得。二亲恐其惰于学也，数谴妇。放翁不敢逆尊者意，与妇诀。某氏改事某官，与陆氏有中外。一日，通家于沈园，坐间目成而已。翁得年甚高，晚有二绝云："肠断城头画角哀，沈园非复旧池台。伤心桥下春波绿，曾是惊鸿照影来。""梦断香销四十年，沈园柳老不吹绵。此身行作稽山土，犹吊遗踪一泫然。"旧读此诗，不解其意。后见曾温伯言其详。温伯名黯，茶山孙，受学于放翁。[①]

后来，宋末元初的词人周密《齐东野语》卷一"放翁钟情前室"[②]，以小说家笔法敷陈其事，还描述了沈园之会的具体场景，所述虽详备可读，但未交代材料来源。另外，关于沈园题壁的年代，与陆游自述有明显的抵牾处，故本文未予称引。

年轻时的这场婚变，一直是陆游终身难以痊愈的伤口。父母出妇，原是为了不让儿子"惰于学"，在功名事业上有所作为。而陆游礼部复试被黜，在政治上的失意犹如雪上之霜，一度使陆游十分寒心郁闷。但陆游毕竟还是陆游，他不同于旧式文人，碰到失意只会向愁病嗟叹中讨生活。他的性格决定了他决不向命运低头，堂堂七尺之躯，必有用武之地。从临安回来后，他跑到云门草堂，一边读书，一边习武，为他日"执戈王前驱"，实现平生愿望积极准备着。

修文习武，砺志图强：隐居于云门草堂

云门山在著名的若耶溪上游，秦望山之南，处于会稽山腹地，是越中幽胜处。山呈东西走向，因云门寺有五色祥云而声名远扬。绍兴初年，朝廷征用陆游祖父尚书左丞陆佃在宝山附近的证慈功德院（即后来的泰宁寺），为昭慈太后孟氏（1073—1131）的攒宫，另赐云门寺雍熙院为陆佃功德院。

云门山一山有显圣、寿圣、雍熙、淳化四院，通称云门寺。陆游少时与胡

---

① 〔宋〕刘克庄《后村诗话》卷二，中华书局1983年版，第100页。

② 〔宋〕周密《齐东野语》卷一，中华书局1983年版，第17—18页.

尚书之子胡杞共学于云门山中，见过高宗皇帝赐尚书御题扇手诏："文物多师古，朝廷半老儒。"那儿风景优美，文化积淀深厚，六朝以来一直是文人雅士心仪的地方。书法家王献之曾隐居于此。唐代，萧翼受太宗指派，专程来云门寺从辨才和尚手中骗取了真本《兰亭集序》。

云门山

云门寺自晋安帝诏建云门寺以来，精舍楼阁参差，香火一直很盛。诗人宋之问有"天香众壑满，夜梵群山空"①之诗形容。诗僧灵一、灵澈法师曾出家云门寺。大诗人李白、杜甫都到过此地。杜甫念念不忘云门寺，还发出了"若耶溪，云门寺，吾独胡为在泥滓，青鞋布袜从此始"②的感叹。元稹官浙东观察使兼越州刺史时，不但自己以游云门为乐，还邀白居易来越州谒禹庙，宿云门。白居易游云门寺后，兴犹未尽，说："幽意未尽怀，更行三五匝。"③

宋代范仲淹、王安石、苏轼等都专题吟咏过云门寺④，历代诗人的作品见证了云门寺的鼎盛。陆游在《云门寿圣院记》中写道：

> 云门寺自晋、唐以来名天下，父老言昔盛时，缭山并溪，楼塔重复，依岩跨壑，金碧飞踊。居之者忘老，寓之者忘归，游观者累日乃遍，往往迷不得出。虽寺中人，或旬月不得觌也。……一山凡四寺，寿圣最小，不

---

① 宋之问《宿云门寺》，见〔宋〕孔延之撰，邹志方点校《会稽掇英总集》卷七，人民出版社2006年版，第95页。

② 杜甫《奉先刘少府新画山水障歌》，见〔清〕仇兆鳌注《杜诗详注》，中华书局1979年版，第279页。以下引杜甫诗歌均用该版本，只注明篇目、页码。

③ 白居易《宿云门寺》，见《会稽掇英总集》卷七，第97页。

④ 苏轼《送钱穆父出守越州绝句二首》其二："若耶溪水云门寺，贺监荷花空自开。"见《苏东坡全集》卷一七，中国书店1986年版，第239页。

得与三寺班，然山尤胜绝，游山者自淳化，历显圣、雍熙，酌炼丹泉，窥笔仓，追想葛稚川、王子敬之遗风。行听滩声，而坐荫木影，徘徊好泉亭上，山水之乐，厌饫极矣。而亭之旁，始得支径，逶迤如线，修竹老木，怪藤丑石，交覆而角立；破崖绝涧，奔泉迅流，喊呀而喷薄。方暑，凛然以寒，正昼仰视，不见日景。如此行百余步，始至寿圣，崭然孤绝……①

陆游早年曾随父陆宰住平水云门寺寿圣院，陆宰有《云门小隐》诗，描写隐居时的境况：

舟舟溪流十里长，上方钟鼓度榕篁。烟霞已属维摩诘，岩壑徒夸顾长康。舟逐泉飞苔渍井，笔随人化草迷仓。昙花经叶全园寂，一炷檀熏夜未央。②

这就是陆游诗文中所说的"云门草堂"。至今绍兴平水镇云门寺还保留着显圣、寿圣院和草堂等遗址。

古时云门虽处于会稽山腹地，但因有若耶溪与鉴湖相接，交通十分方便。陆游在《五云桥》一诗中自注道："往时镜湖陂防不废，则若耶溪水常满，可行大舟至云门。"③陆游对云门草堂是有感情的，他在《留题云门草堂》一诗中写道："小住初为旬月期，二年留滞未应非。寻碑野寺云生屦，送客溪桥雪满衣。"④陆游落第后来云门草堂隐居，一住就是两年。

陆游在云门寺的主要生活是读书，他读各种各样的书。于六经，陆游最推崇的是《易经》和《诗经》。前者是他观察宇宙万象的哲学基础，后者是他从事诗歌创作的艺术准则。为了实现自己的壮志，陆游还读兵书，并学剑法、习武术。那时，陆游留意于兵书是有原因的。

---

① 《云门寿圣院记》，《渭南文集笺校》卷一七，第834页。
② 邹志方、李永鑫编《历代诗人咏绍兴》，云南美术出版社2004年版，第121页。
③ 《五云桥》，《剑南诗稿校注》卷二二，第1656页。
④ 《留题云门草堂》，《剑南诗稿校注》卷一，第22页。

宋代社会风气是重文轻武，士大夫多崇尚儒雅，把习文修身看作是安身立命的根本。特别是北宋，尚文风气尤其盛行，习武之人则往往被人轻觑。于是出现了宋人在朝中议论未定，而金人已经渡河的悲剧。北宋沦陷后，外族入侵，大敌当前，朝廷本应习武图强，呼唤武治以恢复中原，由于统治者信奉苟安政策，一些有将帅之才的爱国志士和习武之人，实际上仍处于投闲状态，根本没有得到真正的重视。

陆游生于危亡，民族蒙受的兵燹丧乱使他深切地感受到习武的重要。他从小爱读兵书，一方面源于他个人的秉性，另一方面也源于家学。家中有许多这类藏书，他的祖父陆佃管过武学，懂得孙武、吴起兵法，著有《鹖冠子解》三卷，探讨的就是治国用兵之道。陆游心里素有"切勿轻书生，上马能击贼"[1]的想法。当科场失意时，他特别渴望读兵书、学军法、习剑术、练武功，换一种生活方式。他在云门山草堂隐居期间写了一首《夜读兵书》诗，壮怀激烈，可见当时的心境怀抱：

> 孤灯耿霜夕，穷山读兵书。平生万里心，执戈王前驱。战死士所有，耻复守妻孥。成功亦邂逅，逆料政自疏。陂泽号饥鸿，岁月欺贫儒。叹息镜中面，安得长肤腴。[2]

荒僻的山野四周万籁俱寂，窗前的孤灯独明，烛照着一颗年轻的忧时爱国之心。诗人手捧兵书，情绪激昂，幻想着像古人那样"执戈王前驱"，毅然奔赴国难。他在诗中表示：战死在沙场，为国捐躯，原是男儿本色，虽死犹生；而顾念家室，踌躇不前，守在家里不管国事，是最可耻的。这一番自白，剖露出他作为一个爱国志士、热血青年的坦诚情怀。

古人有"达则兼济天下，穷则独善其身"的人生信条，陆游此时尚未步入仕途，显然是属于"穷"的时候。但国士的天性使他无法忘却现实，远离政治

---

[1]《太息》，《剑南诗稿校注》卷三，第247页。
[2]《剑南诗稿校注》卷一，第18页。

而袖手旁观，"饥鸿"之声，时时触动着诗人的心，使他"叹息肠中热"，情不自禁地为之动容，为之忧心，为之憔悴。"叹息镜中面，安得长肤腴"这种忧时劳心，与他晚年"身为野老已无责，路见流民总动心"的责任感是一脉相通的。

陆游在这之前，曾经历了人生的两大挫折。无论是来自科场的打击，还是与唐氏有情人难成眷属，都没能消磨陆游的精神意志。绍兴二十六年（1156）陆游在《跋文武两朝献替记》中说"学者当以经纶天下自期"。科举的挫折，使他更清楚地认清了秦桧一伙丑恶的嘴脸，从此，陆游于公于私都与投降派势不两立。而爱情婚姻的伤痛，使他索性暂时抛开儿女情长，全身心投入到他所期望的事业中去。"平生万里心，执戈王前驱，战死士所有，耻复守妻孥"等诗句，包含着诗人很深的人生体验，有许多感悟是诗人用坎坷不幸的生活换来的。

陆游在云门的读书生活给山野古寺增添了勃勃生机。陆游离开云门草堂后，曾几作《题陆务观草堂》一诗，与陆游打趣道：

> 草堂人去客来游，竹笕泉鸣山更幽。向使经营无陆子，残僧古寺不宜秋。①

陆游与云门是有缘的。

---

① 曾几《茶山集》卷八，见《全宋诗》，北京大学出版社1991年版，第18588页。

第四章 初入仕途

初仕入闽：从宁德主簿到福州决曹

宋高宗朝，秦桧为相前后十八年，结党营私，一手遮天，奉行向金屈膝求和的路线，把当时的主战派压得透不过气来，言官因反对和戎，贬的贬，窜的窜，最后，连宋高宗都要受他牵制。绍兴二十五年（1155），秦桧病死，威逼正气的恶势力终于倒了，朝廷形势开始出现转机。高宗趁机铲除了秦桧朋党，起用一些主战派人士，正派势力逐渐抬头。

陆游当年因为好言恢复而被黜落，深感到在秦桧当道的年代，"文愈自喜，愈不合于世"，科举入仕是无望了，但他"自信愈笃，自守愈坚"①。如今，恶贯满盈的秦桧病死，陆游分明看到了主战势力复出的政治曙光，自是欢欣鼓舞。他在山阴农村，一连写好几首诗表达这样的期望："崖州万里窜酷吏，湖南几时起卧龙？但愿诸贤集廊庙，书生穷死胜侯封。"②放逐"崖州"的"酷吏"是指秦桧的死党酷吏曹泳；"湖南"之"卧龙"是指被秦桧嫉恨，此时被贬在湖南的主战将领张浚。他还写道："近传下诏通言路，已卜余年见太平。圣主不忘初政美，小儒唯有涕纵横！"③盼望朝廷从此言路畅通，委贤任能，希望宋高宗拿出

---

① 《上辛给事书》，《渭南文集笺校》卷一三，第662页。
② 《二月二十四日作》，《剑南诗稿校注》卷一，第18页。
③ 《新夏感事》，《剑南诗稿校注》卷一，第21页。

"初政"时候的魄力来。

其实，就本质而言，宋高宗赵构和秦桧没有什么区别，都是彻头彻尾的投降派。所不同的是，高宗在关键时刻，擅长玩弄政治平衡术，笼络人心，更有欺骗性，以维护皇权。比如在即位之初，任用李纲、宗泽等有声望的主战派人士，打着抗金的旗号，赚取民心。其实暗中却与金人议和，不仅断送抗金的前程，最终自己也落到落荒而逃的地步。建炎末，当他被金人逼得没有退路的时候，他又利用爱国志士要求收复失地的热情，改元绍兴，任用赵鼎、张浚为相，为"元祐党"平反，做了一些符合民众意愿的事。但不久，当他的皇权要受到威胁时，又暴露出庐山真面目，重用秦桧，杀岳飞，打击主战人士，签订绍兴和议，宁要半壁江山，也不愿失去帝位。如今朝廷被秦桧搞得乌烟瘴气，朝野上下怨声载道，秦桧之专权嚣张到了越俎代庖的程度，民心动摇。所以，赵构不得不考虑借秦桧之死，铲除秦桧死党，一来平复主战派的怨气、收买民心；二来大权自握，重树皇权的威严。于是，接连下诏剥夺秦埙、曹冠等九人的进士出身，赦免以前被秦桧迫害的老臣，起用一些正派人士。但这些只是表面文章，其实，宋高宗和戎的国策没有变，他仍然以力持和议的沈该、万俟卨（读作 mò qí xiè）为相，汤思退知枢密院事，掌握军政大权，把持朝廷的要政。

此际，因反对和议罢官闲居江西上饶的曾几，也被重新起用，以左朝清大夫为两浙东路提刑，后改知台州府。绍兴二十六年（1156）四月，曾几赴任前入朝，陆游写了一首诗送行。

二月侍燕觞，红杏寒未拆。四月送入都，杏子已可摘。流年不贷人，俯仰遽成昔。事贤要及时，感此我心恻。欲书加餐字，寄之西飞翮。念公为民起，我得怨乖隔？摇摇跂前旌，去去望车轭。亭障郁将暮，落日澹陂泽。敢忘国士风，涕泣效臧获。敬输千一虑，或取二三策。公归对延英，清问方侧席；民瘼公所知，愿言写肝膈。向来酷吏横，至今有遗蜇；织罗士破胆，白著民碎魄。诏书已屡下，宿蠹或未革；期公作医和，汤剂穷络脉。士生恨不用，得位忍辞责？并乞谢诸贤，努力光竹帛。[1]

师生久别重逢，陆游非常兴奋。曾几的再次被起用，陆游认为是一个很好的政治兆头，因而深受鼓舞。诗中反映出他关注时事、关心民瘼、积极参政的意识。因为此诗是送别老师的，所以诗人在抒怀寄言时，畅所欲言，毫无保留，里面"流年不贷人，俯仰遂成昔。事贤要及时，感此我心恻"，"士生恨不用，得位忍辞责"等语，热切而坦诚，既表现了他对师长深挚真诚的感情，又坦率地表达了他对世事的看法和希望出仕的用世之心。

秦桧死后三年，绍兴二十八年（1158），陆游经人推荐，始以恩荫出仕福州宁德县主簿。宋代授官，通行举荐制，一般来说，没有科举出身的人，要做官是很难的。那么，是什么人推荐了陆游呢？有的研究者想到了刚上任的给事中辛次膺[2]，而邱鸣皋《陆游评传》则认为：辛次膺给事中在任时间短，立足未稳，是不可能推荐陆游的。是了解陆游的曾几推荐了陆游。他说：

> 曾几对于陆游的人品、学问都很赞赏，在绍兴二十五年于上饶茶山赋闲时就曾写信勉励陆游出仕。秦桧死后，曾几即被起为浙东提刑，与陆游的关系更为密切了。……高宗本要留曾几在京做官，但曾几"以老疾乞辞"，因而又还守台州。曾几这次被召，由台州赴临安，中途经过绍兴，与陆游相会，陆游有《送曾学士赴行在》，诗中有"四月送入都"句。陆游在诗中请求曾几入对时向皇帝当面反映"民瘼"和"酷吏横"的问题，同时也流露了他时不我待急欲出仕的心情。……曾几有诗《还守台州次陆务观赠行韵》，告诫陆游"鸣声勿浪出，坐待轩皇伶"，意义为虽说不平则鸣，但要有所节制，而"轩皇"（指皇帝）的传唤总会到来，……也可能曾几赴京已推荐了陆游，心中已经有了底，所以才敢谈"坐待轩皇伶"的话。……曾几于绍兴二十八年七月壬午由秘书少监擢权礼部侍郎，陆游有

---

① 《送曾学士赴行在》，《剑南诗稿校注》卷一，第19页。
② 朱东润《陆游传》，中华书局上海编辑所1960年版，第32页。以下引朱东润《陆游传》均用该版本，只注明页码。

《贺礼部曾侍郎启》其结尾处有几句很微妙的话："某顷陶善诱，尝辱异知，虽借势于王公大人，非迂愚之敢及；唯侍坐先生长者，尚梦寐之不忘。"这几句并非客套虚言，从中已委婉地透露出陆游这次入仕的一些蛛丝马迹。看来，曾几为推荐陆游是做了不少努力的。①

瑞安东源陆游活字诗墙

陆游在曾几的帮助下，终于获得了他初涉仕途的第一个职位。他从会稽出发，取道永嘉、括苍、瑞安、平阳赴任所。途经瑞安时写下《泛瑞安江风涛贴然》诗：

> 俯仰两青空，舟行明镜中。
> 蓬莱定不远，正要一帆风。②

瑞安江风平浪静，江水如镜，诗人站在船上仰望苍穹，空阔无垠；俯视江面，又见一个碧落明净的宇宙。诗人置身于瑞安江上，当有一种无比空阔的视觉和心理感受。诗人此刻心旷神怡，浮想联翩。福建任所，想来也不太远了，恨不得驾一帆东风瞬息就到，他跃跃欲试的心情溢于言表。

主簿的职责是辅佐县令管理簿书等事，是正九品的文职官员。虽然不太理想，但对于三十四岁的陆游来说，毕竟是第一次步入仕途，以后的路还很长，相信会有机会施展抱负的。所以陆游把它当作一次试露锋芒的机会。

到任后，陆游干得很不错，"有善政，百姓爱戴"③。在宁德期间，陆游与县尉朱景参（字孝闻）相处甚欢，相约登北岭，赋《青玉案·与朱景参会北岭》词，两人饮酒赋词，结下了深厚的友谊。福建提刑樊光远（字茂实）对陆游也

---

① 邱鸣皋《陆游评传》，南京大学出版社2002年版，第48页。以下引用邱鸣皋《陆游评传》均用该版本，只注明页码。

② 《剑南诗稿校注》卷一，第30页。

③ 《宁德县志》卷三《宦绩》，乾隆四十六年刻本。

很赏识，特地写了举荐奏状，盛赞陆游"有声于时，不求闻达"。过了几个月，樊提刑不见陆游来取举荐状，见了面就问道："何不来取奏状？"陆游笑着回答说："恐不称举词，故不敢。"意思说，取了奏状，岂不辜负了举荐"不求闻达"的美意！听了这话，樊提刑也笑了。最终陆游也没有去投呈，但奏状还是发了。①

宁德南漈山陆游像

绍兴二十九年（1159）秋，陆游调任福州决曹（掌管司法）。就在陆游到福州的当年，辛次膺除福建路安抚使兼知福州，陆游非常高兴。他仰慕辛的道德文章，慎重地写了一封贺启《贺辛给事书》，又写了《上辛给事书》呈上。

　　君子之有文也，如日月之明，金石之声，江海之涛澜，虎豹之炳蔚，必有是实，乃有是文。夫心之所养，发而为言，言之所发，比而成文。人之邪正，至观其文，则尽矣决矣，不可复隐矣。②

一方面赞美辛给事"指朋党蔽蒙胶漆之时，发奸蠹于潜伏机牙之始"，无私无畏的一身正气；另一方面，上书申论"实"与"文"的关系，即修身养气与为文之间的关系。陆游为有这样一个"文""实"相符的长者兼上司而无比欣慰。他还向辛次膺陈述了遭秦桧黜落以来，自己修身养气，发之于文，不坠青云之志之行实，并希望辛次膺通过文章加深对自己的了解。

在福州期间，陆游的工作是忙碌的，但天性喜欢交游的他，与张维（字仲钦）、何大圭（字晋之）等交上了好朋友。特别是张维，是一个有爱国思想的

---

① 《老学庵笔记》卷九，第302页。
② 《上辛给事书》，《渭南文集笺校》卷一三，第662页。

人。他反对和议，主张收复中原，与陆游志同道合，同声相应，感情融洽，后来天各一方，彼此之间仍保持着长久的友谊。

福州的胜迹很多，性好山水的陆游肯定不会错过登临的机会。他忙中偷闲，寻访了福州著名的风景名胜南台岛：

> 客中多病废登临，闻说南台试一寻。九轨徐行怒涛上，千艘横系大江心。
> 寺楼钟鼓催昏晓，墟落云烟自古今。白发未除豪气在，醉吹横笛坐榕阴。①

福州南台浮桥旧址

南台是福州外闽江中的一个岛屿，因地理环境特殊，游南台须经过浮桥。舳舻相连而成的宏伟桥身和两侧汹涌的江涛，本身已构成非常壮观的画面，更兼南台岛上诸多胜景，使它成为当地一绝。

一个风和日丽的日子，陆游终于一登南台，眼前的浮桥果然堪称壮观："九轨徐行怒涛上，千艘横系大江心"，汹涌的江面上无数只木船比比相接，连通大江两岸，浮桥两侧惊涛奔触，波浪千层；浮桥之上，许多渡桥的车辆缓缓行进在"怒涛"之上，宛如闲庭信步。江涛水势之急与车行其上之缓两相映衬，更有千艘船只横系大江的壮观，委实是诗人平生罕见。

与浮桥的惊心动魄不同，南台的"寺楼钟鼓"和"墟落云烟"呈现出一片宁静和平。自然变化总是从容不迫，不以人的感觉为转移，诗人从寺楼的钟鼓声中和村落袅袅上升的云烟中，忽然悟得人生的意义在于自在自得。陆游说自己虽早生白发，但一腔豪情壮志依然，这次登临给诗人留下了美好的印象。

宋代福建的造船业非常发达，造船技术达到了一个新的高峰。陆游在福州

---

① 《度浮桥至南台》，《剑南诗稿校注》卷一，第31页。

期间，还有过乘大船航海的经历，这是他生平第一次海上旅行，写下了不少气势磅礴的记游诗：

我不如列子，神游御天风。尚应似安石，悠然云海中。卧看十幅蒲，弯弯若张弓。潮来涌银山，忽复磨青铜。饥鹘掠船舷，大鱼舞虚空。流落何足道，豪气荡肺胸。歌罢海动色，诗成天改容。行矣跨鹏背，羾节蓬莱宫。①

羁游那复恨，奇观有南溟。浪蹴半空白，天浮无尽青。吐吞交日月，澒洞战雷霆。醉后吹横笛，鱼龙亦出听。②

陆游后来在追忆福州航海经历时，还不止一次提到他曾远远看到过台湾岛：

行年三十忆南游，稳驾沧溟万斛舟。常记早秋雷雨霁，柂师指点说流求。③

江山胜景，各有奇趣，而福建地处东南沿海，炎热的气候却使陆游难以适应，有时候还水土不服，客中多病。绍兴三十年（1160），经推荐，陆游入朝除授敕令所删定官。

初次离家宦游一年多，这才奉诏北归，入朝为官，陆游心里当然是异常兴奋，并且充满希望的。这一年正月，他告别同僚，离开福州，已是酴醾花压架盛开的时节。他取道永嘉、括苍、东阳，赴行在临安。人逢喜事精神爽，一路上，陆游流连山水景物，饮酒赋诗，诗兴大发，好不潇洒！到东阳时，赋《东阳观酴醾花》诗：

福州正月把离杯，已见酴醾压架开。吴地春寒花渐晚，北归一路摘

---

① 《航海》，《剑南诗稿校注》卷一，第35页。
② 《海中醉题时雷雨初霁天水相接也》，《剑南诗稿校注》卷一，第36页。
③ 《感昔》，《剑南诗稿校注》卷六四，第3399页。

香来。①

福州地暖，酴醾花在正月就开了，吴地则因春寒尚浓而花期得以延迟，所以诗人一路北上，处处都可以看到盛开的酴醾花。似乎是酴醾花驻春有术，占尽风光。诗人喜形于色，移情于物，把满怀的欣喜与悦花之情相联系，以"一路摘香"，来表达那时春风得意的心情。

初为朝官：泪溅龙床请北征

绍兴三十年（1160）的春夏之交，陆游风尘仆仆，来到了行在临安，前往敕令所上任，担任敕令所删定官。陆游这次调回临安任职，系左相汤思退之推荐。汤思退（1117—1164），原籍处州（今丽水）。年前，汤思退由右丞相升左丞相时，陆游特地上了一封贺启，里面有"圣主以此属元辅，学者以此望真儒"之语，临末表达了请求提携的意愿：

> 某猥以孤远，辱在记怜，如其少逭（huàn 逃避）衣食之忧，犹能颂中兴之盛德，必也遂老江湖之外，亦自号太平之幸民。穷达皆出于恩私，生死不忘与报称。②

因此，这次到达临安供职后，陆游又上了一道谢启，对举荐之恩感激再三：

> 伏念某独学寡闻，倦游不遂，澜翻记诵，愧口耳之徒劳；跌宕文辞，顾雕虫而自笑。低回久矣，感叹凄然，使有一人之见知，亦胜终身之不遇。③

---

① 《剑南诗稿校注》卷一，第38页。
② 《贺汤丞相启》，《渭南文集笺校》卷六，第271页。
③ 《除删定官谢丞相启》，《渭南文集笺校》卷六，第276页。

在封建制度下，干谒是士大夫晋升的主要途径之一，陆游当然也不例外。

陆游所任敕令所删定官是负责修改审定律令的官吏。虽然官阶并不高，但系"朝官"，能见识到在地方上任职时不能见识到的东西。陆游在敕令所任上结识了许多同僚和朋友，他们是闻人滋、李浩、曾季狸、郑樵、周必大等。

闻人滋（生卒年不详），字茂德，嘉兴人，是一和善幽默的长者，喜欢藏书、读书，爱吃豆腐羹，谈起经义来，口若悬河，滔滔不绝。李浩（1116—1176），字德远，其先居建昌，迁临川，早有文称于世，绍兴十二年（1142）进士，是位爱国志士，为人直言敢谏。曾季狸（生卒年不详），字裘父，江西南丰人，曾巩弟曾宰的曾孙，江西诗人吕本中的弟子，学问渊博，陆游称其"文辞冲澹简远"，喜欢谈边备，言恢复，是一个有谋略、淡泊功名的人。郑樵（1104？—1162？），字渔仲，福建莆田人，擅长著述，在史学、校雠学方面颇有建树。陆游称他"好识博古，诚佳士也"，著《通志》得到抗金派宰相赵鼎、张浚等人的赏识，被推荐给宋高宗。但由于秦桧当权，赵鼎被排斥迫害，郑樵也遭弹劾排诋，含恨而逝。周必大（1126—1204），字子充，一字洪道，庐陵（今江西吉安）人。绍兴二十年（1150）进士，又中博学宏词科，年少而才高，"赋诗属文，颇极奇怪"[1]。他们都是先后被召用在朝的一时名士，陆游当时住在临安百官宅，和他们在一起相处感到很愉快。

百官宅是南宋时期临安官设的廨舍，南宋政府为了解决在京供职官员的住宅问题，在临安城内分别建有"三官宅""五官宅""七官宅""十官宅""百官宅"等官宅，百官宅的具体位置，《乾道临安志》卷一《府第》条载："百官宅，在石灰桥。"据何忠礼考证，位于石灰桥下百官宅，"其地在今天的省妇女保健院到杭州市第一医院一带稍偏北的地方"[2]。

当时与陆游同居一处的有周必大、邹樽（字德章）、林栗（字黄中，又字宽夫）、刘仪凤（1110—1192，字韶美）等人，他们常相过从，交谊匪浅。除了这些邻居外，王秬（？—1173，字嘉叟）、王十朋（1112—1171）、杜莘老

---

[1] 《祭周益公文》，《渭南文集笺校》卷四一，第1992页。
[2] 何忠礼《有关陆游研究中的几个问题》，见《宋史研究论丛》，科学出版社2006年版，第373页。

（1107—1164）、尹穑（字少稷）、范成大（1126—1193）等在朝同僚也是陆游交往的对象。这一批人中较为年长的邹柄、刘仪凤、王十朋在四十岁左右。陆游、范成大、周必大等年龄比他们小些，在三十多岁。他们大多在绍兴时期考中进士，在朝廷任职，这种相近的政治经历成为他们展开交往的基础。

在这群人中，周必大比陆游小一岁，他们在敕令所供职的一年中，在百官宅连墙而居，职事之余，一起游览西湖胜景，相从谈笑、饮酒、论诗，交情自是比一般人密切。陆游奏书言权臣当道，得罪龙大渊、曾觌等人，被贬出京。周必大有诗相赠，"空希范蠡去，羞对浙江亭"①。同年三月，周必大也因此奉祠还乡。后来，周必大仕途虽有曲折，但他对孝宗执政方针十分洞悉，终跻高位，官至左丞相，封益国公。陆游与周必大除了有同僚诗友之谊，还有一层儿孙姻亲关系——陆游孙女（陆子龙之女）嫁给了周必大从弟（周必正）的儿子。可见，两家关系非同一般，陆、周二人往来互赠的诗也多达三十三篇。周必大先陆游离世，陆游还撰了一篇声情并茂的祭文哀悼他，充满深情地追忆年轻时相处的往事：

> 某绍兴庚辰（三十年），始至行在，见公于途，欣然倾盖。得居连墙，日接嘉话，每一相从，脱帽褫（chǐ）带，从容笑语，输写肝肺。邻家借酒，小圃锄菜，荧荧青灯，瘦影相对。西湖吊古，并辔共载，赋诗属文，颇极奇怪。淡交如水，久而不坏，各谓知心，绝出流辈。②

敕令所的工作比较单纯，再加上在任的人，都和陆游一样，系饱学之士，宦事游刃有余，所以显得比较清闲。绍兴三十一年（1161）七月，陆游三十七岁，这年"敕令所删定官陆游为大理司直"③，又"迁大理寺司直兼宗正

---

① 周必大《次韵陆务观送行二首》其一，见《周必大集校正》，上海古籍出版社2020年版，第36页。
② 《祭周益公文》，《渭南文集笺校》卷四一，第1992页。
③ 《建炎以来系年要录》卷一九一，第3195页。

簿"①。大理寺是负责审理重大案件的最高司法机构，宗正寺是管理皇族宗亲事务的机构。宋代大理寺司直只一人，秩正八品。宗正寺主簿也是一人，由京官充任。在短短的几个月中，陆游由大理寺司直兼宗正寺主簿，这两个比较清闲的职位，其实具体的任务只有一个，就是为皇家纂修"玉牒"。按北宋旧制，朝廷设玉牒所，专门以编年的方式记录帝王的宗系和历数。南宋到绍兴十二年（1142）才恢复玉牒所，二十九年（1159）并入宗正寺②。陆游为皇家编纂玉牒的时间较长，绍兴三十一年（1161）冬，除枢密院编修官③，和范成大、周必大等人一起，担任枢密院文字方面的工作。但仍出入玉牒所，因而有机会了解当时朝廷的政治脉动。

就在这一年的九月，金主完颜亮大举南侵，又一次大规模的侵略战争开始了。

早在秦桧病死之初，金人对南宋就心存疑虑，担心旧盟不固。金主完颜亮徙都开封，摆出咄咄逼人的攻势，据说垂涎柳永笔下"三秋桂子、十里荷花"的美景，发誓要"提兵百万西湖上，立马吴山第一峰"。

五月，正逢高宗的生日，金国的生辰贺使高景山、王全一行，带来了金主完颜亮的口信，说宋金宜以长江汉水为界，要南宋割让长江以北的土地。战争的情势，因为金人的步步威逼而无可避免了。

高宗此番召集文武大臣，不得不直截了当地摊牌了："今日更不问和与守，直问战当如何？"既然朝廷决定迎战，事情就简单多了。当时陈康伯（1097—1165）、朱倬（1086—1163）分别为左右相。陈康伯为主战派人物，处事沉稳有主见。南宋方面即以大将吴璘为四川制置使，屯兵巴蜀；汪澈督师荆襄；刘锜为江淮浙西制置使，统领淮南、江东、浙西一带的兵马。

九月，完颜亮统兵六十万，号称百万，从川陕、荆襄、两淮、海上四个方

---

① 《宋史》卷三九五《陆游传》，中华书局1985年版，第12057页。以下引《宋史》均用该版本，只注明卷次、篇目、页码。

② "今参照祖宗古制，自元丰置宗正寺以玉牒隶之。今欲不置玉牒所检讨官，只以本寺卿丞领编修事。"《建炎以来系年要录》卷一八三，第3051页。

③ 陆子虡《剑南诗稿》跋："绍兴辛巳（1161）间，及事高宗皇帝，累迁枢密院编修官。"《剑南诗稿校注》，第4545页。

向，向南宋发起进攻。完颜亮亲自率领主力"弥望数十里，不断如银壁，中外大震"①直逼两淮。首先被金人阵势吓破胆的是时任副将的王权。当刘锜率军沿运河北上，准备在淮阴迎敌时，作为大军右翼的王权不听指挥，在淮西战场上一触即溃，一退再退，致使刘锜孤军作战，陷入金人的包围之中。无奈之下，只能暂时向扬州撤退。金兵很快就占领两淮，十月，完颜亮进驻合肥。

消息传来，满朝文武，无不震惊。有的主张缓师请和，此时寓居会稽禹迹寺的曾几，立即上书反对，认为"遣史请和……无小益而有大害"，强烈呼吁"为朝廷计，当尝胆枕戈，专务节俭，整军经武之外，一切置之"②；有的惊怖失措，鼓动高宗一起逃跑。高宗竟下手诏给左相陈康伯，准备"浮海避敌"。陈康伯实实在在地表现出一个朝廷重臣应有的魄力，他把高宗的手谕给烧了，把自己的家眷从老家接到京城，安定人心，誓与京城同存亡。他再三奉劝高宗要镇定应对，等其情绪稍定后，又起草《新征诏》，分析利弊，奏请高宗"下诏亲征"。高宗终于决心亲征了，这对稳定百官情绪，激励军心起到了重要的作用。陈康伯即以虞允文（1110—1174）为参谋军事，虞允文亦不负所望，十一月初在采石（今属马鞍山）大败金兵。此前，刘锜的军队在皂角林（今属江苏江都）也打了一场胜仗，后大军退守镇江，与金兵形成了隔江对峙的局面。恰恰在这个时候，女真族内部的矛盾爆发了，留守北方的女真族首领们拥立完颜雍（1123—1189）为帝，发动政变。完颜亮决定先取南宋再北上平叛，便命金兵强行渡江。所属兵士，慑于刘锜的声威，不敢渡江，结果合谋发生兵变，完颜亮被部下所杀。金兵一边派人与宋军洽商，一边向北撤退，与完颜雍会合。等宋高宗御驾亲征时，金兵早已挥师北上，走得无影无踪了。

当敌人大举南侵时，陆游已在枢密院编修官的任上。枢密院是主管军政的中央机构，是朝廷军事司令部。编修官虽然是编纂文件的文职人员，不可能临阵杀敌，但在那个遭遇外族入侵的特殊时期，他和他的老师曾几一样，是坚定的爱国志士，积极站在主战的行列中。在大战即将爆发之前，他在写给枢密院

---

① 《宋史》卷三六六《刘锜传》，第11406页。
② 《建炎以来系年要录》卷一九三，第3243页。

知事黄祖舜的贺启中，明白地表达了杀敌的决心：

> 某顷联官属，获侍燕居，每妄发其憨愚，辄误蒙于许可。虽辍食窃忧
> 于谋夏，而荷戈莫效于防秋。敢誓糜捐，以待驱策。[①]

说自己在敕令所任职，是文职闲官，但常常枕戈以待，抱着戆直的愿望，
希望自己有所作为。当听到金人觊觎大宋国土，侵犯疆防，气愤得食不下咽，
恨不得拿起武器，为国驰驱，甘愿粉身碎骨，报效国家。

前线形势吃紧时，人心浮动，朝廷内主和势力还是很猖獗的，陆游感到万
分焦虑。他做好了一切准备，准备直接向高宗主动请缨北伐。刚好承蒙皇帝召
对。于是，他慷慨陈词，请求北征，动情处，涕泪俱下，以至于"泪溅龙床"。
在民族命运面临危难的关头，陆游的爱国热情和人生理想被充分激发出来，形
诸许多诗篇：

> 信史新修稿满床，牙签黄帙带芸香。中人驰赐初宣旨，丞相传呼早出
> 堂。皇祖圣谟高万古，诸贤直笔擅三长。孤臣曾趣龙墀对，白首为郎只
> 自伤。[②]

诗后自注："绍兴辛巳蒙恩赐对，今三十九年矣。"他在另一首诗中以汉代的贾
谊自比，表达自己为国痛哭泣涕的拳拳之心：

> 贾生未解人间事，北阙犹陈痛哭书。[③]

诗后自注："绍兴庚辰、辛巳间（指绍兴三十年至三十一年），游屡贡瞽言，略
蒙施用。"

---

① 《贺黄枢密启》，《渭南文集笺校》卷七，第295页。
② 《史院书事》，《剑南诗稿校注》卷二〇，第1589页。
③ 《望永思陵》，《剑南诗稿校注》卷三一，第2077页。

直到古稀之年，他还在回忆当年晋见请缨时的情景：

> 寂寞已甘千古笑，驰驱犹望两河平。后生谁记当年事，泪溅龙床请
> 北征。①

此次战争以金人内讧而告终。战争结束后，高宗忙不迭地与金国重修旧好，宋金又一次达成和议，以淮水为界，南宋王朝度过了又一次政治危机，恢复了往日的情形。

陆游此番"泪溅龙床"，不但未能得到重用，反而被罢归故里了。然而，遭此不公的何止陆游！还有一代名将刘锜，在投闲多年后再次出山，虽身染重病，仍誓死坚守长江天险，致使金兵内讧兵变、匆匆北遁。战争结束后，他被罢奉祠寓居在临安都亭驿，不久都亭驿被用于奉迎金国使臣，刘锜气愤至极，病情加重，竟呕血而死。陆游听到这个消息，扼腕痛心，作挽歌感叹不已。

初为史官：力学有闻，赐进士出身

当初，陆游从福建到行在临安，只身一人赴任，很想轰轰烈烈地干一番事业。战争爆发后，他的一番热忱，并没有打动宋高宗，反而成为逆耳忠言被罢归。不久，他又被召回玉牒所任史官。正当他感到失望时，前方传来了均州（今湖北丹江口）知府武巨收复西京（洛阳）的消息。诗人大喜过望，认为时局有望稳定。于是，在绍兴三十二年（1162）开春，把家眷接到临安，写了《喜小儿辈到行在》诗，胜利的喜悦和父子团聚的天伦之乐交织在一起，笔调活泼而亲切：

> 阿纲学书蚓满幅，阿绘学语莺啭木。截竹作马走不休，小车驾羊声陆
> 续。书窗涴壁谁忍嗔，啼呼也复可怜人。却思胡马饮江水，敢道春风无战

---

① 《十一月五日夜半偶作》，《剑南诗稿校注》卷三一，第2101页。

尘。传闻贼弃两京走，列城争为朝廷守。从今父子见太平，花前饮水勿饮酒。[1]

三十八岁的陆游已是五个孩子的父亲。长子子虡十五岁，次子子龙十三岁，三子子修十二岁，四子子坦七岁，还有一个不到一周岁牙牙学语的女儿阿绘。最小的两个孩子最活泼可爱。阿纲七岁出头，正是学文习字的启蒙阶段，他拿着毛笔学写字，满纸涂鸦，歪歪扭扭画得像蚯蚓似的，使人忍俊不禁。小女阿绘还是个牙牙学语的幼儿，张口学舌声音甜美得像黄莺在树上婉转的啼唱，女儿充满稚气的童音，在做父亲的耳里不啻是最美妙的声音，连"啼呼"之声也能使人陡生爱怜。有孩子们在家中，就难得安静。他们天生爱游戏，以竹代马，不停地奔跑着，又学着驾驭羊车的声音不断吆喝，还拿着笔到处乱涂乱画，玷污了墙壁，弄脏了窗纸，把家里搅得乱糟糟的。

陆家一向以家教谨严著称，陆游对子女要求都比较严格，而此时却宠爱有加，甚至对他们在家中顽皮捣乱，啼哭呼叫都不忍嗔怪，反而付之一笑，这是缘何？因为此时诗人正满怀胜利的喜悦，拥有一份好心情，想到从此父子将过上平安幸福的生活，对什么事都青眼相看，更何况面对的是一双充满童稚之趣的宁馨儿！

这一年的春天，山东义军首领耿京（1130？—1162），派遣贾瑞、辛弃疾南下与南宋朝廷联络。耿京不幸被叛将张安国所杀，辛弃疾在归来的途中，听到耿京被害的消息，便率领五十多人冲入几万人的敌营，亲手把叛徒擒拿带回建康，交给南宋朝廷处决，从此留南宋任职。辛弃疾（1140—1207），字幼安，山东济南人，生在沦陷区，青年时参加抗金斗争，是坚定的主战者，入朝后，献《美芹十论》《九议》等，提出强兵复国的具体规划，都未得到采纳和实施。颇受压抑，于是把一生的抱负倾诉在词里面，后来和陆游分别成为南宋爱国词坛和诗坛的领军人物。

绍兴三十二年（1162），是宋金双方内部调整的一年，除了小规模的局部冲

---

[1]《剑南诗稿校注》卷一，第49页。

德寿宫遗址博物馆

突外，总的来说是相安无事。

女真部族内部，完颜雍政变上台后，经过一段时间的内部整顿，已经控制了北方的局面。完颜雍是一个很有魄力的统治者，在短时间内就稳定了女真族内部的争斗，拥兵虎视南方。淮河以南的宋室，也在进行着皇权的交接。是年六月，宋高宗禅位于皇太子赵眘（shèn），是为宋孝宗，自己当上了太上皇帝，退居德寿宫颐养天年。

孝宗是高宗赵构的养子，虽为宗室之子，但只是一位远房的宗室，生父赵子偁只是个县丞，宗室南渡后，被高宗收为养子，又立为太子。他生长于民间，和一般生于深宫之中的皇帝有所不同，比较了解民间疾苦。继位之初，他很想有所作为，顺应民心，收复失地，把国家治理好。

因此，孝宗即位后，首先想到的就是擢用一批有用的人才。他首先为岳飞父子平反昭雪，在这个过程中，主战派得到重用，占了上风。

宋高宗绍兴末，陆游已调任枢密院编修官，担任文案编纂的工作，类似于现在的秘书。宋孝宗继位后，复授枢密院编修兼编类圣政所检讨官。编类圣政所即原来敕令所改名，主要从事《高宗圣政》及《实录》的编纂。《高宗圣政》草创凡例二十条，多出自陆游手笔，这是陆游第一次为史官。与陆游一起在圣政所的还有秘书省正字范成大。范成大（1126—1193），字至能，号石湖居士，吴郡（今江苏苏州）人，也是著名的诗人，从圣政所开始，范、陆二人就结下了深厚的友谊。十三年后，范成大任四川制置使，陆游就在他的幕府任职。

隆兴元年（1163）十月间，因枢密使史浩、同知枢密院事黄祖舜推荐陆游"善辞章，谙典故"，宋孝宗召见陆游，并赞誉他"力学有闻，见解剀切"，特赐陆游和另一位叫尹穑的才子以进士出身。这在当时的士大夫阶层，是一种莫大的荣誉。

陆游受此殊荣，自然感激涕零，唯有竭尽心力以报皇上知遇之"异恩"[①]。他积极谋划，献计献策，很快他写就了论奏《上殿札子》《论选用西北士大夫札子》《条对状》等，指出现有的弊端，阐明根治的办法。

《上殿札子》针对朝廷"命下累月，而有司或恬然不以为意"[②]，以致上下政令不通，诏令沦为空文的现实，提请朝廷加强诏令的威信，务使令行禁止，以备国家危急时政令畅通。针对政坛上日益风行"浮虚失实，华藻害道"的浮夸文风，陆游提出请复祖宗旧制"法度典章，广大简易"，"君臣上下，如家人父子，论说径直，诚意洞达"[③]，彻底根除虚浮迂滞的流弊。另外，他还希望孝宗为政，施行至公至平之道，革除权臣、贵戚、藩将等控制垄断财赋的特权弊端，政事制度以仁宗朝为法，有利于国运兴盛。

在《论选用西北士大夫札子》中，他建议登用"赵、魏、齐、鲁、秦、晋之遗才，以渐试用，拔其尤者而任之"[④]，避免北方士大夫有沉抑之叹。靖康之变，北方士大夫大量南迁，陆游认为要恢复中原，应当在各方面多用北方南迁的人才，一面可以加强对沦陷区人民的号召与团结，一面因这些人士都熟悉北方的情况，在政治军事方面将有很大的帮助。这也是对祖宗用人"兼收博采，无南北之异"[⑤]做法的绍承。这个建议触及南宋在用人制度上的弊端，作为史官，陆游总结历史经验，给孝宗提出了用人问题上的建议。

《条对状》是应诏而作、列举时弊上奏孝宗所作的状文[⑥]，条理清楚，共论七事，大致意思如下：

一是异姓不能封王，必须作为国法定下来。异姓封王，祸害很大。汉初封异姓王，是天下未定的权宜之制，结果造成祸乱。于是，汉朝就定下盟誓，非刘氏不王。希望皇上明诏有司，从今以后，非宗室虽实有勋劳，也不得辄加王爵。

---

① 《辞免赐出身状》："唯是科名之赐，近岁以来，少有此比，不试而与，尤为异恩。"《渭南文集笺校》卷五，第205页。

② 《上殿札子三首》之一，《渭南文集笺校》卷三，第140页。

③ 《上殿札子三首》之二，《渭南文集笺校》卷三，第143页。

④⑤ 《论选用西北士大夫札子》，《渭南文集笺校》卷三，第131页。

⑥ 《渭南文集笺校》卷五，第208—209页。

二是取消内侍小臣"干办"专务。他们无统属，自称是皇帝的"使臣"，擅自在外作威作福，玩弄权力，骚扰地方，害多利少。朝廷若有大事，必须派遣使臣，也要从廷臣中遴选有才干声望者，这样才不负任使重望。

三是自古朝廷设官分职，必须正其名分，划清职责范围，使各司其职，避免混乱。

四是对于诸路监司，因为负有考核地方官吏的重大职权，其人选要整顿，不称职的要清理，应选用有才智学术之士充任。

五是废除凌迟之刑，以表明皇上至仁之心。

六是限制宦臣随便将大量童幼阉割，纳为养子，宦臣盘根错节，培植势力，于朝政不利。

七是严禁"妖幻邪人"诳惑良民的各种道、会、门的存在，其危害未易可测，所以必须密切注意，严加防范。有犯事者，要严厉典刑，以消除日后的祸患。

陆游的一系列论奏，涉及政权建设、职官制度、人才选拔、刑法戒律等诸多方面，是陆游关注政治民生，经过长期观察积累形成的，都与现实生活息息相关，其中也融合了许多历史上的经验与教训。以史为鉴，以现实为依据，提出他的美政思想。其出发点，都是为了南宋王朝的长治久安。

读一读陆游这一时期的论奏，才知道孝宗所谓"力学有闻，言论剀切"，并非溢美之词！

初论迁都：任枢密院编修官的日子

陆游在京城任职之时，诗酒唱酬，交游较广。与周必大、林栗、刘仪凤、邹樌等一批人尤多过从。这些人都是进士出身，周必大，绍兴二十一年（1151）进士，时任秘书省正字、兼中书舍人等职。林栗（1122—1190），字黄中，福州福清人，绍兴十二年进士，后累官至兵部侍郎。刘仪凤，字韶美，普州（四川安岳）人，绍兴二年进士，后累官至兵部侍郎兼侍讲。邹樌，字德章，晋陵（江苏常州）人，绍兴十八年进士，绍兴末与陆游同为京官，交谊甚深，乾道元年（1165）秋，邹德章被贬江西高安，陆游得知，以诗相寄。他们同居百官宅，一个个才华出众，个性鲜明，议论有方，诗情横溢，为一时之名士。和他们交往，使陆游眼界开阔，见多识广，得益匪浅。那些过从的日子，他们一起读书、喝酒，结伴而行，谈笑风生，个性鲜明，是令人难忘的，陆游后来有诗记之：

> 巷南巷北秋月明，东家西家读书声。官闲出局各无事，冷落往往思同盟。出门相寻索一笑，亦或邂逅因俱行。黄中（林栗）掀髯语激烈，韶美（刘仪凤）坚坐书纵横。子充（周必大）清言喜置酒，赤梨绿柿相扶擎。寒灯耿耿地炉暖，宫门风顺闻疏更。……①

孝宗继位后的第二年（1163），改元隆兴。宋、金双方经过一段时间的对峙，暗中都有动作，都在准备新一轮的战事。完颜雍在河南屯聚了十万大军，并向南宋提出，要求割让唐（今河南唐河）、邓（今河南邓州）、海（今江苏连云港）、泗（今江苏盱眙）、商（今陕西商洛）等州。南宋方面也不敢懈怠，孝宗以史浩为右丞相兼枢密使，张浚为枢密使，都督江淮东西路，在泗、濠、庐三州及盱眙一带有所布防。在建康、镇江府、江阴军、江州、池州一线，屯驻兵马，东南一带的军队，此时都交付张浚统领。南宋方面，从孝宗，到左相陈康伯、枢密使张浚，都决定要收复沦陷区，对金宣战。

为了牵制金人的力量，朝廷打算首先与西夏取得联系。隆兴元年（1163）的正月二十一日，中书省、枢密院请陆游到中书省的政事堂，代陈康伯起草二府《与夏国主书》②，此书意在重申旧好，永为善邻，稳住西夏。南宋想利用西夏与金国的矛盾，牵制金人南下，这显然是收复中原通盘计划中的一个重要环

---

① 《往在都下时，与邹德章兵部同居百官宅，无日不相从，仆来佐豫章而德章亦谪高安，感事述怀作歌奉寄》，《剑南诗稿校注》卷一，第85页。

② 《燕堂春夜》自注："游尝为丞相陈鲁公、史魏公、枢相张魏公草中原及西夏书檄于都堂。"《剑南诗稿校注》卷一八，第1432页。

隆兴元宝

节。陆游担任此重任，感到非常兴奋："往时草檄喻西域，飒飒声动中书堂"①，代二府草拟重要文书，是陆游接近政治中心的难忘经历。

二月份，二府又请陆游代撰《蜡弹省札》，蜡弹是用蜡封的文书，蜡弹省札属于军事机密文件，这是史浩的计策。朝廷封布衣李信甫为兵部员外郎，由他带着蜡封的文书到中原沦陷区，劝降当地州郡军政首脑，如能纳土归宋，宋廷许以封王世袭、高度自治。这一招主要是为了消解金国实力，打破对峙局面。

此外，陆游还代人撰写了《乞分兵取山东札子》，申述用兵策略：

为今之计，莫若戒敕宣抚司，以大兵及舟师十分之九固守江淮，控扼要害，为不可动之计；以十分之一，遴选骁勇有纪律之将，使之更出迭入，以奇制胜。俟徐、郓、宋、亳等处抚定之后，两淮受敌处少，然后渐次那大兵前进。如此，则进有辟国拓土之功，退无劳师失备之患，实天下之至计也。②

固守江淮，扼守要害，然后才能分兵进取山东，是史浩坚持、不同于张浚的用兵主张和军事思想，陆游深以为是。这篇《札子》应当是陆游为史浩代笔起草的重要文书，其用兵方略着眼于建立根据地与灵活游击相结合稳扎稳打的办法。当时敌人的重兵牵制在西北，鲁西、皖北比较空虚，南宋应当以精兵夺取这一地区，对于恢复中原，造成有利的条件。这些意见是有一定道理的，可惜后来没有被张浚采用。

---

① 《醉后草书歌诗戏作》，《剑南诗稿校注》卷四，第377页。
② 《渭南文集笺校》卷三，第134页。

陆游在枢密院期间，参与了朝廷重大策略的论证，又亲手起草了许多重要文书。了解了当时朝堂核心人物关于治国安邦的政治思想，长了见识，锻炼了能力；南渡以来坎坷的国运，也培养了陆游的忧患意识，促使其思想趋于沉稳，志向更加坚定；另外，他与一批志同道合的主战人士在一起，关注国运、反对和议，在共同理想基础上，交流思想，畅论抗金大计，促使他在恢复中原等问题上，逐渐形成了比较明确的思路和主张。这种政治上开始成熟的主要标志，集中地表现在他对"建都"等重大问题的看法上。陆游《上二府论都邑札子》提出了建都建康的主张。

> ……然某闻江左自吴以来，未有舍建康他都者。吴尝都武昌，梁尝都荆渚，南唐尝都洪州，当时为计，必以建康距江不远，故求深固之地。然皆成而复毁，居而复徙，甚者遂至于败亡，相公以为此何哉？天造地设，山川形势，有不可易者也。车驾驻跸临安，出于权宜，本非定都，以形势则不固，以馈饷则不便，海道逼近，凛然常有意外之忧。至于谶纬俗语，则固所不论也。今一和之后，盟誓已立，动有拘碍，虽欲营缮，势将艰难。某窃谓及今当与之约，建康、临安皆驻跸之地，北使朝聘，或就建康，或就临安。如此，则我得以闲暇之际建都立国；而彼既素闻，不自疑沮。黠虏欲借以为辞，亦有不可者矣。今不为，后且噬脐。至于都邑措置，当有节目。若相公以为然，某且有以继进其说，不一二年，不拔之基立矣。①

南渡以来，在建都问题上主战派和主和派始终存在着很大的分歧。赵构主张建都临安，主要是为了偏安和享乐。"高宗六龙未知所驻，常幸楚、幸吴、幸越，俱不契圣虑，暨观钱唐表里江湖之胜，则叹曰：吾舍此何适？"②此外，临安濒临东海，金兵打来，还便于浮海逃跑。但爱国人士都不同意建都临安，李

① 《渭南文集笺校》》卷三，第156—157页。
② 《四朝闻见录》乙集《高宗驻跸》，第45页。

纲当年认为建都"关中为上，襄阳次之，建康又次之"①。岳飞认为钱塘僻在海隅，非建都之地，他主张建都长江上游的武昌②。辛弃疾对陈亮说："钱塘非帝王居，断牛头之山，天下无援兵；决西湖之水，满城皆鱼鳖。"③张浚也说："东南形势，莫重建康，人主居之，北望中原，常怀愤惕。若居临安，内则易以安肆，外则难以号召中原。"④

在当时形势下，陆游重申建都建康（今江苏南京），主要是根据南宋已经与金人划江而治的现实，陆游曾经详细调查过建康的城池。《老学庵笔记》中写道："建康城，李景（璟）所作，其高三丈，因江山为险固，其受敌唯东北两面，而壕堑重复，皆可坚守。"⑤从客观实际出发，建都建康实际上是北望中原、以谋恢复的第一步。当然，随着环境的改变，陆游入蜀到南郑以后，进而提出以关中为根本的思想，那是后话，就陆游当时的阅历和识见而言，建都建康的思想确实代表了一大批爱国之士的意愿。

孝宗即位后，虽有志于恢复，对主战派人士也予以重用、奖掖，但他内心深处还希望培植一些亲信，因此，私下里对以前做太子时候的门客龙大渊、曾觌（dí）等人十分宠信。龙、曾则利用这层关系拍马逢迎，植党营私。孝宗有意让他们参与朝政，却遭到大臣的反对。陆游对他们的所作所为也早有察觉，在内政问题上主张中央集权，强根固本，对植党营私的龙大渊、曾觌等很看不惯，因此触怒了孝宗。隆兴元年五月，陆游被排挤出朝，任镇江府通判。

关于陆游遭斥的原因，《宋史·陆游传》作这样解释：

> 时龙大渊、曾觌用事，游为枢臣张焘言："觌、大渊招权植党、荧惑圣听，公及今不言，异日将不可去。"焘遽以闻。上诘语所自来，焘以游对。上怒，出通判建康（应为镇江）府。⑥

---

① 《宋史》卷三五八《李纲传》，第11251页。
② 指岳飞《乞移都奏略》，见岳珂《金陀粹编》卷一二，四库全书本，第407页。
③ 〔宋〕赵潘《养疴漫笔》，见《古今说海》卷一二六，四库全书本，第2119页。
④ 〔宋〕杨万里《张魏公传》，见杨万里《诚斋集》卷一一五，四部丛刊本，第3985页。
⑤ 《老学庵笔记》卷一，第3页。
⑥ 《宋史》卷三九五《陆游传》，第12057页。

陆游就此被贬黜出京，第一次临安供职前后不到四年以此告终。陆游经此打击，心情矛盾而沉重，没能直接赴任，而是先回故里待阙。朝中好友纷纷写诗送行，范成大有《送陆务观编修监镇江郡归会稽待阙》云："见说云门好，全家住翠微。京尘成岁晚，江雨送人归。边锁风雷动，军书日夜飞。功名袖中手，世事巧相违。"①对陆游在大战来临之际被迫离开京城感到深深的遗憾。周必大有《次韵陆务观送行二首》云："迁擢恩频忝，黔黎困未醒。空唏范蠡去，羞对浙江亭。"②则直以谋士范蠡为喻，可见周必大与陆游相知之深。韩元吉（字无咎）《送陆务观得倅镇江还越》也说："烧城赤口知何事，许国丹心惜未酬。"③对陆游的一片许国丹心而遭贬出京都感到惋惜并深致不平。

陆游自己也有《出都》一诗，可见他当时的悲愤与无奈：

> 重入修门甫岁余，又携琴剑返江湖。乾坤浩浩何由报，犬马区区正自愚。缘熟且为莲社客，伻来喜对草堂图。西厢屋了吾真足，高枕看云一事无？④

陆游的直言不讳，使得孝宗心里光火，正好找个机会把他打发得远远的，以清耳根。表面上是外任，实质是贬斥放逐，对这一点，诗人心里是清楚的。

① 范成大《石湖居士诗集》卷九，见《全宋诗》，北京大学出版社1991年版，第25822页。
② 周必大《省斋文稿》卷三，见《周必大集校正》，上海古籍出版社2020年版，第36页。
③ 韩元吉《南涧甲乙稿》卷五，中国社会科学出版社2022年版，第70页。
④ 《剑南诗稿校注》卷一，第62页。

第五章　楼船夜雪瓜洲渡

出为镇江通判

隆兴元年（1163）五月，陆游出朝，没有直接赴任镇江。而是返里待阙，直到隆兴二年的早春二月才上任。就在陆游回云门草堂小住期间，南宋军队仓促出兵，因为用人不当，操之过急，大败于符离（今属安徽）。

这次张浚以枢密使主持的北伐，前期准备并不充分。四月间，张浚入奏，决定发兵。当时兼任枢密使的左右相陈康伯、史浩都认为时机尚未成熟，但在张浚的一再坚持下，孝宗决定对金用兵。发兵六万，号称二十万，张浚以淮西招抚使李显忠、建康都统制邵宏渊为招讨统领，分别从濠州（今安徽凤阳）和泗州（今江苏盱眙）出发北上，张浚则坐镇盱眙督阵。开战之初，宋军进展得很顺利，两位将军渡过淮水，很快攻克了虹县、宿州。就在拿下宿州不久，李显忠、邵宏渊之间产生了矛盾。李显忠要求军队驻扎在城外，邵宏渊则提议进城，把宿州库藏拿来犒劳雇佣军士，李显忠不允，正、副统领之间意见不一，在军中播撒了不和的种子。等女真主力从睢阳（今属河南商丘）、汴州（今河南开封）赶来时，李、邵二将却发生了内讧。李显忠击退了金人的首轮进攻后，要邵宏渊发兵支援，邵宏渊不从调遣，反而散布动摇军心的言论，影响军队斗志，致使不战自溃，退至符离，一败涂地。符离之败，给了主和势力以最好的借口，曾经锐意恢复的孝宗，也开始对北伐的胜利失去了原有的信心。

　　张浚兵退扬州，向朝廷请罪。孝宗降张浚为江淮东西路宣抚使，复召汤思退为右丞相。从这一年的八月起，和议开始进行了。金人坚持要求南宋割让海、泗、唐、邓四州，张浚在扬州听到这个消息，立即派儿子张栻入奏，坚称四州不可弃。十二月，左相陈康伯被罢，孝宗用汤思退为左丞相。汤思退是一个投降派，他竭力怂恿孝宗与金议和，还上奏提醒孝宗，国家大事多听听上皇（高宗）的意见。孝宗看后很生气，说敌人已经无礼到这种程度，还要乞和，简直比当年的秦桧还不如。隆兴二年（1164）三月，孝宗下诏令张浚巡视江淮，一时间，似乎又形成了主战的气氛。

　　这一年的二月，陆游正式到镇江通判任上，三月一日张浚奉命巡视江淮，从建康、扬州来到镇江，和陆游会面了。

　　　　隆兴甲申，某佐郡京口，张忠献公（张浚）以右丞相督军过焉。先君会稽公（陆宰）尝识忠献于掾南郑时，事载《高皇帝实录》，以故某辱忠献顾遇甚厚。是时，敬父（张栻）从行，而陈应求（陈俊卿）参赞军事，冯圆仲（冯方）、查元章（查籥）馆于予廨中，盖无日不相从。[①]

　　陆游积极赞助张浚北伐，张浚对陆游也十分赏识，勉励他多了解军务。当时经常在一起的有张浚的儿子张栻、张浚的军事参谋陈俊卿（1113—1186）、张孝祥、冯方、查籥（yuè，字元章）、张钦夫、任元受、王质等一大批人，形成了支持张浚北伐的核心力量。他们互相欣赏，互相支持。陆游后来有诗回忆道："往者江淮未撤兵，丹阳（镇江）邂逅识耆英。叩门偶缀诸公后，倒屣曾蒙一笑迎。"[②]"当年买酒醉新丰，豪士相期意气中。插羽军书立谈办，如山铁骑一麾空。"[③]张浚吸取了年前北伐准备仓促、发动不充分的教训，这次大量招徕山东、淮北忠义之士，修筑城堡，扩充军备；发动民众，招兵买马，积极操练。驻守河南的金兵，听说张浚复出，有意回避，当时淮北、山东前来投奔的人络绎不

---

① 《跋张敬父书后》，《渭南文集笺校》卷三一，第1586页。
② 《送任夷仲大监》，《剑南诗稿校注》卷五二，第3101页。
③ 《醉中戏作》，《剑南诗稿校注》卷一八，第1398页。

绝。①陆游积极追随左右，支持张浚，重新燃起了对北伐的希望之火。他乘战船在长江瓜洲一带的江防要道巡视，北望中原，豪情万丈，意气如山一样坚定。

汤思退因力主和议，曾受到孝宗的斥责，差点丢掉官帽。他心里明白，皇上之所以不肯屈从于和议，是因为有主战派将领张浚在撑腰。如今张浚官复原职，努力治兵，一旦北伐的气候再度形成，自己在朝廷将无立锥之地，每念及此，汤心里别提有多别扭了。为了除掉张浚，他煞费苦心，想到了利用孝宗宠幸的权臣龙大渊，让他们出面上奏"兵少粮乏，楼橹器械未备"，让尹穑弹劾张浚"跋扈"。他甚至还暗中让金人以重兵胁迫议和，明的陷害、暗的勾当一起出手，内外勾结，共同对付遭受重创后正在恢复元气的主战势力。

四月，孝宗召张浚还朝，罢免出朝，朝廷决定弃地求和，张浚在回家途中含恨而逝。张浚是南宋主战派阵营中举足轻重的人物，虽然志大才疏，但终其一生，公正廉洁，反对投降，矢志抗金，赢得了士大夫的拥戴和敬佩。临殁前他还在牵挂着四州有否落入敌手，不无遗憾地对两个儿子说："我身为一国之相，不能恢复中原，洗雪祖宗的耻辱。我死后，不要把我葬在先人的墓旁，葬在衡山下就足够了！"当王质（景文）把张浚黯然归天的噩耗告诉陆游时，陆游万分悲痛，赋诗曰："张公遂如此，海内共悲辛。逆虏犹遗种，皇天夺老臣。深知万言策，不愧九原人。风雨津亭暮，辞君泪满巾。"②

张浚既殁，主战派失去了一面大旗，在汤思退的一手策划下，以前精心布置的两淮边备尽数撤回。十一月，楚、濠、滁（今属安徽）等地沦陷。太学生张观等七十二人联名上书，请斩弄权误国的汤思退，并罢免其党羽。陆游对此举极为赞赏，在公众舆论的声讨下，汤思退罢相。但和议已成定局，陈康伯复相后也挽回不了江河日下的形势，十二月，和议成。屈辱的"隆兴和议"结束了孝宗即位以来首次大规模的北伐，这真是历史的悲剧。

京口（镇江）原来是靠近界河的江防前沿，陆游在镇江做通判，按照张浚的军事部署，应该是有所作为的。陆游也一度充满信心，"中原北望气如山"，

---

① 据《宋史》卷三六一《张浚传》，第11307页。
② 《送王景文》，《剑南诗稿校注》卷一，第76页。

实际上好景不长。随着张浚被诏罢免，接下来就是漫长的议和日子，这个军事要冲已是形同虚设。作为知州的副职，陆游简直无所事事，他作了一首题为《逍遥》的诗，是这样写的：

> 台省诸公日造朝，放慵别驾愧逍遥。州如斗大真无事，日抵年长未易消。午坐焚香常寂寂，晨兴署字亦寥寥。时平更喜戈船静，闲看城边带雨潮。[①]

在投闲置散的日子里，陆游感到苦闷和寂寞。张浚督师北伐，军溃符离，是主战派永久的伤痛。陆游抱利器而无所用，只得寄情山水，抒发感慨。隆兴二年（1164）秋天[②]，陆游应知镇江府事方滋之邀来到北固山，游甘露寺、多景楼，赋《水调歌头·多景楼》一抒壮怀：

> 江左占形胜，最数古徐州。连山如画，佳处缥缈著危楼。鼓角临风悲壮，烽火连空明灭，往事忆孙刘。千里曜戈甲，万灶宿貔貅。　露沾草，风落木，岁方秋。使君宏放，谈笑洗尽古今愁。不见襄阳登览，磨灭游人无数，遗恨黯难收。叔子独千载，名与汉江流。[③]

当时一同作陪的毛开（平仲）也有奉和之作曰："登临无尽，须信诗眼不供愁。恨我相望千里，空想一时高唱，零落几人收。妙赏频回首，谁复继风流。"

镇江位于长江南岸，属于古徐州，历来形势险要，是兵家必争之地，历史上孙权、刘备联军千里戈甲、万灶貔貅连破曹操大军的声势，使陆游浮想联翩，不胜感慨！联想到如今北伐无成，幕僚或贬或窜，朝廷终于放弃进取中原的计

---

① 《剑南诗稿校注》卷一，第74页。

② 据胡可先《陆游〈水调歌头〉系年》，见胡可先《宋代诗词实证研究》，浙江大学出版社2019年版，第203页。

③ 见夏承焘、吴熊和笺注，陶然订补《放翁词编年笺注》（增订本），上海古籍出版社2012年版，第10页。以下引陆游《放翁词》均用该版本，只注明篇目、卷次、页码。

镇江北固山多景楼

划，改与金人议和，是何等令人沮丧。秋风乍起，木叶萧萧，壮士遗恨难收。最后陆游以镇守襄阳的西晋开国大将羊祜（字叔子）为喻，寄希望于方滋，勉励他能像羊祜一样做出惊人的事业来，不辜负这江山胜景，历史故地，为恢复事业作出贡献。这首词眼界开阔，慷慨激昂，气势宏放，表现了陆游登高能赋的才情，是登临写景抒怀的传世佳作，张孝祥（字安国）立即将这首词抄录后刻之于崖石。

陆游的兴叹，绝不是杞人忧天，张浚去后，朝廷主战人士老的老，散的散，在朝廷中再也没有形成过隆兴北伐时的气候。这种现实同样引发了辛弃疾的兴叹，若干年后，辛弃疾登北固山多景楼，发出了"千古江山，英雄无觅孙仲谋处"[1]的浩叹！

京口唱和，焦山题名

隆兴二年（1164）十一月，韩元吉以新任鄱阳知州来镇江探望母亲。韩元吉（1118—1187），字无咎，号南涧，河南开封人，是陆游在临安时的老朋友。陆游当年出都时，韩元吉曾写了一首非常动情的诗送别，让陆游感到莫大的安慰。这次会面，使陆游备感愉快。故人重见，有说不尽的感慨，他们一起登山临水，饮酒赋诗，相从盘桓六十多天，得唱和诗三十首，编成《京口唱和集》，陆游为诗集作序，一吐彼此倾心交游、结为莫逆的肺腑之言：

---

① 辛弃疾《永遇乐·京口北固亭怀古》，见邓广铭笺注《稼轩词编年笺注》（增订本）卷五，上海古籍出版社2018年版，第807页。以下引辛弃疾词均用该版本，只注明篇目、卷次、页码。

　　隆兴二年闰十一月壬申，许昌韩无咎以新鄱阳守来省太夫人于润（镇江）。方是时，予为通判郡事，与无咎别盖逾年矣。相与道旧故，问朋游，览观江山，举酒相属，甚乐。明年，改元乾道，正月辛亥，无咎以考功郎征，念别有日，乃益相与游。游之日，未尝不更相和答，道群居之乐，致离阔之思，念人事之无常，悼吾生之不留。又丁宁相戒以穷达死生毋相忘之意，其词多宛转深切，读之动人。呜呼！风俗日坏，朋友道缺，士之相与如吾二人者，亦鲜矣。凡与无咎相从六十日，而歌诗合三十篇，然此特其略也。或至于酒酣耳热，落笔如风雨，好事者从旁掣去，他日或流传乐府，或见于僧窗驿壁，恍然不复省识者，盖又不可计也。润当淮、江之冲，予老，益厌事，思自放于山巅水涯，与世相忘，而无咎又方用于朝，其势未能遽合，则今日之乐，岂不甚可贵哉。予文虽不足与无咎并传，要不当以此废而不录也。二月庚辰，笠泽陆某务观序。①

　　可惜这本具有纪念意义的唱和诗集，没有保存下来。韩元吉《南涧甲乙稿》卷二和卷六分别有《隆兴甲申岁闰月游焦山》和《次韵务观城西书事二首》诗，但陆游的原唱及其他诗歌都不在了。现在只留下作于乾道元年（1165）正月，题为《无咎兄郡斋燕集有诗末章见及敬次元韵》的一首七言古体诗：

　　城楼画角吹晚晴，梅花堕地草欲生。绮盘翠杓春满眼，我胡不乐君将行。君归吾党共增气，往往怪我衰涕横。我来江干交旧少，见君不啻河之清。北风共爱地炉暖，西日同赏油窗明。微吟剧醉不知倦，坐阅汉腊逾周正。……②

　　正月，无咎将以考功郎回京履任新职，陆游依依不舍。诗中可以看出陆游

---

　　① 《京口唱和序》，《渭南文集笺校》卷一四，第691页。
　　② 《剑南诗稿校注》卷一，第79页。

的内心其实是很孤独寂寞的，此时他有一首《浣溪沙·和无咎韵》词也值得注意：

> 懒向沙头醉玉瓶，唤君同赏小窗明，夕阳吹角最关情。　忙日苦多闲日少，新愁常续旧愁生，客中无伴怕君行。[1]

京口唱和给陆游在镇江一度黯淡的仕宦生涯留下了一点亮色，韩元吉的到来，给陆游的宦居生活增加了许多诗意和生气。他们在相从的日子里，登山临水，诗酒唱和，流连忘返，结卜了超越穷达死生的深厚友谊。陆游在镇江任上，诗情勃发，常常形之于吟咏，结交了不少诗朋文友，除韩元吉外，其他还有何侑（字德器）、张玉仲、张孝祥、毛平仲等。

陆游与韩元吉等曾相约于早春时节，踏雪上焦山，观赏刻于焦山西麓崖壁上的南朝楷书书法精品《瘗（yì）鹤铭》摩崖石刻。他们登上焦山，俯视滚滚长江，看到京口一带烟霭依稀的江面上，风樯战舰犹在，烽火未息。陆游不禁想起年前声势浩大的北伐，以及追随张浚"楼船夜雪瓜洲渡"在江防要道巡视的情景。于是，感慨万千，置酒上方，慨然尽醉。韩元吉赋《隆兴甲申岁闰月游焦山》诗：

> 荒村日晴雪犹积，系缆焦公山下石。江翻断崖石破碎，瘗鹤千年有遗迹。瘦藤百级跻上方，浮玉南北江中央。樯竿如林出烟浦，酒船远与帆低昂。老鸥盘风舞江面，杀气淮南望中见。神龙只合水底眠，为洗乾坤起雷电。观音岩前竹十寻，大士不死知此心。醉归更唤殷七七，剩种好花开鹤林。[2]

陆游醉后留下《观〈瘗鹤铭〉记》："陆务观、何德器、张玉仲、韩无咎，

---

① 《放翁词编年笺注》（增订本），第17页。
② 韩元吉《南涧甲乙稿》卷二，第110页。

隆兴甲申闰月二十九日，踏雪观《瘗鹤铭》。置酒上方，烽火未息。望风樯战舰在烟霭间，慨然尽醉。薄晚，泛舟自甘露寺以归。"①第二年（1166）二月壬午，圆禅法师邀陆游手书记文，刻于焦山浮玉岩上，后人称之为《焦山题名》。此

焦山题名

碑刻文短意深，笔力遒劲，堪称文书双绝，由此成为焦山的一处景观。

改调隆兴通判

1165年，改元为乾道，乾道是乾德、至道相和的意思。年号的转变也暗示着朝廷政策的转变。

北伐失利，主战派失势，使陆游的心情一度比较郁闷，隐藏在他内心深处的道家思想开始抬头。他一方面想用亲近山水的方式排解情绪的低落，另一方面用读书，特别是读大量的道学书籍来打发寂寞的日子。他在镇江期间，就开始研究高祖陆轸留下来的

乾道元宝

《修心经》并翻刻其书，还为之作跋；他用镇江所得薪俸，在山阴镜湖畔三山筑宅，做好了回乡归隐的打算。

自从陆游因直言开罪于孝宗，被调降外官。先是除镇江通判，乾道元年七月，陆游改调通判隆兴（今江西南昌）。任期未满，又被平调至南昌。从空间距离上来说，离京城是越来越远了，陆游的心理感受当然也是越来越落寞。这年秋天，诗人自镇江乘船溯长江，逆流而上西赴南昌。途经金陵（今南京），冒雨

---

① 〔清〕吴云辑《焦山碑刻志》碑刻，同治十三年刊京口三山志焦山志本，第16页。

独自游钟山定林庵，瞻仰王安石的遗迹。

此次西迁是陆游第一次途行长江，他带着家眷，冒着余暑，顶着风涛，一路走得非常辛苦，差点儿翻船。途中有《望江道中》诗纪行感怀：

> 吾道非邪来旷野，江涛如此去何之？起随乌鹊初翻后，宿及牛羊欲下时。风力渐添帆力健，橹声常杂雁声悲。晚来又入淮南路，红树青山合有诗。[①]

当年孔子由于仁政思想得不到推行，与弟子们穷途奔走，困厄于荒野，曾仰天长叹：难道是我错了吗？为什么落魄到这种程度？今天，诗人逆水行舟，心里也有着同样的困惑：自己因直言被遣，殊不知口出直言，实是出于对朝政的关切和责任，但总是事与愿违。

一路上桨橹声、北雁悲鸣声，使单调而寂寞的旅途倍添凄凉。逆水行舟的困难和雁声的悲鸣，似乎昭示着环境的凶险和前途的叵测。虽说望江道中的红树青山，应该是不错的风景。然而由于特定的心境，使诗人对这沿江的美景不但无动于衷，反而产生一种"来旷野""去何之"的失落与迷茫。眼睛是心灵的窗户，但在这扇窗户中，投影的不再是美丽的风景，而是带着穷途之感的寂寞。

陆游到南昌后，做的仍是闲官，他的上司是十二年前主持锁厅试的主考官陈之茂，在座师手下任职，应该是件侥幸的事。所以，他在《上陈安抚启》中称："虽千里困奔驰之役，幸一官托覆护之私"[②]。然而，此时最了解知陆游处境的，莫过于好友韩元吉了。他在《送陆务观序》中，对陆游突然被远迁南昌的结果深表质疑，并愤愤不平地说："以务观之才，与其文章议论，颉颃于论思侍从之选，必有知其先后者。既未获逞，下得一郡而施，亦庶几焉。岂士之进退必有时哉！"[③]看来他已经觉察到官职频繁调遣背后政治气候的急遽变化，感

---

① 《剑南诗稿校注》卷一，第84页。
② 《渭南文集笺校》卷七，第335页。
③ 韩元吉《南涧甲乙稿》卷一四，第278页。

觉眼前的局面对陆游十分不利，所以，对好友一路上的艰辛备加关切。

到了南昌后，"冷落往往思同盟"，当年百官宅的僚友邹德章也被贬官到江西高安，两人相距不远，同有天涯沦落之感。秋天在与朋友的寄赠诗中，都不时流露出悲秋与旅愁的情绪，

南昌滕王阁

登滕王阁回赠绵州杨齐伯的诗，不免同病相怜：

> 磊落人为磊落州，滕王阁望越王楼。欲凭梦去直虚语，赖有诗来宽旅愁。我老一官书纸尾，君行千骑试遨头。遥知小寄平生快，春酒如川炙万牛。①

陆游自己也意识到远迁南昌的政治"骇机"，他在《上史运使启》文中，对时任江南西路转运判官史正志，道出了满腹牢骚，不平之意不吐不快：

> 佐州北固，麦甫及于再尝，易地南昌，瓜未期而先代。虽千里困道途之役，幸一官在部封之中。伏念某学本小知，器非远用，昨侵寻于薄宦，偶比数于诸公。除目虽频，不出百僚之底；骇机忽发，首居一网之中。谓宜永放于穷阎，犹得出丞于近郡，复缘私请，更冒明恩。超超空凡马之群，实非能办；默默反屠羊之肆，其又奚言。侥幸非常，惭惶莫谕。②

在南昌的这段时间，陆游情绪低迷，不免叹老嗟衰。苦闷的时候，索性一

---

① 《寄答绵州杨齐伯左司》，《剑南诗稿校注》卷一，第86页。
② 《渭南文集笺校》卷七，第338页。

头扎进故纸堆里，以读书为乐，其《秋夜读书每以二鼓尽为节》诗云：

> 腐儒碌碌叹无奇，独喜遗编不我欺。白发无情侵老境，青灯有味似儿时。高梧策策传寒意，叠鼓咚咚迫睡期。秋夜渐长饥作祟，一杯山药进琼糜。①

这个时期陆游迷上了道学及道教，把传抄道家的典籍作为精神寄托。受家族的影响，陆游家世代崇奉仙道，信奉炼丹辟谷之术，不但家藏很多道书，还重视收集各类道教典籍。凡访求到善本，他必设法亲自抄录。

江西南昌玉隆万寿宫是著名的道观，藏有《道藏》一部。陆游从里面抄录了《坐忘论》《造化权舆》《天隐子》《高象先金丹歌》《老子道德经指归古文》等道书，把自己的书斋命名为"玉笈斋"。他的玉笈斋收藏的道书达二千卷之多，在失意郁闷时候，读读道书，既是精神上的需求，也是缓解生存压力、安顿身心的一种办法。

陆游学道修仙，并非心如止水。当他听说张浚终于归葬衡山时，禁不住涕泪俱下，感叹"中原故老知谁在？南岳新丘共此哀"②了。

投身于书斋，外表的闲静并不能掩盖陆游内心对人生理想的渴望与追求。寂寞而悲哀的现实，迫使他把活泼真实的情感转移放任到梦境之中，陆游是多么希望收复中原，去看一看汉唐时代的煌煌城池，看一看淮河以北的中原地区。是特定的形势，限制了他的足践中原的权利，但谁也无法束缚他梦中直奔中原的身影。他梦中与朋友雨中载酒，畅游长安。只见汉唐故地，山川城阙雄丽，于是欣欣然马上分韵赋诗："有酒不谋州，能诗自胜侯。但须绳系日，安用地埋忧。射雉侵星出，看花秉烛游。残春杜陵雨，不恨湿貂裘。"③遍游长安这个愿

---

① 《剑南诗稿校注》卷一，第85页。

② 《去年余佐京口，遇王嘉叟从张魏公督师过焉。魏公道免相，嘉叟亦出守莆阳，近辱书报，魏公已葬衡山，感叹不已。因用所遗挂颊亭诗韵奉寄》，《剑南诗稿校注》卷一，第90页。

③ 《夜梦从数客雨中载酒出游，山川城阙雄丽，云长安也，因与客马上分韵作诗得游字》，《剑南诗稿校注》卷一，第89页。

望，在现实生活中压抑了很久，而梦中先行，实现了他醒时无法了却的心愿。梦境表现了他心系北方大好河山、希望克复中原的强烈愿望。

宦居生活是枯寂的，陆游也非常思念故乡山阴，梦中的家园是美丽而温煦的："五更欹枕一凄然，梦里扁舟水接天。红蕖绿荄梅山下，白塔朱楼禹庙边。"①家乡的山山水水不时地闯入他的梦乡，牵动着他思乡的情思。好几次，他简直想整理行装，马上回故里隐居。

自从张浚去世以后，北伐阵营幕僚星散，当时的中坚力量都受到不同程度的贬黜。张浚的军事参谋陈俊卿请祠，提举太平兴国宫。张孝祥被弹劾落职，王质被谗罢官。另外，查元章、王十朋、李石、李浩、查籥、王禾巨、邹德章等，也因直情径行，坚持抗金而不容于朝，先后落职或外放。抗金主战势力风流云散。

一次偶然的机会，陆游在南昌外出临川折回的途中，竟然和赴广西外任、取道临川的旧友李浩不期而遇了！李浩（1116—1176），字德远，临川人，是陆游当年在敕令所的同僚，为人正直敢言，是位坚定的主战派人士。高宗时因上言弹劾权臣杨存中而落职回乡，孝宗时被召还回朝任职。投降派好几次想拉拢他对付张浚，但李浩不为所动，因此，也被排挤出朝，知静江府（今广西桂林）兼广西安抚。李浩这次和陆游在临川驿意外相逢，彼此都十分激动，都异常珍惜相遇的缘分。他们促膝谈心，连床夜话。窗外，风雨潇潇，终夕不息；窗内，一灯如豆，荧荧闪亮，映照着两颗忧国伤时的心。分手时，陆游有《寄别李德远》诗：

> 萧萧风雨临川驿，邂逅连床若有期。自起挑灯贪夜话，疾呼索饭疗朝饥。即今明月共千里，已占深林巢一枝。惜别自嫌儿女态，梦骑羸马度芳陂。②

---

① 《上巳临川道中》，《剑南诗稿校注》卷一，第95页。
② 《剑南诗稿校注》卷一，第96页。

乾道二年（1166）三月，调为隆兴府通判不久的陆游，也被扣上"交结台谏，鼓唱是非，力说张浚用兵"①的罪名，罢黜归乡。这一年陆游四十二岁。五月，曾几卒于平江府（今属江苏苏州）。

自此，主和势力完全把持了朝政，宋王朝向金称臣，割地、纳贡，便成了再寻常不过的事了。隆兴北伐，曾经激起多少爱国志士的壮志豪情和恢复进取的梦想。然而，符离一战的结果，使孝宗朝再也不言举兵，终究造成了主战派终身的压抑和遗憾。

---

① 《宋史》卷三九五《陆游传》，第12057页。

第六章　又携琴剑返江湖

毗邻镜湖鲁墟的三山别业

与隆兴初年突然遭外放镇江时的悲愤心情不同，陆游这次被罢归乡，心里显得坦然而平静，有一种如释重负的感觉。他自称"刀笔最惊非素料"①，对隆兴通判任上"折腰敛版日走趋"②的生活早已厌倦。隆兴远离京都，他在那里看不到恢复的动向，听不到主战的声音，认为如此作吏，与孟子笔下在坟间乞食而骄其妻妾的齐人没有什么不同！常叹儒冠误身，思乡之情也油然而生。所以，当免归之命下达时，一切似乎在意料之中。于是马上就"父子扶携返故乡，欣然击壤咏陶唐"③了，心里甚至还有几分解脱的欣喜。

乾道二年（1166）春天，当桑葚红熟、麦浪齐腰的时候，他带着出生才几个月的第五个儿子子约，一家人东归山阴故里。回乡路上，还顺道拜访了两位住在玉山（今属江西）的旧友。

端午节到玉山和临安枢密院时的旧友尹穑一起观看了龙舟竞渡，赋《重五同尹少稷观江中竞渡》诗："楚人遗俗阅千年，箫鼓喧呼斗画船。风浪如山鲛鳄

---

① 《上巳临川道中》，《剑南诗稿校注》卷一，第95页。
② 《醉中歌》，《剑南诗稿校注》卷一，第92页。
③ 《示儿子》，《剑南诗稿校注》卷一，第98页。

玉山龙舟竞渡处

横，何心此地更争先。"①尹稿与陆游的渊源较深，是一个很有才华的人。陆游佩服他的博闻强记，孝宗初，他们同赐进士出身，可惜政治立场不同，尹稿后来追随汤思退成了专附和议之鹰犬，后遭到太学生上书攻击而被废黜。昔日僚友，异地重逢，陆游在诗中婉言风浪之险，看来应该是有所意指的。

陆游在玉山的另外一位朋友是芮烨（字国器），绍兴十八年进士，绍兴末年任秘书郎兼国史编修官，与陆游同为史官同僚。他们意气相近，都是主战派，芮烨也受到过秦桧的迫害，有过一段外放历史，所以在玉山相见，彼此之间显得格外关切。芮烨留客殷勤，待人真诚，还以禄米相赠。陆游欣喜之余，对这位老朋友的忠厚之道，既感激又善意地调侃说，今后"诗章有便犹应寄，禄米无多切莫分"②，可见两人交情之深。

大约在这年的初夏时分，陆游终于回到了故乡山阴，"始卜居镜湖之三山"③。

三山位于山阴城西，由自东至西的三座小山丘（石堰山、韩家山、行宫山）组成。据嘉泰《会稽志》载："三山，在县西九里，地理家以为与卧龙冈势相连，今陆氏居之。尝发地得吴永安、晋太康古砖，疑昔人尝卜筑，或尝为寺观云。"④也就是说，三山从地脉上说是与山阴城内的卧龙山山势相连的，这个地方开发得比较早，六朝时候就有大户人家在此筑室或建寺庙宫观。陆游以镇江

---

① 《剑南诗稿校注》卷一，第99页。

② 《过玉山辱芮国器检详留语甚勤因寄此诗兼呈韩无咎右司》，《剑南诗稿校注》卷一，第100页。

③ 《幽栖》诗自注："乾道丙戌，始卜居镜湖之三山。"《剑南诗稿校注》卷三二，第2152页。

④ 《嘉泰会稽志》卷第九，见《（南宋）会稽二志点校》，第164页。

任上所得俸禄，在府城西九里鉴湖中的三山新置别业，其所处的位置，据陆游诗文描述，大致在行宫山、韩家山之间，在剡曲的西南面，与贺知章的道士庄相邻。三山别业依山临湖而筑，环境优美，交通十分便捷，且距陆游的七世祖祖业——鲁墟老宅不远。

镜湖又称鉴湖，是古代江南历史上一项著名的水利工程，由东汉会稽太守马臻于永和五年（140），征发当地民工修筑而成，横贯古代山阴、会稽两县。它汇聚会稽山三十六源之水于湖中，"堤塘周围三百一十里，溉田九千余顷"[①]，在古代湖区的范围是很大的。鉴湖筑成以后，史称东土会稽一郡丰收，三吴不饥，为农业经济的繁荣提供了有力的保障。正是因为经过东汉以后持续的水土改造和根治，才形成了六朝时期物产繁富、人文荟萃这样一代彬彬之盛的局面，使"今之会稽"宛如"昔之关中"。鉴湖的工程效益，从东汉到南宋，至少持续了八个多世纪，在漫长的岁月中，它外拒海潮倒灌，内为蓄水之腹，发挥了滞洪、灌溉的双重作用，使山会平原北部的沼泽地得到了大面积的改造。

鉴湖使越地成为良田沃畴、河湖交织的鱼米之乡，对越地的环境改造作出了不可磨灭的贡献。从六朝时期起，鉴湖流域就得到持续开发，社会经济的发展不断加速。南渡以后，绍兴作为高宗驻跸之地，距后来京城临安很近，算得上是当时东南一带经济发达、文化昌盛的京畿地区，即便是农村，庄园、市镇经济的发展也是先进的，其山水风光更是令文人雅士流连忘返。

"我居城西南，渺渺水云乡。舟车皆十里，来往道岂长。"[②]陆游的三山别业在城西九里的鉴湖中，鉴湖的地貌特征是南部多山，北部多水，地势南高北低，北部长长的塘堤，把钱塘江的咸潮拒挡在堤外，把来自会稽山区的山涧溪流，汇集到鉴湖之中。

古鉴湖水系十分发达，它东濒曹娥江，西至浦阳江；南起会稽山北麓、山会平原南端，北临钱塘江，从地势上起着承上启下的作用。东晋画家顾恺之曾用"千岩竞秀，万壑争流""草木蒙茏""云兴霞蔚"，来形容会稽山源头的风

---

① 杜佑《通典》卷一二〇《州郡》引孔灵符《会稽记》，中华书局1988年版，第4832页。
② 《不入城半年矣作短歌遣兴》，《剑南诗稿》卷五五，第3242页。

鉴湖梅里尖

光，诗人书法家王献之则用"从山阴道上行，山川自相映发，使人应接不暇"等语描写古鉴湖两岸的风光。历史上"会稽有佳山水，名士多居之"①是普遍现象。古鉴湖的筑成，使稽山在与鉴水的互为依存中，成为文人雅士趋之若鹜的山水画境。

到了唐代，随着海塘工程的全面完成和平原北部河湖网整治的发展，大量淡水北移，鉴湖便逐渐完成了它的历史使命。陆游生活的南宋时期，湖面已经被大面积围垦，原来的一片浩渺湖水变成了河湖棋布、阡陌纵横的良田沃野和水乡田园。

三山别业处于山水的环抱之中，居室坐北朝南，开门见徐瓶山（梅里尖山），出门临水。不远处是贺知章的道士庄，还不时地可以听到兰亭天章寺方向传来的晨钟暮鼓。陆游当初选择离祖业不远这样一个天然入画的"水云乡"筑室安居，作为自己后半生安身之地，应该是经过仔细考虑的。

三山离陆游七世祖祖业——鲁墟老宅不远，陆游常常说先世本鲁墟农家，其七世祖开始一直在鲁墟隐居，韬晦养气，耕读传家，过着淳朴的隐居生活。后来，高祖陆轸以进士起家，把祖业从鲁墟迁到吼山，鲁墟老宅由此凋敝。陆游每过鲁墟老宅，总感慨万千。他从心底里是比较留恋这样一种淳朴生活的，他常常告诫儿孙，富贵近祸，莫论穷通，都要重视稼穑，"为贫出仕退为农"②，这是陆氏家族二百年来谨守的家风。陆游把它看得很重，因此，从隆兴任上免归后，不住城中中正坊斜桥里尚书第老宅，也不去吼山祖业，而是筑室于鉴湖之畔的三山，这很大程度上与陆游仕途失意、向往隐居生活有关。

---

① 《嘉泰会稽志》卷三《进士》，见《（南宋）会稽二志点校》，第65页。
② 《示子孙》，《剑南诗稿校注》卷四九，第2943页。

从镇江到隆兴，陆游特别渴望退而为农，过一种淳朴宁静的田园生活，体会一下先祖在鲁墟隐居的滋味，同时也为自己寻找一处能栖泊身心、安顿情感的地方。

当然，三山离城不远，有村居之闲适，无都市之喧嚣，山阴道上集鉴湖水域之精华，舟行水上，人在画里，看不尽的水乡风物和自然风光，这也是陆游乐意移居的一个重要因素。

柳暗花明：说不尽的家乡风物

陆游非常热爱家乡，一生有超过三分之二的时间是在故乡山阴度过的。他的一些描写家乡山川风貌、田园节候、民风民俗等乡土诗，多以卜居的三山别业为背景，自然亲切，形象生动，有图画般的感觉。能把读者带进山清水秀、风光旖旎的江南水乡，让你在饱览山乡景色的同时，呼吸到淳朴清新的空气，领略敦厚朴实的乡情乡俗。他诗歌中所呈现的农村风情画卷，和诗人充满诗意的动情描述，富有引人入胜的艺术魅力。对此，陆游自己不无自得地说："今代江南无画手，矮笺移入放翁诗。"①

陆游卜居镜湖畔三山新居不久，写下的《游山西村》诗，就堪称经典：

> 莫笑农家腊酒浑，丰年留客足鸡豚。山重水复疑无路，柳暗花明又一村。箫鼓追随春社近，衣冠简朴古风存。从今若许闲乘月，拄杖无时夜叩门。②

陆游不但是"画手"，还是一位绝妙的"导游"，读者只消随着诗人出游的脚步，就可以饱览镜湖一带的山乡景色、民俗风情。作者用"山重水复""柳暗花明"形容沿途景色，又间以"疑""又"等关联词，准确地表达了客观景物变

① 《春日》，《剑南诗稿校注》卷四二，第2647页。
② 《剑南诗稿校注》卷一，第102页。

化的层次，和置身其间的欣喜愉悦。陆游在描写村居生活时曾不止一次地唱道："湖山胜处放翁家，槐柳阴中野径斜"[1]，"水复山重客到稀，文房四士独相依"[2]，但这两句诗又不仅仅是对沿途景色的客观描写，而是集合了诗人对江南一带山环水绕、曲折幽深、千岩万壑境界多变的主观印象后，脱口而出的佳章。状难写之景于目前，含不尽之意于言外，"山重水复"固非一隅之景；"柳暗花明"也非早春风光。这一联妙就妙在"疑"和"又"两个流转关联的字眼上，突出主观印象，对举成文，不但情景宛见，自然流利，而且从意象本身还可以衍生出许多人生哲理的思考。

　　陆游的家乡是著名的酒乡。鉴湖农村世代承袭了村村有醪、家家酿酒的习俗，特别是逢年过节，酿酒是少不了的生活程序。陆游诗中的腊酒，是用糯米为原料制成的家酿米酒。酒熟后分酒液和酒酿两部分，滤出的酒呈米白色，滤后的酒酿也甜糯可食。诗中所说的"腊酒浑"指的就是这种没有经过滤后处理的土制米酒，乡民以其原汁原味敬献给客人，色泽上虽稍逊清亮，但味道还是挺纯正的，如果碰上年成好，农家还会杀鸡宰猪置办丰盛的菜肴款待客人。

　　除了酿酒习俗外，祭社则是村民最盛大的文化娱乐方式。

　　祭社是上古流传下来的蜡祭遗俗。农闲时分，农民们往往相聚以酒食祭田神，击鼓吹笙相与饮酒作乐。社是土地神，一般春、秋两祭。春社是上半年的重大节日。节前乡民们吹箫打鼓，早早地在着手演习了。这个自娱娱神的活动，寄托着世代与田地打交道的乡民对风调雨顺的祈望。

　　鉴湖一带的村民，一直过着日出而作、日落而息的生活。在陆游眼里，他们勤劳俭朴，知足而乐，无名利之争，无宠辱之忧，与朝市中奢侈浮华、势利浇薄的风气正好形成对比，使诗人产生出无限的向往和热爱。

　　既有美景乡情的铺叙，复有这淳厚风俗的吸引，诗人内心油然萌生出一种羁鸟返林、池鱼归渊的由衷愉悦。诗人笔下山清水秀、风光旖旎的江南小山村，曲折多变的山乡景色，春社到来前浓厚的文化气氛，农家敦厚朴实的乡情乡俗，

---

① 《幽居初夏》，《剑南诗稿校注》卷三四，第2251页。
② 《闲居无客，所与度日笔砚纸墨而已，戏作长句》，《剑南诗稿校注》卷二六，第1860页。

这天然淳朴的农村风俗场景，在今天看来也是很有吸引力的。怪不得诗人表示今后将不惜秉烛而游，常来常往，至此，陆游由宦游而产生的压抑，在与村民无拘无束的交流中尽情释放了。

几乎与《游山西村》写于同时的一首诗《观村童戏溪上》，描摹的却是另一番景象，也耐人寻味：

> 雨余溪水掠堤平，闲看村童戏晚晴。竹马踉跄冲淖去，纸鸢跋扈挟风鸣。三冬暂就儒生学，千耦还从父老耕。识字粗堪供赋役，不须辛苦慕公卿。①

诗人把新奇有趣的目光投注到农村中活泼好动、调皮可爱的小孩子身上，用生动传神的语言为农村儿童写生画像。诗攫取的是日常生活中饶有兴味的一个片段：一场春雨过后，在刚放晴的傍晚时分，一群农村的孩子们迫不及待地奔向门前空旷的场圃，玩各种游戏。有的孩子胯下骑着竹马，跌跌撞撞地向泥沼冲去，口中还不停地大呼小叫，俨然一个勇往直前的骑士；有的孩子一边牵放着风筝一边奔跑，任凭风筝在空中横冲直撞，兜着风发出呼呼的声音。农村的孩童生性好动，在诗人看来是多么活泼可爱、无忧无虑！农村世代耕读、劳动传家、朴实无华的生活场面，深深地吸引着诗人。他拄杖闲看，完全沉醉在这怡然知足的乡土情韵之中。他不禁深有感触地叹道：读那么多书干什么呢！子孙读书只需粗通文墨，能应付赋税服役的事就够了，不必为了羡慕做官而辛苦一生！到头来还平生许多烦恼！诗人对农村这种自在闲散生活的欣赏与认同，是他在特定心境下的感慨。

在罢官归乡的最初日子里，是农村生活给了他莫大的生活乐趣和精神慰藉。但陆游毕竟志存高远，他从小熟读兵书文典，意不在阡陌之间，他说这番话也不过是一时的感慨而已，其中包含着对仕途命运无法揣测的浩叹，更有怀才不遇的牢骚。

---

① 《剑南诗稿校注》卷一，第103页。

罢归田居后，陆游曾一度陶醉于家乡的山水而作超然之态，说自己是"三山山下闲居士，巾履萧然，小醉闲眠，风因飞花落钓船"①。他在《鹧鸪天·懒向青门学种瓜》词里，俨然把自己描写成一个陶然忘机的快乐渔翁：

> 懒向青门学种瓜，只将渔钓送年华。双双新燕飞春岸，片片轻鸥落晚沙。　　歌缥缈，橹呕哑，酒如清露鲊如花。逢人问道归何处？笑指船儿此是家。②

说自己再也无意于为生计而劳形了，只想远离喧嚣的闹市，孤舟垂钓，与鉴湖的新燕、轻鸥相伴，自由自在地生活，打发年华。他所向往的是飘然一叶的生活情趣和返璞归真的淡泊心境。陆游对镜湖风物的描写，往往与自己彼时的心境相一致。燕飞春岸、鸥落晚沙的翩然自在之景，和歌声隐约、橹声欸乃、怡然自得的神情融为一体，在飘逸闲淡的境界中体现自己坦然面对仕途挫折的旷达情怀。

陆游卜居三山最初一段时间的乡土诗，风格淳朴，性情疏放，词意旷达，带有明显的出世的姿态。

这个时期，他写了一首《大圣乐·电转雷惊》词，《渭南文集》没有收录，手书草稿被同乡王英孙收藏，词稿真迹凡一百一十七字，笔势天真烂漫，姿态横生，论者说它不在米芾父子之下，明人把它编入书法作品集中，以书法名迹为世珍视，原词才得以保存。词满纸神仙语，云：

> 电转雷惊，自叹浮生，四十二年。试思量往事，虚无似梦，悲欢万状，合散如烟。苦海无边，爱河无底，流浪看成百漏船。何人解，向无常火里，跌打身坚。　　须臾便是华颠，好收拾形骸归自然。又何须着意，求田问舍，生须宦达，死要名传。寿夭穷通，是非荣辱，此事由来都在天。从今

① 《采桑子·三山山下闲居士》，《放翁词编年笺注》（增订本），第27页。
② 《放翁词编年笺注》（增订本），第26页。

去，任东西南北，作个飞仙。[1]

想用佛道思想来化解内心的失落，说自己已经看透寿夭穷通、是非荣辱，从今以后要做个自由自在的飞仙。从这首词中，我们也可以看到陆游力图用寄情自然来塑造达观的人生的种种努力。

饶有意味的书室名

乾道三年（1167），陆游卜居镜湖新居的第二年，把书室命名为"可斋"，还特地写了一首诗《书室名可斋或问其义作此告之》，解释室名的由来及其意义：

> 得福常廉祸自轻，坦然无愧亦无惊。平生秘诀今相付，只向君心可处行。[2]

古人说，祸兮福所倚，福兮祸所伏，祸与福是互为依存的。陆游认为只要坦然面对祸与福，得福而知祸伏，洁身自好，即便有祸，也可处乱不惊，置之度外。他的平生秘诀就是无愧而无惊。这番大彻大悟，是陆游在经历了一阵痛苦郁闷以后，在道家的天地里寻求到的精神支柱，"只向君心可处行"，为自己的行为寻找到一个合适的精神家园"可斋"，其寓意和年前在隆兴任上，命书室为"玉笈斋"、绍兴末年给临安的寓所取名叫"烟艇"是同样的道理。

陆游给自己的书室取名，往往和他思想变化的动态有关。他的书室名很多，而且都饶有意味，寄托着独特的含义。

临安时的居室名"烟艇"，那是因为他住的寓所"甚隘而深，若小舟然"，像一叶小舟寄于江湖之上。那几年间，陆游官职由地方调至京城，虽心怀"江

---

① 〔明〕汪珂玉《珊瑚网·法书题跋》卷七，四库全书本，第412页。

② 《剑南诗稿校注》卷一，第120页。

湖之思"，欲"寄其趣于烟波洲岛苍茫杳霭之间"，但身在朝中，要做一名隐士，事实上是不可能的。所以，以"烟艇"为名，只是士大夫常有的风雅之举，"寄其趣"而已，陆游是不可能，也不甘心做隐士的。

隆兴任上的"玉笈斋"则具体得多，玉笈是指用玉装饰的书箱子，陆游以"玉笈"名斋，意思说书斋好像一只装满书籍的大箱子。这个比喻名不虚传，真的很形象贴切。陆游在南昌期间闲来无事，一心读书抄书，在这只"大书箱"里，陆游装满了各种各样的书籍，仅道书就储藏了二千卷，家当可谓富矣！宋代自真宗以来就特别奉行道教，徽宗自称"教主道君皇帝"。陆游的家族又有笃信道教的传统，所以，当他遇到挫折失意的时候，索性躲在书斋里，啃方外之书，也是自然而然的事。

这次隐居乡间，复以"可斋"命名书室，比起"烟艇"和"玉笈斋"来，似乎另有一种达观的境界。他说平生的秘诀是放下祸福得失的包袱，只向可处行，这样才会随遇而安，活得坦然，无处而不可。

古代士大夫的处世方式一般不外乎"兼济"和"独善"两端，时机来的时候，为云龙，为风鹏，大干一番事业；当处于逆境的时候，则独善其身，寂然如雾豹、冥鸿。这两者之间是需要一个心理调整期的。陆游卜居的三山，离祖业鲁墟老宅不远，先世隐居之流风可仰。在陆氏的家族史上，道家淡泊清净无为的思想是根深蒂固的："吾家学道今四世，世佩施真三住铭。"[1]他在此期间写了一首《随意》诗，表达了自己的人生思考：

> 随意上渔舟，幽寻不预谋。清溪欣始泛，野寺忆前游。丰岁鸡豚贱，霜天柿栗稠。余生知有几，且置万端忧。[2]

世间万事万物，都按照它们自身的规律运行着，贵与贱、稀与稠都是客观存在的，不以人的"预谋"而改变，所以顺其自然，强调性情所致，就无处而

---

① 《道室试笔》，《剑南诗稿校注》卷六〇，第3466页。
② 《剑南诗稿校注》卷一，第101页。

不可。耕，足以饱衣食；读，足以养身心。余生有限，唯有随意而行，随遇而安，放下人生忧患的思想包袱，才能保持内心的平和。这是陆游在学道养性的过程中得到的启示，也是他在逆境中摆脱烦恼、保持心理平衡的方法。

他在《独学》诗中说道："少年妄起功名念，岂知身闲心太平。"①诗下自注：《黄庭经》"闲暇无事心太平"。后来，他又把"心太平"作为居室之名，表现他对世事纷纭的逃避。

但"身闲心太平"并不是诗人生活的初衷，明理达观有时候并不能解决现实生活的实际问题。随着乡居生活的习以为常，貌似闲适的隐逸生活掩盖不了诗人来自物质和精神两方面的困顿尴尬。他在《夜读隐书有感》中说："平生志慕白云乡，俯仰人间每自伤。"②老庄思想可以慰藉他一时的心灵痛苦，但无法帮助他实现人生的理想。无论是"可斋"还是"心太平庵"，都不是永久的避风港。随着时间的流逝，蕴藏在他生命意识中的不甘寂寞的功名之念还是顽强地凸现在他面前。于是，志士投闲的苦闷、不平、愤慨、牢骚便随之来了。

志士投闲的苦闷

应该说，陆游在刚回故乡的前两年，村居生活的心情是轻松愉快的。他爱鉴湖畔的新居，喜欢与乡民之间无拘无束地交往，钟情于稽山鉴水的秀丽风光，对越地农村的风土人情多有关注，这一切，屡屡发之于歌咏。诗人自言"衣上尘埃真一洗，酒边怀抱得频开"③，他还饶有兴致地驾着一叶扁舟泛游曹娥江，在上虞拜谒舜王庙，寻访十年前的旧题④。但到了乾道三年秋冬时分，一场病后，诗歌中的感慨多起来了，如"出仕谗销骨，归耕病满身"⑤，"世衰道丧士自欺，山林亦复践骇机"⑥等，自言"平生自许忘情者，颇怪灯前

① 《剑南诗稿校注》卷一，第116页。
② 《剑南诗稿校注》卷一，第106页。
③ 《家园小酌》，《剑南诗稿校注》卷一，第105页。
④ 据陆游《上虞逆旅见旧题岁月感怀》《舜庙怀古》，见《剑南诗稿校注》卷一，第108页。
⑤ 《霜月》，《剑南诗稿校注》卷一，第117页。
⑥ 《寄黄龙升老》，《剑南诗稿校注》卷一，第118页。

感慨深"①，他曾赋《鹧鸪天·家住苍烟落照间》词抒愤。

> 家住苍烟落照间，丝毫尘事不相关。斟残玉瀣行穿竹，卷罢《黄庭》卧看山。贪啸傲，任衰残，不妨随处一开颜。元知造物心肠别，老却英雄似等闲。②

词从隐居生活写起，营造的气氛很独特。词人家住白云乡、落照间，超凡出世，啸傲不群，疏放中带点佯狂颓废。他放浪江湖，饮酒、看山、倚竹、读经，行为如野鹤孤飞，颓唐清狂，无所拘束，俨然是一位飘然不群的高士、隐者。这一切，其实就是陆游对最初乡居生活的艺术写照。如果我们只欣赏陆游的这一份疏狂洒脱，那就大错特错了。"元知造物心肠别，老却英雄似等闲"才是全词之眼。表面上放达闲散、嬉笑强颜的背后，是投闲置散的痛苦、请缨无路的悲愤和积极用世之念挫伤后的逆反心态。所以词人怨老天心肠有别，眼看英雄像平凡人一样无所作为地衰老却满不在乎。在议和成为国策的时代，英雄无用武之地，这就是词人面临的现实。山水之乐、老庄之道，并不能磨平陆游个性的棱角，结尾处头角峥嵘，流露的是心中那股报国无门的不平之气。

陆游始终处于出仕与归耕无法选择的两难境地。出仕谗销骨，归隐意难平，他的个性决定了他不会保持丧失原则的沉默。他在《家园小酌》中说："世事纷纷心本懒，闭门岂独畏嫌猜"③，避世，对一个有良知有抱负的人来说，也不是件简单的事！所以他在《残春》诗中发牢骚道："岂是天公无皂白，独悲世俗异酸咸。妄身似梦行当觉，谈口如狂未易缄。已作沉舟君勿叹，年来何止阅千帆。"④有时，连做梦也改变不了"谈口如狂"的习气。

陆游以口舌之祸，先从京城外调镇江，继而再至隆兴，复以"力说张浚用兵"免归。几年间，屡屡遭黜，所以，只有如唐代诗人刘禹锡那样作"沉舟"

---

① 《有感》，《剑南诗稿校注》卷二，第130页。
② 《放翁词编年笺注》（增订本），第24页。
③ 《剑南诗稿校注》卷一，第105页。
④ 《剑南诗稿校注》卷一，第104页。

之观，看朝中之士"千帆"竞发了。

他这一时期写的《闻雨》最直接地抒发了志士内心的痛苦：

> 慷慨心犹壮，蹉跎鬓已秋。百年殊鼎鼎，万事只悠悠。不悟鱼千里，
> 终归貉一丘。夜阑闻急雨，起坐涕交流。[1]

风雨之声唤起诗人的慷慨壮心。写此诗时，陆游四十四岁，对于一个人来说，正是年富力强、创造力最旺盛、精力最充沛的时候，可陆游却被罢官在山阴，被迫蜗居在乡村，这是他在政治上感到苦闷、仕途上无望无助的一段日子。

诗人僵卧荒村，夜深时分的急雨，使他陷入了对现实境遇和坎坷人生的种种思考之中。他想到了人生的短促，作为的不易，屈志的无奈。他又想到古人养生之理，陶朱公认为"鱼远行则肥"，物尚有远行求壮之意，人岂能安于一隅？大丈夫生当发愤图强，自强自立，怀四方之志，行四方之事。人无远虑，必然会消磨意志，最后落得贤愚无别的下场。这些思虑催人奋进，唤起了诗人强烈的用世欲望，而现实却让人沮丧不已。他感到了生活的窘迫和焦虑，他无法解决志向与现实境遇之间的矛盾，内心波澜起伏，故而起坐慨叹，禁不住涕泪交流。这是志士抱有远大志向却又无从实现的怅恨和悲鸣！真正的陆游，便是这样一个不甘平庸自弃的诗人！

当然，陆游此时的焦虑，不仅仅有志士投闲的痛苦，屈志难伸的郁闷。另外，还有来自生活本身的压力，也把陆游逼得喘不过气来。已过不惑之年的陆游，已经是一大群孩子的父亲。免归之后，一个最直接的问题就是没有了俸禄作为生活保障，申请的祠禄又十分有限，如果在丰年，尚可维持一家大小的基本生活需求，假如碰上凶年，就显得捉襟见肘无法支撑了。而乾道三年偏偏就是个凶年，和农村中大多数人一样，陆游一家的生活陷入了困顿之中，他的《霜风》诗这样写道：

---

[1] 《剑南诗稿校注》卷一，第126页。

　　十月霜风吼屋边，布裘未办一铢绵。岂惟饥索邻僧米，真是寒无坐客毡。身老啸歌悲永夜，家贫撑拄过凶年。丈夫经此宁非福，破涕灯前一粲然。①

　　十月本是丰收后的季节，却遇上荒年，不但颗粒无收，而且还要熬过一冬一春漫长的时日。初冬时分，陆游一家已是缺衣少粮，往后的日子该多么艰难啊！漫漫长夜，诗人都为贫寒之甚而吟唱。虽然生活前景黯淡，但诗人并没有因此而丧失信心勇气。他想起了古代成就功业的人，上天必先劳其筋骨，饿其肌肤，大丈夫经历困苦生活的煎熬，未尝不是一种对意志的磨砺。一想到此，他不禁破涕一笑，一扫穷愁辛酸之态，表现出"放陁而不伤，困窭而能肆"②的达观神情了。

　　在陆游闲居的四年多时间里，宋金的形势也在不断地变化之中。隆兴和议后，金国并没有放弃南侵的意图，金主完颜雍内修国政，外整军备，拥兵自重，对南宋虎视眈眈，随时有撕毁和约的可能。孝宗也感到宋金的形势对自己很不利，不作防备将随时陷入被动的局面。乾道三年，他接受了谏议大夫陈天麟的提议，开始准备抵御之策。于是，驱逐佞幸的龙大渊、曾觌之流，表示出求治的决心。

　　乾道四年（1168），提拔张浚的军事参谋陈俊卿为右相，一年后为左相，以当年"采石大捷"为人称道的虞允文为右相，王炎为参知政事、四川宣抚使，南宋朝廷又有了一丝新的气象。陈俊卿（1113—1186），字应求，福建莆田人。在隆兴北伐时，以礼部侍郎在张浚幕府参赞军事，陆游在镇江时与其相识，"无日不相从"，是交往密切的僚友。陈俊卿是一个有主见、有谋略、敢说敢为的人，当年符离败绩后，孝宗要撤销主帅张浚的一切职务，在关键时刻，是陈俊卿犯颜直谏、据理力争说服了孝宗，仍然起用张浚都督江淮东西路军马巡视江淮的。如今陈俊卿为相，使陆游看到了希望。他在《贺蒲阳陈右相启》中祝贺陈俊卿"积此茂勋，降时大任"，表示"敢誓糜捐，以待驱策"③希望得到起用。

　　乾道五年（1169）十二月，陆游被召为夔州（今重庆奉节）通判，这一年，陆游四十五岁。

――――――――――――

① 《剑南诗稿校注》卷一，第113页。
② 戴表元《题陆渭南遗文钞后》，见戴表元《剡源集》卷一八，中华书局1985年版，第265页。
③ 《渭南文集笺校》卷八，第357页。

第七章　万里入蜀

残年走巴峡，辛苦为斗米

宋孝宗乾道五年（1169）年底，四十五岁的陆游接到朝报，以左奉议郎为通判夔州军州事。由于陆游其时正在山阴养病，故而没有立即赴任。次年闰五月，他才启程前往夔州。

在将行未行之时，陆游的内心是很复杂的。自从隆兴任上落职居家一晃就是五年，原以为此次复出后能在朝廷得个一官半职，好好地干一番事业，结果朝报为通判夔州，他不免有些失望。又是外任通判！从镇江到南昌，再到夔州，官职依旧，姑且不论，路途是越来越遥远了。在准备启程的日子里，他的心情尤其困惑，他在《将赴官夔州府抒怀》诗中说：

> 病夫喜山泽，抗志自年少。有时缘龟饥，妄出丐鹤料。亦尝厕朝绅，退懦每自笑。正如怯酒人，虽爱不敢釂。一从南昌免，五岁嗟不调。朝廷每哀矜，幕府误辟召。终然敛孤迹，万里游绝徼。民风杂莫徭，封域近无诏。凄凉黄魔宫，峭绝白帝庙。又尝闻此邦，野陋可嘲诮。通衢舞竹枝，谯门对山烧。浮生一梦耳，何者可庆吊？但愁瘿累累，把镜羞自照。①

---

① 《剑南诗稿校注》卷二，第131页。

诗的情绪是很低迷的，陆游不仅对所委任的官职提不起兴趣来，而且对将要赴任的地方夔州，充满了担忧。认为夔州是"绝徼"（边界）之地，他对长江边上这座危孤之城怀有太多的心理印象：当年杜甫困守在这座落日孤城之中，流离无依"每依北斗望京华"①，在那种偏僻的地方，环境凄凉，民风野陋。而自己将万里奔波，到这座充满凄凉气氛的地方去任职，心里当然万分惆怅。前途未卜，疑虑重重，得了这个官，真不知是喜还是忧？

乾道六年（1170）春天，他在玉山碰到过的好友，时任会稽提刑的芮烨将要离开山阴，赴临安任国子监司业，掌管太学生事宜。陆游感到由衷的高兴，特地写了二首诗送行，里面提道："人材衰靡方当虑，士气峥嵘未可非。万事不如公论久，诸贤莫与众心违"②等语，心系国事，情词恳切，勉励朋友重视培养人才，更希望朝廷关注公论，激励士气，尊重众心民意，眷眷不忘国事，字里行间，充满着忧时之念。而此时陆游自己的生活已经窘迫得"贫不自支，食粥已逾于数月"③的境地，赴任的盘缠未尝筹措。

不管曾经有过多少顾虑，陆游最终还是克服了种种困难，靠亲戚朋友的资助凑足了路费，带着家眷启程了。

途经临安，他给新任参知政事的熟人梁克家投了一首诗，叙说了去国赴任时复杂的心情和抗金雪耻的坚定决心：

> 浮生无根株，志士惜浪死。鸡鸣何预人，推枕中夕起。游也本无奇，腰折百僚底。流离鬓成丝，悲咤泪如洗。残年走巴峡，辛苦为斗米。远冲三伏热，前指九月水。回首长安城，未忍便万里。袖诗叩东府，再拜求望履。平生实易足，名幸污黄纸。但忧死无闻，功不挂青史。颇闻匈奴乱，天意殄蛇豕。何时嫖姚师，大刷渭桥耻？士各奋所长，儒生未宜鄙。覆毡

---

① 杜甫《秋兴八首》其二，《杜诗详注》，第1484页。

② 《送芮国器司业二首》其一，《剑南诗稿校注》卷二，第132页。

③ 《通判夔州谢政府启》，《渭南文集笺校》卷八，第364页。

草军书，不畏寒堕指。①

梁克家（1127—1187），字叔子，泉州晋江人，绍兴三十年（1160）廷试第一，乾道六年新任参知政事。陆游向他诉说了自己自乾道二年被罢职以来，卜居草庐、无所作为的失意和痛苦。"志士惜浪死"和"流离鬓成丝"是诗人所万万不甘心的，所以他要以当年闻鸡起舞的祖逖为榜样，在逆境中发奋自励，磨炼自己的斗志，有朝一日奋其所长，报效国家。

陆游在贫病交迫中，突然起用为夔州通判，远行万里赴任，内心充满了种种矛盾。他在诗中坦率地说明，此次出仕，实为生计所迫，所以还未赴任，就"回首长安城"，对京都临安表现出依依不舍的感情。诗人上诗梁参政，则是为了表达更迫切的心愿，也就是这次投诗所要表达的真正意图。陆游的用世之心很迫切，他为自己设计的人生目标也异常明确。"残年走巴峡，辛苦为斗米"，如果为了生计去做一个地方闲官，实非诗人的夙志。他最希望的是任职中枢、赞襄大计或军前执戈、倚马草檄，直接参加抗金第一线的军事活动，并有所作为。"覆毡草军书，不畏寒堕指"是他决心效力军前的生动写照。这首诗，对我们深入了解陆游赴任前复杂的心理矛盾很有帮助。诗人对远涉巴峡、万里奔波心存惆怅，并不是畏惧路途的辛苦劳顿，而是此行在诗人看来并非夙愿所待。他此次赴任之所以犹豫矛盾，是因为他对自己的未来寄寓了更大更明确的希望："何时嫖姚师，大刷渭桥耻？士各奋所长，儒生未宜鄙。"他期待着在恢复中原的战场上，直接发挥自己的作用，而不是仅仅作为一个文职官员在地方上赋闲！陆游并不是一个留恋家园、心惮远役的人，对于一个正值壮年又满怀报国理想的志士来说，实现平生理想是最重要的。他的感伤源于怀抱志向的无由实现，这些，我们可以从诗人入蜀后的生活中得到最好的印证。

---

① 《投梁参政》，《剑南诗稿校注》卷二，第135页。

文化苦旅《入蜀记》

陆游整装离开山阴是乾道六年（1170）闰五月十八日，到达目的地夔州是同年十月二十七日。

陆游此行走的是水路，大致可以分为两段。第一段路走的是运河，陆游先沿着浙东运河从山阴（今绍兴）到临安府（今杭州），再经秀州（今嘉兴）、平江府（今苏州）、常州、镇江府，到镇江后，转入长江航道。第二段路程则是在长江中逆流而上，沿途经过真州（今江苏仪征）、建康府（今南京）、太平州（今安徽当涂）、池州（今安徽贵池）、江州（今江西九江）、兴国军（今湖北阳新）、黄州（今湖北黄冈）、鄂州（今湖北武汉）、岳州（今湖南岳阳）、江陵府（今湖北荆州）、峡州（今湖北宜昌）、归州（今湖北秭归）等二十个州府军，然后到达夔州任所，横穿了今天的浙江、江苏、安徽、江西、湖北、湖南、重庆等七个省市。

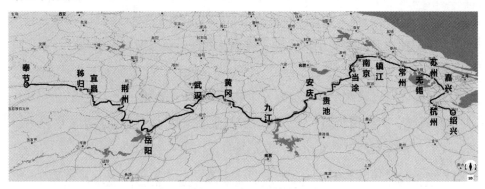

陆游入蜀路线示意图

冲暑热、过三峡、入瞿塘到夔州，陆游历尽艰难，行程五千多里，历时一百五十七天。在漫长艰辛的旅途中，因气候变化、水土不服、舟行困难等因素，一家大小接二连三地生病。陆游克服了重重困难，并把途中的见闻，以日记的形式，一一记了下来，撰成《入蜀记》六卷。《入蜀记》既是记录他西行最可靠、最丰富的资料，更是一部优美的山水游记。凡沿途的山川风土、人文景观、名胜古迹、地理沿革，无不详细在录，历历在目。一路上，他还即景生情，对景抒怀，留下了五十八首入蜀诗，其中不乏动人的篇章。

从山阴到镇江的一段路程是陆游以前比较熟悉的，他闰五月十八日动身，沿浙东运河过柯桥、钱清，宿萧山梦笔驿，驿馆在觉苑寺边上，相传是"梦笔生花"诗人江淹的旧居。二十日清晨至西兴镇渡钱塘江至临安。

陆游八年不到临安，故交旧友多已散去。他进城探望了长兄陆淞，与堂兄陆升之坐小船出清波门，游览西湖直到长桥寺。旧友户部侍郎叶衡（1122—1183，字梦锡）、国子司业芮烨、检正沈枢（字持要）等招待宴饮。沈枢宴上偶遇太常少卿赵彦端（1121—1175），于是相与从涌金门出，沿湖绕城而行，再回到西湖游船上。就这样，他在临安省兄访友足足逗留了十天，至六月一日才移舟余杭门外出三闸，依依不舍离开临安，沿运河一路前行。

六月二日留宿临平镇，过长河堰（今海宁长安镇）、崇德县（今桐乡崇福镇），三日留宿石门镇。傍晚时分满天火烧云，天气炎热异常。五日到秀州，会见秀州通判朱自求、赵师夔，侍郎方滋。拜会主管樊广、教授樊抑等，二樊是福建时上司樊光远的儿子，樊氏城外的宅第十分壮观，有偌大的园林建筑，开阔的荷花池上筑有厅堂称"读书堂"。七日晚上开船出城，停泊在城北的禾兴馆前，过合路镇（今属江苏吴江）时，看到运河水泛滥，高出近村土地竟有几尺，两岸老百姓都不停地用水车车出积水，妇女儿童也一起上阵帮忙，妇女脚踏水车，双手还不停地搓捻着麻绳。船过平望镇（今属江苏吴江），遭遇大风暴雨，船舱都被雨水打湿，一家人狼狈不堪，那里的蚊子又十分猖獗，像毒虫般可怕。船小心翼翼地行进在震泽（太湖）水域中，九日中午时分，船才到吴江县。这时长子子虡、次子子龙都已生病中暑，陆游不得不托人找医士为儿子诊脉。

六月十日到平江府（今苏州），因为家人生病而不入城，沿城过盘门北上，远远望见虎丘塔，陆游感觉与家乡龟山上的宝林塔十分相似，思乡之情

枫桥

油然而生。傍晚到达苏州枫桥寺，感慨万千，写下了《宿枫桥》一诗：

> 七年不到枫桥寺，客枕依然半夜钟。风月未须轻感慨，巴山此去尚
> 千重。①

诗人在镇江任上时，曾到过这个著名的地方，距今刚好七年。这七年里发生的人事变化，使他不可能再用同样的心态来面对半夜钟声了。《入蜀记》载："宿枫桥寺前，唐人所谓'半夜钟声到客船'者。"诗人这次在枫桥寺仅逗留一个晚上，十一日五更时分就离开枫桥，而类似的客愁、离乡的惆怅，和着这悠悠浑厚的钟声依然敲打在诗人心头，恰好让他体会一下"半夜钟声到客船"的滋味。

岁月沧桑可以磨平多愁的心，诗人在七年之中两度徙职外调，还以"交结台谏，鼓唱是非，力说张浚用兵"的罪名落职归乡赋闲，一弃就是五年。其间的坎坷与辛酸，岂是一个愁字了得！这次重新启用，远涉巴山楚水，诗人不见得有多少欣慰激动，与当年初入仕途赴福建"蓬莱定不远，正要一帆风"完全是两种心情。面对枫桥的夜半钟声，诗人客舟难眠的已不再是张继笔下空灵蕴藉的客子之愁，而是有着非常深沉、强烈、现实的羁旅情怀。诗人谙尽滋味，欲说还休，所以说对风物不必多加感慨。此去水迢迢、山万重，要愁的事还很多，诗人大有前路漫漫、吉凶未卜的感受。

六月十一日到无锡，夜泊县驿。十二日到常州城外，十三日泊荆溪馆。荆溪馆旧名毗陵驿，在天禧桥东。夜间月色如水，陆游与家人在驿馆外月下散步，因子龙的病稍有好转而宽慰。十四日半夜，过常州城北的奔牛闸，奔牛闸水流湍急，轰然有声，十分壮观。十五日船行丹阳境内的吕城闸，奔牛和吕城都是运河上驻扎军队的要闸，闸北就是南朝皇帝宋文帝、梁文帝的陵墓地，道路旁还可以看到陵墓前的石柱、承露盘，以及麒麟、辟邪之类的神兽雕像，但陵墓在哪儿已不能辨识了。从镇江到杭州，梁、陈以前不通水运，到隋炀帝起才开

---

① 《剑南诗稿校注》卷二，第137页。

凿水渠八百里，宽达十丈，成为沟通江南漕运的主要命脉。经此江南运河，陆游不禁感叹道："朝廷所以能驻跸钱塘，以有此渠耳。汴与此渠，皆假手隋氏，而为吾宋之利，岂亦有数邪？"[①]

六月十七日船到镇江，停泊在西津渡驿站。陆游曾在镇江任职，镇江也是故地重游，他拜会了许多当地官员和昔日的旧友，如知府蔡洸、节度使成闵、通判章汶、府学教授熊克、干办公事史弥正等。焦山寺长老定圜、甘露寺长老化昭、金山寺长老宝印也来会见。宝印（1109—1190），字坦叔，号别峰，嘉州（今四川乐山）人，精通六经和百家之说，先后主持峨眉中峰寺、金陵宝宁寺、镇江金山寺等，熟悉长江入蜀路途。他说长江江行自峡州以西遍布激流险滩，难以计数。正如白居易的诗所说："白狗到黄牛，滩如竹节稠。"长江之行与运河相对平稳的行舟完全不一样了。为安全起见，陆游以及同行者一齐换船，迁移到嘉州船主王知义的大船上。

六月二十二日，府衙在府治后面的卫公堂设宴招待，宴饮过半，大家登寿丘普照寺观景，在山顶眺望，长江两岸的风光在陆游面前展开了一幅壮丽的江山画卷："东望京山，连亘抱合，势如缭墙，官寺楼观如画，西阚大江，气象极雄

镇江金山寺

伟也。"[②]陆游一行在长江口盘桓数天，原打算在二十五日晚驶入大江，船夫以潮水不顺推脱，于是留宿江口。长江上的金山和焦山隔水相望，陆游游览金山寺，登上玉鉴堂、妙高台，极目远望，江山壮丽到极致，真非昔日可比。

六月二十八日晨，陆游在金山观日出。金山日出非常壮观，旭日喷薄而出，江中水天一色，一片通红，诗人不禁浩叹："真伟观也！"晚上船泊瓜洲，"舟中

① 《入蜀记》卷一，《渭南文集笺校》卷四三，第2063页。
② 《入蜀记》卷一，《渭南文集笺校》卷四三，第2065页。

望金山，楼观重复，尤为巨丽"。这一天，陆游非常高兴，因为他遇到了阔别八年的好友范成大。隆兴初，陆游和范成大曾在圣政所共事，范成大这次北上，是以资政殿大学士、起居郎的身份奉命出使金国。在金山意外的相逢，使他们喜出望外。范成大在金山玉鉴堂宴请了陆游一家。范成大此番出使金国，自感责任重大，为了不辱使命，他已做了充分的思想准备，与陆游见面不免相互勉励，最后挥泪而别。

镇江是陆游此行旅途的一个重要转折点。从镇江开始，客船由平稳的运河转入宽阔的长江航道航行，水势变化很大。自镇江溯江而上，长江两岸的奇丽风光扑面而来，层出不穷。有学者认为，《入蜀记》六卷最值得注重的是它的写景，而《入蜀记》中，泼墨如水地进行大笔濡染的写景即始于镇江。镇江的金山、焦山可算是渐入佳境的起点。虽然陆游并未着意把它写成纯粹的山水游记，但是全书中优美的写景片段比比皆是，这些片段常常只是寥寥数语，却画龙点睛式地展现了长江沿岸的壮丽风光。①

七月一日，陆游离开瓜洲，顺风挂帆，行驶在长江江面上，触目可见金人南侵时，战争和兵火留下的创伤。七月上旬，陆游途经六朝古都建康，看到金陵城龙盘虎踞的形势，于是，一直缠绕在他心里关于建都建康的想法又冒了出来。旧事重提，即景生情，引发了许多新的思考：

> （七月）五日，大风，将晓，覆夹衾，晨起凄然如暮秋。过龙湾，浪涌如山，望石头山不甚高，然峭然立江中，缭绕如垣墙。凡舟皆由此下至建康，故江左有变，必先固守石头，真控扼要地也。②

> （七月）七日，……食已，同登石头，西望宣化渡及历阳诸山，真形胜之地。若异时定都建康，则石头当仍为关要。或以为今都徙而南，石头虽守无益，盖未之思也。唯城既南徙，秦淮乃横贯城中，六朝立栅断航之类，

---

① 莫砺锋《读陆游〈入蜀记〉札记》，载《文学遗产》2006年第1期。
② 《入蜀记》卷二，《渭南文集笺校》卷四四，第2083页。

缓急不可复施。然大江天险，都城临之，金汤之势，比六朝为胜，岂必依淮为固邪？[1]

在建康期间，陆游再一次来到钟山定林庵寻访王安石（荆公）的画像。陆游儿时曾听父亲陆宰说过，定林斋壁上挂的李龙眠画荆公像栩栩如生，十分有神采。陆游很想一睹风采，可是一场大火早使定林寺尺椽无存，陆游一直是无缘得见。归途经过王安石半山旧宅，也残毁不堪，令人唏嘘。此行他却意外地发现自己六年前留在壁间的旧题，倒已经被人端端正正地刻在崖石上。

七月十日早晨，陆游离开建康城，前往太平州（当涂）江口。当涂是唐代大诗人李白的终老之地，这一带的三山矶、慈姥矶巉岩峭立，水势湍急，素来闻名，是游人墨客赏爱不已、频频歌咏的江山胜景。南朝著名诗人谢朓有《登三山还望京邑》，李白有《登三山望金陵》，梅尧臣有《过慈姥矶下》等诗，刘禹锡、王安石、张耒、徐俯也都留下了题咏。陆游面对古人，诗情激荡，在赴当涂东的青山太白祠堂、谢朓故居凭吊时，写下了《吊李翰林墓》：

当涂李白墓

饮似长鲸快吸川，思如渴骥勇奔泉。客从县令初何有，醉忤将军亦偶然。骏马名姬如昨日，断碑乔木不知年。浮生今古同归此，回首桓公亦故阡。诗下自注：桓温冢亦在当涂。[2]

离开当涂青山以后，一路上，陆游是吟咏着李白"两岸青山相对出，孤帆

① 《入蜀记》卷二，《渭南文集笺校》卷四四，第2086页。
② 《剑南诗稿校注》卷二，第139页。

一片日边来"的诗句，带着美好的印象，欣欣然过天门山的。从此，陆游对李白在长江的行踪特别留意，《入蜀记》卷三载：

（七月）二十二日。……自离当涂，风日清美，波平如席。白云青嶂，远相映带。终日如行图画，殊忘道途之劳也。[①]

（七月）二十四日，到池州。……李太白往来江东，此州所赋尤多。如《秋浦歌》十七首及《九华山》《青溪》《白苛（gǎn）陂》《玉镜潭》诸诗是也。《秋浦歌》云："秋浦长似水，萧条使人愁。"又曰："两鬓入秋浦，一朝飒已衰。猿声催白发，长短尽成丝。"则池州之风物可见也。[②]

（七月）二十六日，解舟，过长风沙、罗刹石。李太白《江上赠窦长史》诗云："万里南迁夜郎国，三年归及长风沙。"梅圣俞《送方进士游庐山》云："长风沙浪屋许大，罗刹石齿水下排。历此二险过湓浦，始见瀑布悬苍崖。"即此地也。又太白《长干行》云："早晚下三巴，预将书报家。相迎不道远，直到长风沙。"[③]

陆游，人称"小李白"，除了其才华横溢、诗风豪迈飘逸与李白有神似之处外，陆游和李白一样也十分钟情于自然山水。李白当年曾经为之陶醉而流连忘返的江山美景，如今一一展现于陆游笔下。试看下面舟过小孤山、大孤山的几段描写：

八月一日，过烽火矶。南朝自武昌至京口，列置烽燧，此山当是其一也。自舟中望山，突兀而已。及抛江过其下，嵌岩窦穴，怪奇万状。色泽莹润，亦与它石迥异。又有一石，不附山，杰然特起，高百余尺，丹藤翠

---

① 《入蜀记》卷三，《渭南文集笺校》卷四五，第2122页。
② 《入蜀记》卷三，《渭南文集笺校》卷四五，第2125页。
③ 《入蜀记》卷三，《渭南文集笺校》卷四五，第2128页。

蔓，罗络其上，如宝装屏风。是日风静，舟行颇迟。又深秋潦缩，故得尽见杜老所谓"幸有舟楫迟，得尽所历妙"也。过澎浪矶、小孤山，二山东西相望。小孤属舒州宿松县，有戍兵。凡江中独山，如金山、焦山、落星之类，皆名天下。然峭拔秀丽，皆不可与小孤比。自数十里外望之，碧峰巉然孤起，上干云霄，已非它山可拟。愈近愈秀，冬夏晴雨，姿态万变，信造化之尤物也。但祠宇极于荒残，若稍饰以楼观亭榭，与江山相发挥，自当高出金山之上矣。①

二日。早，行未二十里，忽风云腾涌，急系缆。俄复开霁，遂行。泛彭蠡口，四望无际，乃知太白"开帆入天镜"之句为妙。始见庐山及大孤。大孤状类西梁，虽不可拟小姑之秀丽，然小孤之旁，颇有沙洲葭苇，大孤则四际渺弥皆大江，望之如浮水面，亦一奇也。②

这是从船上眺望小孤山、大孤山的情景。在长江接近鄱阳湖口的江面上，有好几座孤岛，其中以小孤山、大孤山最为著名。

第一则写以小孤山为中心的一组江上孤峰，包括小孤山、烽火矶、澎浪矶和一块无名独石等。它们陡然耸起于江面之上，秀丽瞩目，往往会引起过往行人的特别关注。陆游不愧是一个传神写照的文学高手，行舟之际就把江上孤峰形态各异的形象出色地描绘出来了。烽火矶之"突兀"，岩石色泽晶莹，镶嵌着很多洞穴，造型特别怪奇；无名

小孤山

---

① 《入蜀记》卷三，《渭南文集笺校》卷四五，第2135页。
② 《入蜀记》卷三，《渭南文集笺校》卷四五，第2137页。

独石之"杰然特起"，丹藤翠蔓，萦络其上，好像是美丽的屏风；小孤山之"巉然孤起"，风姿绰约，峭拔秀丽，高耸入云，美不胜收，有压倒群峰的魅力。这些峰峦各具姿态，绝不雷同。

第二则写大孤山。和小孤山相比，大孤山则以气势取胜，大孤之奇在于四望无际，境界开阔，整座山犹如日夜浮在水面上的一般，别有韵味。

陆游是八月初到达江州，移泊琵琶亭的。在庐山盘桓数天后，解舟前往湖北。《入蜀记》卷四写道：

> （八月）十六日。……晚过道士矶，石壁数百尺，色正青，了无窍穴，而竹树逆根，交络其上，苍翠可爱，自过小孤，临江峰嶂无出其右。矶一名西塞山，即玄真子《渔父辞》所谓"西塞山前白鹭飞"者。李太白《送弟之江东》云："西塞当中路，南风欲进船。"必在荆楚作，故有"中路"之句。张文潜云："危矶插江生，石色擘青玉。"殆为此山写真。又云："已逢妩媚散花峡，不泊艰危道士矶。"盖江行唯马当及西塞最为湍险难上。抛江泊散花洲，洲与西塞相直，前一夕，月犹未极圆，盖望正在是夕。空江万顷，月如紫金盘自水中涌出，平生无此中秋也。①

这一年的中秋，陆游一家是在著名的西塞山的江面上度过的。在空旷的江面上，陆游回味着张志和的"西塞山前白鹭飞"的词意，不禁心驰神往。那天晚上，他还欣赏到了明月共水生，月亮从水中冉冉涌出的精彩画面。这也算是陆游入蜀途中遇到的充满诗意的一大奇观。

三天后，陆游船到烟波浩渺、赫赫有名的黄州。黄州，故治在今湖北黄冈，因为有唐宋两朝著名的诗人杜牧、王禹偁、苏轼、张耒等的出守和谪居，黄州名声大振。陆游到黄州后，先游东坡，拜雪堂东坡像；后访张耒谪居黄州时的竹楼，楼下稍东，就是大名鼎鼎的赤壁矶。

黄州赤壁矶原不是三国时赤壁大战的地方，但历代诗人总喜欢把它与赤壁

---

① 《入蜀记》卷四，《渭南文集笺校》卷四六，第2163页。

大战的古战场联系在一起。杜牧在黄州做刺史时，写过《赤壁》诗："东风不与周郎便，铜雀春深锁二乔。"苏轼在贬官黄州时，除了《念奴娇·赤壁怀古》词外，还写过前、后《赤壁赋》，抒发对壮丽江山和风流人物的仰慕之情。这些作品诗情激荡，文采风流，早已

黄州赤壁矶

名闻天下。陆游这次到黄州以后，遍访先贤之遗踪，缅怀历史，感今怀昔，借题发挥，写下了《黄州》诗：

> 局促常悲类楚囚，迁流还叹学齐优。江声不尽英雄恨，天意无私草木秋。万里羁愁添白发，一帆寒日过黄州。君听赤壁终陈迹，生子何须似仲谋。[1]

与杜牧、苏轼等着眼于三国历史和江山人物不同，陆游面对赤壁陈迹，坦陈怀才不遇的政治牢骚。他只是从自己的处境写起，以自身遭遇观照历史，自叹身如"楚囚""齐优"，处境局促狼狈，行事拘束，动辄得咎。诗人以"楚囚"自比，自有满腔的怨恨。陆游在乾道五年，再次起用时，已"贫不自支"[2]，这种处境与"楚囚"又有何异！陆游此次迁流万里为谋生计，携儿带女到夔州去赴一个可有可无的闲职，感觉就像齐优到鲁国去卖笑献艺一样，根本不可能有所作为！滔滔长江之水，流不尽的是古今英雄失志的遗恨。天地无私，草木又秋，寄托的是岁月蹉跎、人生虚老的感慨。诗人在"万里羁愁"的气氛中迎着秋日的寒风，孤帆一只，黯然告别黄州。

---

① 《剑南诗稿校注》卷一，第141页。

② 《通判夔州谢政府启》，《渭南文集笺校》卷八，第364页。

陆游回首赤壁陈迹，由景及己，不由心生感叹："生子何须似仲谋！"赤壁是群英逐鹿、豪杰竞雄的战场。曹操当年在巡视江东的军阵时，见东吴舟船器仗井然，军营整肃威武，不禁叹赏道"生子当如孙仲谋"！孙权是曹操拥兵南下最为顾忌的强劲对手。当曹操号称八十万大军兵临东吴时，在东吴阵营中亦有主和、主战两派，是孙权砍几决断，力排众议决定抗曹的，才有周瑜以弱胜强赤壁之战的辉煌战果。如今，南宋朝廷亦面临着同样的挑战，但在这个和戎已成定势的年代里，已不再需要孙权式的英雄豪杰！陆游典故反用，愤世嫉俗，既有对朝廷和议的抨击讽刺，也有志士报国无门的深沉悲慨，牢骚之中包含着忧世伤时的一片衷情，与前人的赤壁诗词相比，富有更浓烈的时代气息。

八月下旬，陆游船至鄂州（今属武汉）。鄂州是长江上的一大都会，陆游有幸观看了数万人参加、七百艘楼船组成的水上军事演习。楼船劈风斩浪，金鼓齐鸣，陆游身临其间，顿时精神为之振奋。

黄鹤楼

八月，正是秋高气爽的季节，陆游登黄鹤楼览鄂州胜迹，忆李白《送孟浩然》诗："孤帆远影碧空尽，唯见长江天际流。"登高临远，唯见晴川历历，江水滔滔，鹦鹉洲畔，气象万千。

据《入蜀记》记载，陆游是于乾道六年（1170）九月八日抵达江陵地界的。九月九日重阳节在塔子矶（今华容县塔市驿）。这一天，他写了一首哀伤的《重阳》诗：

照江丹叶一林霜，折得黄花更断肠。商略此时须痛饮，细腰宫畔过重阳。[1]

---

[1] 《剑南诗稿校注》卷二，第149页。

要深入理解诗人哀伤之隐衷，还必须看看他《入蜀记》中的相关记载："九日。早，谒后土祠……泊塔子矶。……求菊花于江上人家，得数枝，芳馥可爱，为之颓然径醉。"诗人为何要谒后土祠？又为什么面对芳馥可爱之菊反而黯然伤怀？这是一个很值得探究的话题。原来，陆游钟爱的前妻唐氏是江陵人，唐氏父亲唐意（居正）与陆游母亲为堂兄妹。唐意"建炎初，辟兵武当山中，病殁"①后，唐氏投奔山阴陆家，与陆游结为伉俪。陆游此行入蜀途经细腰宫畔的江陵，心里自然无法平静，谒后土祠实属情理之中。至于他求菊花于江上人家，因为菊花是重阳的当令节物，求菊赏花原不失为文人雅举。问题是诗人手折数枝芳馥可人的菊花，不但没有聊以慰情，反而"更断肠"，但求痛饮大醉以遣悲怀，此间却大有深意。菊花勾起了他心中的隐痛，诗人在与唐氏夫人结缡之初，情投意合，在菊花盛开的重阳时节采菊缝枕，赋《菊枕诗》记之，深得闺房吟唱之乐。菊花承载着诗人独特的爱情体验与美好的记忆，而今又见菊花，而伊人已香消玉殒，怎能不触物伤情，哀感万分？然而，陆游对前妻的这段情愫，在家人面前既不能形之于色，又不便诉之于人，百感之怀无以名状，唯有"颓然径醉"，在细腰宫畔独自吞咽这杯生活的苦酒，度过这一个令人不堪回首的重阳佳节。

湖北江陵是战国时楚国的旧都。屈原遭流放后，心系祖国，曾写过一篇题为《哀郢》的楚辞，表达他对楚国命运的关注。当时楚怀王已入秦被拘，秦国掠地不得，就发兵攻打楚国，老百姓不得不从郢都流亡到长江下游，屈原见此情形，心中百感交集，竟不顾自己被弃的现实，一再表达了鸟飞返乡、狐死首丘的爱国情怀。陆游追慕屈原的爱国情怀，袭用屈原旧题，也写了两篇《哀郢》：

　　远接商周祚最长，北盟齐晋势争强。章华歌舞终萧瑟，云梦风烟旧莽苍。草合故宫唯雁起，盗穿荒冢有狐藏。离骚未尽灵均恨，志士千秋泪

---

① 《老学庵笔记》卷七，第97页。

满裳。

荆州十月早梅春，徂岁真同下阪轮。天地何心穷壮士，江湖从古著羁臣。淋漓痛饮长亭暮，慷慨悲歌白发新。欲吊章华无处问，废城霜露湿荆榛。①

楚国历史悠久，在战国前期就是一个幅员辽阔、国力强大，北盟齐晋，可与强秦争霸的诸侯国，最后却被秦国所灭，其中的教训难道不值得感叹吗？岁月无情，今日郢都荒芜凄凉，一切的历史遗迹终被雨打风吹去，昔日歌舞婉转的章华台已湮没无闻。只有云梦古泽，依旧浩渺苍茫一片。被野草黄茅淹没了的故宫和被盗贼洞穿的荒冢，早已成了大雁栖息、狐兔藏身的地方。

岁月的伤痕，都斑斑驳驳地写在了眼前荒芜的景物之中。面对凄清，有谁能想象这就是当年楚国最繁华的都城！这就是屈原寤寐不忘的故国！屈原一直主张联齐抗秦，富国强兵，他一生赤诚地眷爱着他的楚国，然而"信而见疑，忠而被谤"，屡遭迫害，最终落得被驱逐流放的下场。他作《离骚》抒愤，自沉汨罗江，陆游认为《离骚》等诗也未必能写尽屈原平生的心事和悲愤。屈原的遭遇是不幸的，令千秋的志士为之潸然涕下。诗人寓情于景，包含了多少不堪回首的兴亡之感。诗人并不为一个王朝的灭亡而伤感，他是为一代志士遭到无情的毁灭而痛心！

大概在九月下旬接近峡口时，船坏了，又因阻风，经过一番修理、调整，才继续上路。在十月三日，始见巴山。至松滋渡，当年刘禹锡有"巴人泪应猿声落，蜀客船从鸟道回"的诗，可见峡中之险。

船行至此，便进入了长江最惊心动魄的一段水路：

（十月）八日，五鼓尽，解船，过下牢关。夹江千峰万嶂，有竞起者，有独拔者，有崩欲压者，有危欲坠者，有横裂者，有直坼者，有凸者，有

---

① 《剑南诗稿校注》卷二，第144页。

洼者，有鳞者，奇怪不可尽状。初冬，草木皆青苍不凋，西望重山如阙，江出其间，则所谓下牢溪也。欧阳文忠公有《下牢津》诗云："入峡江渐曲，转滩山更多"，即此也。系船与诸子及证师登三游洞。蹑石蹬二里，其险处不可着脚。洞大如三间屋，有一穴通人过，然阴黑峻险尤可畏。缭山腹，偃偻自岩下至洞前，差可行。然下临溪潭，石壁十余丈，水声恐人。又一穴，后有壁，可居。钟乳岁久，垂地若柱，正当穴门。上有刻云："黄大临、弟庭坚，同辛纮、子大方，绍圣二年三月辛亥来游。"旁石壁上刻云："景祐四年七月十日，夷陵欧阳永叔，"下缺一字。又云："判官丁"，下又缺数字。丁者，宝臣也，字元珍。今"丁"字下二字，亦仿佛可见，殊不类"元珍"字。又永叔但曰夷陵，不称令。洞外溪上又有一崩石偃仆，刻云："黄庭坚弟叔向、子相、侄槃同道人唐履来游，观辛亥旧题，如梦中事也。建中靖国元年三月庚寅。"按鲁直初谪黔南，以绍圣二年过此，岁在乙亥。今云辛亥者，误也。泊石牌峡。石穴中，有石如老翁持鱼竿状，略无少异。①

下牢关位于夷陵（今宜昌）之西，从此溯江西上，即是长江三峡的第一峡西陵峡。这里是荆岳之门户，江汉平原和三峡的交汇处。西行是遮天蔽日的高崖绝壁，长江从山阙中奔腾呼啸而来；东去则漫为平流，是一望无际的江汉平原。

陆游逆流西进，进入峡险江曲，重山如阙的江道之中，舟行其间，不免有惊愕之感。在峡谷中逆进，不得不敬畏造化之伟力。在这种伟力面前，人却显得那么渺小和无奈。陆游行进途至黄牛峡时，特以壶酒和乳猪祭灵感庙。一路上都是险湍恶滩，水路迂回，有时候不得不乘轿改陆路过滩。

当地的谚语说："朝发黄牛，暮宿黄牛，三朝三暮，黄牛如故。"欧阳修当年过黄牛峡时也叹："朝朝暮暮见黄牛，徒使行人过此愁。"陆游所租的船在上新滩时，船底为锐石所损，差点沉掉，换船后才继续行进。

① 《入蜀记》卷六，《渭南文集笺校》卷四八，第2223—2224页。

十月十六日到秭归，城中无尺寸平土，滩声如暴风雨至，周遭荒凉至极。

十九日访宋玉宅。宋玉宅在秭归县的东面，已经沦落不名，成为卖酒之肆。秭归原有纪念屈原和王昭君的祠堂，如今也湮没无存了，陆游感慨良久，赋《饮罢寺门独立有感》一诗：

> 一邑无平土，邦人例得穷。凄凉远嫁妇，憔悴独醒翁。今古阑干外，悲欢酒盏中。三巴不摇落，搔首对丹枫。[1]

秭归虽然很荒僻，历史上却是出俊才美女的地方。穷山恶水之间诞生了楚国著名诗人屈原、宋玉，还有汉代美女明妃王昭君。杜甫当年就写道："若道士无英俊才，何得山有屈原宅！"[2]"若道巫山女粗丑，何得此有昭君村？"[3]然而屈原和昭君都是不幸的，一个自沉汨罗，一个远嫁异邦。异代相望，陆游也产生了同病相怜之感，红颜胜人多薄命，莫怨东风，只有搔首仰问青天了。

十月二十一日，船近石门关，远远望去，好像一线天似的，十分险峻。陆游在《入蜀记》卷六是这样描写入关后的见闻的：

> 晚泊巴东县，江山雄丽，大胜秭归。但井邑极于萧条，邑中才百余户。自令廨而下，皆茅茨，了无片瓦。……谒寇莱公祠堂，登秋风亭。下临江山。是日重阴，微雪，天气飓飓，复观亭名，使人怅然，始有流落天涯之叹。遂登双柏堂、白云亭。堂下旧有莱公所植柏，今已槁死。然南山重复，秀丽可爱。白云亭则天下幽奇绝境，群山环拥层出，间见古木森然，往往二三百年物。栏外双瀑泻石涧中，跳珠溅玉，冷入人骨。其下是为慈溪，奔流与江会。予自吴入楚，行五千余里，过十五州，亭榭之胜，无如白云者，而止在县廨听事之后。巴东了无一事，为令者可以寝饭于亭中，其乐

---

① 《剑南诗稿校注》卷二，第169页。

② 杜甫《最能行》，《杜诗详注》，第1286页。

③ 杜甫《负薪行》，《杜诗详注》，第1284页。

无涯。而阙令动辄二三年，无肯补者，何哉？①

巴东的江山雄丽，引起了陆游无限感慨。那天，秋风萧瑟，微雪飘飘，诗人登上"秋风亭"，缅怀精忠报国的北宋名臣寇准，写下了《秋风亭拜寇莱公遗像》诗二首，抒发同是天涯沦落人的感叹。寇准是真宗时的一代名相，壮年时曾被谮远谪而流落巴东，著有《巴东集》。如今陆游离乡万里来到此地，怎能不产生天涯沦落之感？陆游复登寇准手植柏树的双柏堂、亲建的白云亭，写下《巴东令廨白云亭》诗："寇公壮岁落巴蛮，得意孤亭缥缈间。常倚曲阑贪看水，不安四壁怕遮山。遗民虽尽犹能说，老令初来亦爱闲。正使官清贫至骨，未妨留客听潺潺。"②

陆游对巴东山水情有独钟，以为白云亭是他一路行来无与伦比的"天下幽奇绝境"，愉悦之情溢于言表。如此江山，却因地僻人贫，竟然没有人愿意到此为官！陆游以为这里地僻政简，为官者正可优游逍遥，寄情于山水之间，何乐而不为呢？

十月二十三日，过巫山真人祠，即巫山神女庙。神女庙的正对面是巫山十二峰，陆游当然不会错过眺望十二峰的机会。但在他的视野范围内，"十二峰者，不可悉见。所见八九峰，惟神女峰最为纤丽奇峭"③。传说每到八月十五夜，月亮皎洁的时候，峰顶有丝竹之声荡漾，于是，周边的猿声哀鸣，应和着，一直到清晨渐止。但陆游那天看到的神女峰却是另外一番景象：

> 是日，天宇晴霁，四顾无纤翳，惟神女峰上有白云数片，如鸾鹤翔舞徘徊，久之不散，亦可异也。④

十月二十六日，入瞿塘峡。长江三峡中，瞿塘峡素以险峻著称，诗人在《入蜀记》中曾有这样的描写"（瞿塘峡）两壁对耸，上入霄汉，其平如削成，仰视天如疋（pǐ匹）练"。可惜陆游到达夔州时，已是落水季节，冬日的瞿塘峡

---

① 《入蜀记》卷六，《渭南文集笺校》卷四八，第2240—2241页。
② 《剑南诗稿校注》卷二，第174页。
③④ 《入蜀记》卷六，《渭南文集笺校》卷四八，第2243页。

已不复有往日的声势，显得出奇的平静安然，全没有陆游想象中的波澜。只有山腰上斑驳的沙痕尚刻着水势雄壮时奔腾攀升的痕迹。于是，诗人充分发挥天才的想象力，自由挥洒，写了一首《瞿唐行》："浪花高飞暑路雪，滩石怒转晴天雷。千艘万舸不敢过，篙工舵师心胆破。"①极力渲染水涨时的雄壮气势，以弥补"瞿唐峡水平如油"的缺憾。

夔门

二十七日早上，陆游终于到达目的地夔州。

一部《入蜀记》，有不可替代的史料价值。它记载了作者奉朝廷之命赶赴任所的详细经过，为后代读者提供了关于宋代官差旅行的丰富资料。陆游此行走的是水路，离开家乡的时候，还是烈日炎炎的夏天，到达夔州时，已经是寒风凛冽的冬天了。一路上，水路劳顿，竟换了五次船，好几次濒临漏船覆舟的危险，可见那时从水路入蜀是何等的艰险！

一部《入蜀记》，还有丰富的文化价值。陆游用诗人的笔法刻画了江南运河和长江沿岸的山川形势，其文学价值堪称游记文学的典范。

然而，《入蜀记》的成就绝不仅止于此。作者对山川景物的全方位描绘，对历史典章深沉的思考，对沿途人事的人文关怀，等等，内容都很精彩。

陆游此行沿途经过的城市，属于古代吴越巴楚文化的发祥地，是江南运河文化和长江文明的代表。运河、长江两岸的江山风物与历史文化已经融为一体，汉唐以来，文化的积淀非常深厚。陆游作为一位饱学之士，既精于史学，对历史遗迹的来龙去脉了然于心，下笔左右逢源，如数家珍，字里行间都浸染着深厚的学养，使笔下的胜迹都具有浓厚的文化气息和文化品位；他又是一位热情澎湃敏感的文人、诗家，当他身临其境时，会情不自禁地激动起来，把自己深

---

① 《剑南诗稿校注》卷二，第176页。

深地投入进去，将历史遗存和现实感慨打并在一起，发思古之幽情，写人生之感遇。因此，《入蜀记》真是一部"留心世道"①的游记，更是作者西行数千里在山川气俗感发下写成的一部文化杰作。

夔州冷官与乡关之思

夔州任上的陆游是很不如意的。夔州去京城万里，又远离抗金前线，在这孤城落日、清冷闭塞的环境中，陆游真有一种被社会遗弃的感受。他在《通判夔州谢政府启》中说："惟是鱼复之故城，虽号鸟蛮之绝塞，乃如别驾，实类闲官，……亦每当占纸尾而谨书，岂有功劳，能自表见。"②

陆游在夔州是分管学事兼管内劝农事。知夔州军、主管安抚使司事的是山东历城人王伯庠。王伯庠（1106—1173），字伯礼，济南章丘人，南渡后居明州鄞县（今属浙江宁波），王伯庠和他的同乡辛弃疾一样，能词善文。陆游和他的关系不错，职事之余，一起寻梅赋词③。立春日，为王赋《感皇恩·伯礼立春日生日》词祝寿。次年八月，王伯庠离开夔州，移牧永嘉（今属温州），陆游作《蓦山溪·送伯礼》词送行，还为王伯庠的《云安集》作序。其中有一段话，直接披露了陆游自己在夔州期间的真实思想：

> 乃因暇日，登临瞩望，徘徊太息，吊丞相之遗祠，想拾遗之高风。醉墨淋漓，放肆纵横，实为一代杰作。顾夔虽号大府，而荒绝瘴疠，户口寡少，曾不敌中州之一下郡。如某辈又以忧患留落，九死之余，才尽志衰，欲强追逐公后而不可得。④

陆游在夔州的身份其实是很尴尬的，身为主管学事的监试官，却在夔州试

---

① 钱曾《读书敏求记》卷二，上海古籍出版社2007年版，第182页。
② 《渭南文集笺校》卷八，第365页。
③ 《满江红·夔州王伯礼侍御寻梅之集》，《放翁词编年笺注》（增订本），第31页。
④ 《云安集序》，《渭南文集笺校》》卷一四，第695—696页。

士期间无所事事。陆游感到自己实在不适宜再做"头白伴人书纸尾"①的通判了，自己梦寐以求的是抗金复国，所以，一到夔州，就去拜访白帝庙，歌咏"力战死社稷"的英雄人物公孙述。陆游赴夔州通判任的次年，即乾道七年（1171）正月，写了一首《记梦》诗：

> 梦里都忘困晚途，纵横草疏论迁都。不知尽挽银河水，洗得平生习气无？②

陆游入蜀安家未稳，将近半年的旅途劳顿，以及到任后萧条闲散的冷官生活，曾使他心境一度偃蹇低迷。说自己"困晚途"，有自嘲的意味，诗人此时不过四十七岁，这种迟暮嗟老，是陆游夔州任上精神郁闷的写照，道出了作为冷官在现实中的不如意。然而，陆游一向自信自负，并不是一个甘于寂寞的人，即使受挫，他的思想，都会不失时机地迸发出来。南宋建都临安，陆游很不以为意。早在隆兴元年（1163），陆游任枢密院编修官兼编类圣政所检讨官时，就向中书省和枢密院建议以建康（今南京）为都，他认为"江左自吴以来，未有舍建康他都者"，"车驾驻跸临安，出于权宜，本非定都"③，以为朝廷如要恢复

白帝城

河山，应该以建康为建都之本，建立不拔之基，然后向北推进。陆游这个见解，从战略高度为南宋当局如何克复失土，提供了切实可行的思路。然而，由于种种原因，他的建都方略最终没有被心存芥蒂、患恐金症的南宋当局所重视。陆游对此十

---

① 《自咏》，《剑南诗稿校注》卷二，第188页。
② 《剑南诗稿校注》卷二，第182页。
③ 《上二府论都邑劄子》，《渭南文集笺校》卷三，第156页。

分遗憾，并一直耿耿于怀，这首记梦诗，披露的就是诗人现实中未了的心愿。

陆游在夔州期间宦途萧瑟之际做这么一个意气高扬的梦，这一切也得力于诗人不甘寂寞的个性和连银河之水也无法冲洗的"平生习气"。

夔州僻处山城，交游稀少，闲来无事。次年（1171）夏天，陆游登白帝城观景，写下了《晚晴闻角有感》：

> 暑雨初收白帝城，小荷新竹夕阳明。十年尘土青衫色，万里江山画角声。零落亲朋劳远梦，凄凉乡社负归耕。议郎博士多新奏，谁致当时鲁二生。①

暑雨初收，尖尖的新荷与青翠的新竹，在夕照的映衬之下显得分外剔透晶莹，这清新悦目的景色，本来可以给诗人带来一时的好心情，但黄昏时分的画角之声却打破了这份宁静安泰。时局未稳，中原沦落，想到自己年前长途奔波，背井离乡，到夔州试院做一个闲职冷官，一事无成，不禁感慨万千。诗的结尾借用汉朝的一个典故，旨在讽刺南宋朝廷上下多的是像叔孙通那样善于奉迎谋生的阿谀之徒，缺少敢于拒绝应召的二位儒生那样有骨气的直士。

据《史记·叔孙通列传》记载，汉高祖刘邦称帝后，儒生叔孙通投其所好，为高祖制定朝仪，他征召在山东的弟子三十人参加，唯有二位儒生看不惯叔孙通迎合奉承谋取官位的手段，不应召。他们认为天下初定，民生未安，先定朝仪，为时过早，所以拒绝参加。叔孙通因为阿谀成功，高祖封其为博士，其他儒生封为郎，这些人都得其所宜，皆大欢喜。陆游用这个史实，讽刺那些善于谋身图一己之利，苟且偷安不以国事为重的人。感叹北伐无望，志士虚老，自己徒怀抱负而悲苦莫诉的凄凉心境。

陆游自叹"三年流落巴山道，破尽青衫尘满帽"②，在夔州孤城做了头尾三年的闲职冷官，尝够了官场冷漠、世态炎凉的滋味，不禁回忆起赴蜀前的故乡

---

① 《剑南诗稿校注》卷二，第194页。
② 《木兰花·立春日作》，《放翁词编年笺注》（增订本），第36页。

的田居生活，思归之情油然而生。感叹"此生飘泊何时已，家在山阴水际村"①，"岁月背人去，乡间何日归"②，"山川信美吾庐远，天地无情客鬓衰"③，在《初夏怀故山》诗中抑制不住对充满诗意的村居生活的怀念：

> 镜湖四月正清和，白塔红桥小艇过。梅雨晴时插秧鼓，萍风生处采菱歌。沉迷簿领吟哦少，淹泊蛮荒感慨多。谁谓吾庐六千里，眼中历历见渔蓑。④

想象中的事物总是美好的，何况诗人怀思的故山，即处于风景如画、声名远播的山阴道上，湖山之奇丽和风光之宜人更让人回味不尽。

经历了入川后的第一个夏天，陆游明显感到水土不服，一病四十多天，到入秋天气转凉时才有所好转。恰恰在这个时候，王伯庠离开夔州赴永嘉新任，本来就颇感落寞的陆游，又少了一个相处融洽的上司兼词友，思乡念归之情屡屡形之于诗歌。其《九月三十日登城门东望有感》可为代表：

> 减尽腰围白尽头，经年作客向夔州。流离去国归无日，瘴疠侵人病过秋。菊蕊残时初把酒，雁行横处更登楼。蜀江朝暮东南注，我独胡为淹此留？⑤

登楼东望，陆游开始真正体会到四百年前诗人杜甫，在这座落日孤城"每依北斗望京华"，贫病交加、委屈辛酸的感受了。

---

① 《试院春晚》，《剑南诗稿校注》卷二，第187页。
② 《夜坐庭中》，《剑南诗稿校注》卷二，第190页。
③ 《夔州重阳》，《剑南诗稿校注》卷二，第201页。
④ 《剑南诗稿校注》卷二，第190页。
⑤ 《剑南诗稿校注》卷二，第206页。

异代相望，践履少陵足迹

夔州是杜甫晚年漂泊留滞的地方。陆游对这位伟大的诗人极为崇敬，并怀有特殊的感情，一生写了许多仰慕杜甫歌颂杜甫的诗。陆游初到夔州时，即写《夜登白帝城怀少陵先生》一诗，赞美其"歌诗遍两川"的文学成就。

杜甫当年移居夔州时已五十五岁，患有肺炎、风痹、疟疾等多种疾病。到了夔州后，因为水土、气候很不适应，身体越来越差，连浇愁的浊酒都不能喝了。然而，疾病和压抑并没有扼杀诗人的创作生机。相反，杜甫在夔州的两年时间里创作了四百三十多首激荡人心、感人肺腑的诗篇，这个数量竟占他全部诗作的百分之三十。

夔州时期的杜甫生活是潦倒的，但他的精神世界却是深刻而丰富的。有限的人生促使他认真地回首反顾，总结过去，通过对国家兴亡盛衰的反思来总结历史的经验教训，或者干脆以对历史人物及历史事件的吟咏代替对于目前时局的评说和对未来道路的朦胧希望。杜甫在夔州的诗歌，达到了晚年创作的高峰。诗歌全面深刻地反映了唐帝国由盛转衰的历史过程，鞭辟入里，入木三分。正如有学者指出的，夔州时期的诗，是杜甫真实内心的独白，由于这种独白融入了深广的历史意识和社会内容，所以深沉、博大，余响不绝，千载之后的读者仍能从这些诗中感受到诗人心灵的强烈震颤。①

陆游推崇杜甫，固然是因为陆游早年师从江西诗人学诗，江西诗派倡导以学杜诗为宗旨，与杜甫当有诗学上的渊源。然而，这只是一种浮在表面上的关系。应该说，陆游真正走进杜甫文学和精神世界，是到夔州以后开始的。

陆游入蜀后，有意识地遍寻杜甫在四川的遗踪。到夔州登白帝城怀少陵事迹，考证少陵故居。后来奉王炎召到南郑前线，担任军政方面的外勤工作，路过阆中，游锦屏山，拜访杜甫祠堂。在离开南郑回成都时，又有《草堂拜少陵遗像》诗。东归途中路过四川忠州，赋《龙兴寺吊少陵先生寓居》诗。"我思杜

---

① 莫砺锋《杜甫评传》，南京大学出版社1993年版，第193页。

陵叟，处处有遗踪"①，陆游入蜀后，通过寻访杜甫在四川的遗踪，对杜甫晚年流落两川、壮志未酬的不幸遭遇有了十分真切的体会。千古才人"萧条异代不同时"的感喟，使陆游对杜甫的思想和创作有了更深一层的理解和共鸣。

陆游在夔州期间为追寻杜甫流寓时的遗迹，写了一篇《东屯高斋记》：

> 少陵先生晚游夔州，爱其山川不忍去，三徙居皆名"高斋"。质于其诗，曰"次水门"者，白帝城之高斋也；曰"依药饵"者，瀼西之高斋也；曰"见一川"者，东屯之高斋也。故其诗又曰"高斋非一处"。予至夔数月，吊先生之遗迹，则白帝城已废为丘墟百有余年，自城郭府寺，父老无知其处者，况所谓高斋乎？瀼西，盖今夔府治所，画为阡陌，裂为坊市，高斋尤不可识。独东屯有李氏者，居已数世，上距少陵才三易主，大历中故券犹在，而高斋负山带溪，气象良是。……予太息曰："少陵，天下士也。早遇明皇、肃宗，官爵虽不尊显，而见知实深，盖尝慨然以稷、契自许。及落魄巴、蜀，感汉昭烈、诸葛丞相之事，屡见于诗。顿挫悲壮，反复动人，其规模志意岂小哉。然去国浸久，诸公故人熟睨其穷，无肯出力。比至夔，客于柏中丞、严明府之间，如九尺丈夫，俯首居小屋下，思一吐气而不可得。予读其诗，至"小臣议论绝，老病客殊方"之句，未尝不流涕也。嗟夫，辞之悲乃至是乎！荆卿之歌，阮嗣宗之哭，不加于此矣。少陵非区区于仕进者，不胜爱君忧国之心，思少出所学佐天子，兴正观、开元之治，而身愈老，命愈大谬，坎壈且死，则其悲至此，亦无足怪也。……②

宋人推重杜甫，多标榜诗歌章句出处等艺术成就。陆游对杜甫的理解是深刻的，他对杜甫落魄巴蜀，大丈夫寄人篱下的坎坷遭遇深表同情；对杜甫爱君忧国，顿挫悲壮，反复动人的诗歌推崇备至。他评价杜甫"文章垂世自一事，

---

① 《感旧》，《剑南诗稿校注》卷三七，第2382页。
② 《渭南文集笺校》卷一七，第865—866页。

忠义凛凛令人思"①，重视杜甫一生的不朽创作，更敬仰杜甫崇高的品格、耿直磊落的胸怀。杜甫一生坎坷贫困，壮志未酬，但他对国家执着的爱和对人民的深挚感情未尝有丝毫的动摇，正是这种博大崇高的精神，才使陆游万分感动。

生活的艰辛，使中年入蜀后的陆游，在思想上、诗风上更接近杜甫，更注意挖掘杜甫诗中伟大的爱国思想和崇高的精神。基于这样深刻的认识，陆游才能在游锦屏山杜甫祠堂时，从杜甫塑像的眉宇间读到"高寒照江"不朽不变的精神风采。"后世但作诗人看，使我抚几空嗟咨"②。就这个角度看，陆游真不愧是老杜的旷世知音。

---

① 《游锦屏山谒少陵祠堂》，《剑南诗稿校注》卷三，第249页。
② 《读杜诗》，《剑南诗稿校注》卷三三，第2191页。

第八章　铁马秋风大散关

从戎南郑，地胜气豪，对军旅生活的亲和

　　尽管陆游在夔州任上，官阶由正八品的左奉议郎晋升为从七品的左承议郎，职位进了一级，然夔州地僻人稀，陆游在所从事的工作中，找不到精神寄托，殊多思乡嗟愁的感叹，情绪未免有些低落。这个职位对陆游来说，犹如鸡肋，所谓食之无味，弃之可惜。事实也是这样，当人不得其所，未尽其才时，通常内心是苍老而郁闷的。

　　陆游自乾道五年（1169）底起为夔州通判。其间，因病和路途遥远，延至次年（1170）十月底才到任。到夔州一年多，一晃又将面临三年任满、重新申请职位的现实问题。

　　乾道八年（1172）初，陆游考虑到自己夔州通判任满以后，人在异乡，生活无着落，连东归山阴的路资都凑不齐。于是，事先给以前熟识、时任左丞相的虞允文写了一封言辞恳切的信，坦言自己面临的困境与尴尬。陆游说自己当初是因为贫病交迫，不远万里逐禄于夔州，其实峡中俸禄是很有限的，自己两袖清风，要维持一家大小的生计，已经颇为艰难。如今又距"受代"之日无多，行李萧然，怕一时没有能力回家；即便能勉强回去，以后的生活也是没有着落的。他甚至说一旦卸任，断了俸禄，必将束手无策。眼看儿女都到了谈婚论嫁的年龄，因为家境贫寒，生活困难，婚嫁之事都不敢放到议事日程上来。他最

后写道："某而不为穷，则是天下无穷人。伏惟少赐动心，捐一官以禄之，使粗可活；甚则可使具装以归；又望外则使可毕一二婚嫁。不赖其才，不借其功，直以其穷可哀而已。"①凄厉之状，简直无以复加，让人不忍卒读。他希望通过虞允文的举荐，摆脱即将面临的生活困境。

但京城遥远，交通又不便，一书寄出去，到底会有什么结果，陆游自己也没有把握。所以，他在请求虞允文援手同时，也想到了三年前曾招他入幕的四川宣抚使王炎。陆游给已经升任为枢密使的王炎写了一封信，说"实轻玉关万里之行，奋厉欲前"②，表达了投幕川陕，以实现抗金恢复中原的愿望。

王炎（1115—1178），字公明，相州安阳（今属河南）人。高宗绍兴二十二年（1152）就步入仕途。孝宗乾道元年（1165）为两浙转运副使，二年知临安，以职事举，除秘阁修撰，四年试兵部尚书，赐同进士出身，除端明殿学士，签书枢密院事。乾道五年二月，除参知政事，兼同枢密院事，三月，以左中大夫、参知政事，替代原宣抚使虞允文，出任四川宣抚使。乾道七年七月，授枢密使、大中大夫。③从王炎仕宦数年之间，一路升迁位至公辅的履历看，他的确精于政务，并有军事才能，在士大夫中间，已有很高的声望。在孝宗看来，王炎也不失为识虑高明、通达时务、具有多方面才能的干才。孝宗把他放在西北前线担任军政一把手，授金字牌二面，委以重任，表明他当时是想有所作为的。王炎也明白枢密使是国家最高军事长官，新的任命意味着朝廷有意加速恢复事业的步伐，这样就更增强了王炎在川陕布防，以图进取的信心。王炎认为"形势地利，须人以为重"④，他把招揽人才当作经营川陕边幕最重要的举措之一。乾道五年王炎曾致陆游辟书，当时陆游因受朝命赴官夔州，中间耽搁了近三年的时间。此次陆游在夔州通判任期将满之际向宣抚使王炎上书请缨，马上得到了四川宣抚使王炎的热情回应，被准允入幕任干办公事。

---

① 《上虞丞相书》，《渭南文集笺校》卷一三，第658页。

② 《上王宣抚启》，《渭南文集笺校》卷八，第374页。

③ 傅璇琮、孔凡礼《陆游与王炎的汉中交游》，载《杭州师范学院学报》1995年第5期。

④ 《与章德茂书》："向见王公明、叶梦锡常言荆南非他比，形势地利须人以为重。"《龙川集》卷一九，《陈亮集》，中华书局1974年版，第257页。

　　乾道八年（1172），陆游入征西大幕，担任干办公事兼检法官，襄赞军务。当他接到军幕之召后，心情非常激动，情绪马上有了很大好转。这无疑是实现"上马击狂胡，下马草军书"理想的一次很好机会。在未来可期的召唤下，诗人兴致勃勃，即刻只身奔赴新任。

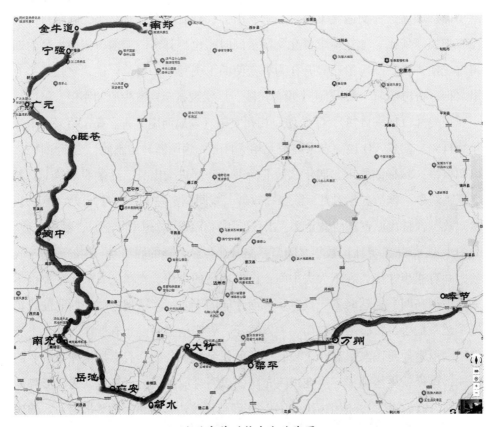

陆游自夔州赴南郑路线图

　　早春二月，陆游从夔州出发，途经万州（今重庆万州）、梁山军（今重庆梁平）、邻山（今四川大竹）、邻水、广安、岳池、果州（今四川南充）、阆中、嘉川（今四川旺苍）、利州（今四川广元）、大安军（今陕西宁强），穿过金牛道，三月直抵南郑（今陕西汉中）。陆游自夔州赴南郑，一路水陆交替前行，从夔州至万州段，基本沿着长江逆行；从万州至果州段，是陆路；从果州至阆中段，沿嘉陵江航行；从阆中至利州段，是陆路；从利州至大安军段，是沿嘉陵江的支流航行；从大安军至南郑段，是陆路。

沿途所见，草木含情，山川有意，诗人即使身处乱山野岭，也兴致盎然，此行留下三十首纪行诗。

沿途扑入诗人视野的川陕地理风光，最先激发起陆游一腔从军的豪情。在到梁山的途中，迎面而来的都是层峦叠嶂的山峰，这种地方，一般人都视为畏途，陆游却兴致悠哉，赋诗说：

> 平生爱山每自叹，举世但觉山可玩。皇天怜之足其愿，著在荒山更何怨。南穷闽粤西蜀汉，马蹄几历天下半。山横水掩路欲断，崔嵬可陟流可乱。春风桃李方漫漫，飞栈凌空又奇观。但令身健能强饭，万里只作游山看。①

这是陆游奉召离开夔州，赶赴南郑军幕途上的第一首纪行诗，写于梁山道中一个叫三折铺的地方。川陕一带的地势崔嵬而奇崛，道路本来就十分艰难。杜甫当年流落两川时，一些纪行诗大都写得危苦险厄。陆游这次的情形恰好相反，他以从军为乐，道途之苦，多为豪情所掩，在诗中直接化为审美的快感，所以他的纪行诗显得潇洒而轻松。

诗人自言平生爱山，认为山的个性最值得玩味，是老天有眼，才满足了他看山的心愿，让他奔走在崎岖的川陕之路上，体验与山朝夕相处的感情。在这首诗中，诗人对于旅行的艰难困苦，未置一词，对山的感情却溢于言表。这可能与诗人特殊的个性与经历有关。

陆游生性好强，从来不向环境低头。从东南的闽越到西陲蜀汉，行程万里"马蹄几历天下半"，尽管途中"山横水掩路欲断"，但经行之处，没有不能逾越的山川险阻。眼前乱山飞栈、峭壁凌空的景象又给诗人带来了新的挑战与刺激，这位"生长江湖狎钓船"②的江南游子，满怀北望中原、壮志如山的豪气，终于

---

① 《饭三折铺铺在乱山中》，《剑南诗稿校注》卷三，第211页。
② 《书事》，《剑南诗稿校注》卷三，第259页。

走向梦寐以求的南郑前线，去实践他跨鞍塞上的伟大理想，从这个意义上讲，这首纪行诗实在是他生命旅程中实现新的转变所跨出的最初一步。

沿途在梁山军东二十里的蟠龙山上，有一条很有气势的瀑布，飞泻而下的水流一直奔流到驿站附近，观者以为天下第一。陆游欣然前去观看，并写下了意气风发的《蟠龙瀑布》诗：

> 远望纷珠缨，近观转雷霆。人言水出奇，意使行人惊。人惊我何得，定非水之情。水亦有何情，因物以赋形；处高势趋下，岂乐与石争。退之亦隘人，强言不平鸣。古来贤达士，初亦愿躬耕，意气或感激，邂逅成功名。①

最后四句，不言而喻，道出了此时的雄心抱负。

时值春耕季节，川中农村的田园景色，也引起诗人的特别关注，陆游欣然命笔，作《岳池农家》：

> 春深农家耕未足，原头叱叱两黄犊。泥融无块水初浑，雨细有痕秧正绿。绿秧分时风日美，时平未有差科起。买花西舍喜成婚，持酒东邻贺生子。谁言农家不入时，小姑画得城中眉。一双素手无人识，空村相唤看缫丝。农家农家乐复乐，不比市朝争夺恶。宦游所得真几何，我已三年废东作。②

春深雨足，农民依然在田头辛苦地劳作。黄牛叱叱，细雨绵绵，水田中的秧苗远远望去已是一片油绿。黄犊、原头、细雨、绿秧构成的春耕图景，让人赏心悦目；看到岳池农家风土习俗，令人倍感亲切。农民们安居乐业，结婚生子，买花持酒，相互庆喜祝贺。岳池年轻姑娘的姿色不减都市风采，入时的眉

---

① 《剑南诗稿校注》卷三，第214页。
② 《剑南诗稿校注》卷三，第218页。

妆、白皙的素手倒无人喝彩，村里人最看重的是姑娘们拿手的纺丝本领，所以彼此相唤争相观赏姑娘们灵巧的缫丝手艺。农民的喜悦和美感，总是很朴实生活化的。他们的欢愉和审美趣味是和恬静安宁的劳动生活融为一体的，来自劳动生活本身。诗人长期生活在农村农民中间，所以才会有如此真切的体会。

在此番赴汉中的行途中，陆游算是实实在在见识了蜀中山水的雄姿。这对于来自水乡泽国的陆游而言，一切都是新鲜的。他兴之所至，信手拈来，记录了不少优美的山水景物，如：

乱山徐吐日，积水远生烟。①

壮哉利阆间，崖谷何嵚崟。②

自夔州西行至南充，陆游沿着嘉陵江转向北上。进入广元后，过筹笔驿武侯祠堂，诗人缅怀诸葛亮，"运筹陈迹故依然，想见旌旗驻道边"③。利州境内，道途峭绝，滔滔的江水和连云的栈道构成了一幅幅神奇的图景，让人徘徊赞叹：

一春客路厌风埃，小雨山行亦乐哉！危栈巧依青嶂出，飞花并下绿岩来。面前云气翔孤凤，脚底江声转疾雷。堪笑书生轻性命，每逢险处更徘徊。④

寒食那天，陆游过金牛道，遥想绍兴初年，同乡吴玠将军在此成功击退了金将撒离喝的进犯，当年的金戈铁马之声似乎犹震荡在耳边。金牛道的西面，是唐玄宗安史乱时狼狈入蜀的道路，历史的陈迹历历在眼前，让人目不暇接。

① 《邻水延福寺早行》，《剑南诗稿校注》卷三，第217页。
② 《鼓楼舖醉歌》，《剑南诗稿校注》卷三，第223页。
③ 《筹笔驿》，《剑南诗稿校注》卷三，第227页。
④ 《嘉川铺遇小雨景物尤奇》，《剑南诗稿校注》卷三，第228页。

乾道八年（1172）三月十七日，陆游抵达南郑（今陕西汉中），来到了王炎统帅的征西大幕，从此真正走上了南宋西北的抗金第一线，开始了"铁马秋风大散关"①的军旅生活。

跨鞍塞上，刺虎平川，再陈进取之策

南郑在地理形势上一向处于咽喉锁钥地位，宋朝南渡后，南郑更成为西北国防的前沿阵地。此地有雄关沃野、凌云飞栈、如绳大道，更兼有韩信将坛、武侯祠庙，自然的、人文的景物一齐向陆游袭来。良好的战地氛围与根植于诗人心中的尚武之情一旦相触，就迸出生命的火花。

陆游在军中感受到的气氛是热烈而振奋人心的。南宋政府此时调王炎为四川宣抚使宣抚川陕，本寓图谋恢复中原的意思。王炎上任后，又把宣抚司从利州（四川广元）徙于兴元府（陕西汉中），靠近西北前线，以便控制秦陇。王炎还广招人才，当时宣抚使幕中就聚集着周颉（字元吉）、阎苍舒（字才元）、章森（字德茂）、范仲芑（字西叔）、张缜（字季长）、高祚（字子长）、刘三戒（字戒之）、宇文叔介等一大批名士。他们都是征西大幕帷幄之中咨谋军事的参谋，主张对金用兵，共同为统帅出谋划策。南郑的种种迹象，都摆出恢复中原跃跃欲试的姿态。

陆游置身幕中很受鼓舞，他从心底里感受到从未有过的激动与亢奋，自称"投笔书生古来有，从军乐事世间无"②，一变夔州时期的萧肃颓唐为发扬踔厉。这个时期写下了许多意气风发、指点江山的优秀篇章。诗中功名之念、恢复图进的欲望十分炽烈，如《山南行》：

> 我行山南已三日，如绳大道东西出。平川沃野望不尽，麦陇青青桑郁
> 郁。地近函秦气俗豪，秋千蹴鞠分朋曹。苜蓿连云马蹄健，杨柳夹道车声

---

① 《书愤》，《剑南诗稿校注》卷一七，第1346页。
② 《独酌有怀南郑》，《剑南诗稿校注》卷一七，第1318页。

高，古来历历兴亡处，举目山川尚如故。将军坛上冷云低，丞相祠前春日暮。国家四纪失中原，师出江淮未易吞。会看金鼓从天下，却用关中作本根。①

诗人以极其高亢激越的笔调，抒发了他初到南郑时，对川陕山川形势的激赏，对有幸投身军幕的兴奋与欣喜。这里有雄关沃野、如绳大道，虽然也经历了兵燹战乱，但经过一段时间的恢复经营，已是麦陇青青、桑林郁郁，呈现出千里沃野丰收在望的景象。这里地近函秦，有险关要隘，"马蹄雄健""车声辚辚"，一派热烈的战地氛围。这里的人也争强好胜，民俗雄豪，民风尚武，喜欢酣宴打球、阅马纵博。

山南还是历史风云的舞台，有多少英雄人物在这里上演了令人惊世骇俗的人生剧目。韩信的拜将台，诸葛亮六出祁山、北伐中原的足迹，这些都令人遐想，发人深省。当年韩信在此拜将，率大军击败项羽，为汉室奠定了基业。诸葛亮为统一天下，在汉中苦心经营，出师北伐，屡败曹魏，誉满关中，建立了不朽的功勋。这些都给诗人一个积极的昭示：这一带确实是建立不朽基业的根据地，以此为根本，东出中原，恢复失土，有望告成。

诗人来到山南后，对地理环境、物质形势、民风民俗等作了一番全面的考察，再结合历史兴亡的教训，提出了"经略中原必自长安始，取长安必自陇右始"②的策略。应该说这个策略，与当时征西幕中的北伐形势基本步调是一致的。只不过诗人过于直率的表白，会触动和戎者敏感的神经，致使西北的局势处于两难的境地。这一点，从王炎不久即被卸任遭诬可以得到明证。这当然是后话，但作为诗人的陆游，是不会顾及如此错综复杂的政治风云的，他还是一如既往地歌唱从军南郑的欢乐和经略中原的理想。

山川形势的险要和军中生活的刺激，足使诗人快慰平生。此种气氛是诗人在暖风熏人、一派歌舞升平的江南偏安之地所从未感受到的。因此，高山流水，

---

① 《剑南诗稿校注》卷三，第232页。
② 《宋史》卷三九五《陆游传》，第12057页。

如见知音，心情特别兴奋激动，下笔也就酣畅淋漓，挥洒自如了。请看《南郑马上作》：

南郑春残信马行，通都气象尚峥嵘。迷空游絮凭陵去，曳线飞鸢跋扈鸣。落日断云唐阙废，淡烟芳草汉坛平。犹嫌未豁胸中气，目断南山天际横。①

军中的生活是豪放壮快的，同时也是艰苦刺激的，但军中苦旅并没有动摇陆游尚武从军的信念。这毕竟是诗人一次直接走上军事前线的机会，常以据鞍草檄自任的陆游兴奋可知。他对于军中生活的身心投入，简直到了无以复加的地步。

他身着戎装，戍卫在大散关头，来往于前线各地。他好像一匹不知疲倦的战马，"朝看十万阅武罢，暮驰三百巡边行"②，纵横于汉中前线，考察了南郑一带的形势，出谋献策，积极准备打击敌人。他在军幕中，有时在夜里渡过渭水，去侦察敌人的动静，"独骑洮河马，涉渭夜衔枚"③；他射猎深山，据说在长木铺（今陕西宁强大安镇东）所在的南沮水一带，还亲手刺死过乳虎：

昔者戍梁益，寝饭鞍马间，一日岁欲暮，扬鞭临散关。增冰塞渭水，飞雪暗岐山。怅望钓璜公，英概如可还。挺剑刺乳虎，血溅貂裘殷；至今传军中，尚愧壮士颜。④

我时在幕府，来往无晨暮。夜宿沔阳驿，朝饭长木铺。雪中痛饮百榼空，蹴踏山林伐狐兔。耽耽北山虎，食人不知数。孤儿寡妇仇不报，日落风生行旅惧。我闻投袂起，大呼闻百步，奋戈直前虎人立，吼裂苍崖血如

---

① 《剑南诗稿校注》卷三，第234页。
② 《秋怀》，《剑南诗稿校注》卷一八，第1396页。
③ 《岁暮风雨》，《剑南诗稿校注》卷二六，第1839页。
④ 《怀昔》，《剑南诗稿校注》卷二八，第1957页。

注。从骑三十皆秦人，面青气夺空相顾。①

　　陆游《剑南诗稿》中有许多诗，对自己亲手刺虎的壮举，都有不同程度的追忆，并引以为荣。②苏雪林《陆放翁评传》开篇就用大量笔墨渲染雪天刺虎场景，描写刺虎壮士陆游的形象，推赞"中国第一尚武爱国诗人"③。

　　所有这些火热的战斗生活，更加激发了他的爱国热情。陆游置身军幕之中，如鱼得水，从心底里感受到从未有过的激动与亢奋。

　　在一个初秋的傍晚，他登上南郑内城西北的高兴亭，遥望汉唐故都长安和终南山，前方的大散关、骆谷关举起了平安烽火。眼前景象仿佛预示着胜利在望，诗人不禁豪情勃发，高歌一曲：

　　　　秋到边城角声哀。烽火照高台。悲歌击筑，凭高醉酒，此兴悠哉！　　多情谁似南山月，特地暮云开。灞桥烟柳，曲江池馆，应待人来。④

　　词以乐观昂扬的情绪表明了他对北伐的信心。多情的明月高悬在终南山上空，驱散了黑夜的阴霾，词人眼前豁然一亮，仿佛看到长安城边"灞桥烟柳""曲江池馆"正在向他招手，等待王师的到来。江山有意，景物含情，人心所归，道出了作者对收复长安、收复中原的乐观心情。

　　从夔州到了南郑，山川形势的险要和军中生活的刺激，足使陆游快慰平生。这是陆游一生得以身临前线的唯一机会，急欲杀敌报国的陆游，感动于川陕一带民众的豪健义侠和自觉的家国情怀，南郑前线群情激昂的北伐气氛，使陆游

　　①《十月二十六日夜梦行南郑道中既觉怅然揽笔作此诗时且五鼓矣》，《剑南诗稿校注》卷一四，第1092页。

　　②如《闻房乱有感》，《剑南诗稿校注》卷四，第346页；《客自凤州来言岐雍间事怅然有感》，《剑南诗稿校注》卷七，第587页；《步出万里桥门至江上》《剑南诗稿校注》卷八，第618页；《三山杜门作歌》《剑南诗稿校注》卷三八，第2455页；《追忆征西幕中旧事》四首之二，《剑南诗稿校注》卷四八，第2927页；《远游二十韵》，《剑南诗稿校注》卷八一，第4351页等。

　　③苏雪林等著、陶喻之整理《陆游评传三种》，浙江古籍出版社2017年版，第1页。

　　④《秋波媚·七月十六日晚登高兴亭望长安南山》，《放翁词编年笺注》（增订本），第44页。

产生了归属感。

在陆游的眼里，大散关不仅仅是西边北防的重镇，宋金两国的边界，更重要的是，大散关是实现他平生志愿的舞台，实施他经略中原思想的根据地。

韩信拜将坛

陆游到南郑的重大收获之一是通过几个月的实地踏勘考察，对川陕的形势有了深刻认识。陆游特别列举了位于此处的拜将台与武侯祠，还指出此地曾为"汉始封"，唐时位比两京，"这些受诗人注目的地点与史实，也阐明了他内心对南郑的定位：这个与京城地位相当的地方，是汉高祖封土的起点，也是他拜韩信为大将的处所。武侯祠的意义除了南宋自比蜀汉外，又有学习孔明以此为基地力图恢复中原的用意"。①因此，提出了以南郑为本，经略中原的战略思想，对此，他充满信心。

淋漓翰墨，诗家三昧，诗风转折的关捩

苏轼说太史公行天下，周览四海名山大川，与燕赵间豪俊交游，故其文疏荡，颇有奇气。陆游中年入蜀，从军南郑，眼界为之开阔，生活丰富充实，豪气陡生。陆游此时的创作，气势恢宏，颇得江山之助，在诗歌创作方面，有了质的飞跃，诗风也发生了积极的转变。

清赵翼在《瓯北诗活》中说"放翁诗凡三变"，大致是少工藻绘，中务宏肆，晚造平淡这三个阶段的转变。早期，一般认为是四十六岁入蜀前，中期是四十六岁到六十五岁在蜀以及东归宦游的二十年，这是陆游诗歌走向成熟的重要阶段。晚期则是他退居山阴农村的二十年。在这三个阶段中，入幕从军是陆

---

① 黄奕珍《论陆游南郑诗作中的空间书写》，载《文学遗产》2014年第2期。

游诗歌转变的关键，不但许多论者对他在南郑的一段生活颇为关注，陆游自己在诗歌中也屡屡提及中年入蜀对于一生创作的重大意义。如《示子遹》诗云："我初学诗日，但欲工藻绘。中年始少悟，渐若窥宏大。"[①]

陆游早年是从江西诗人曾几学诗的。中年入幕从戎，一面接触雄奇壮丽的山水，一面身历时危世乱的实际生活，于是热烈的情感，忧愤的气概，发之于诗，从而形成他那种豪宕奔放的风格。他在六十八岁时写了《九月一日夜读诗稿有感走笔作歌》一诗，对自己早期、中期两个创作阶段所作的诗有一个总结性的回顾，并首次提出了"诗家三昧"的说法：

> 我昔学诗未有得，残余未免从人乞。力屏气馁心自知，妄取虚名有惭色。四十从戎驻南郑，酣宴军中夜连日。打球筑场一千步，阅马列厩三万四。华灯纵博声满楼，宝钗艳舞光照席。琵琶弦急冰雹乱，羯鼓手匀风雨疾。诗家三昧忽见前，屈贾在眼元历历。天机云锦用在我，剪裁妙处非刀尺。世间才杰固不乏，秋毫未合天地隔。放翁老死何足论，广陵散绝还堪惜！[②]

他说入蜀前自己虽有诗名，但自感尚未摆脱学步前人的窠臼。中年入蜀以后，才真正体会到"诗家三昧"。这首诗大肆渲染了"中年从戎驻南郑"的生活对于诗歌创作的划时代的作用。陆游在诗中特别强调是南郑军中火热的生活场景感染、启发了他，使他领悟到"诗家三昧"的妙处。于是，诗歌创作终于进入得心应手、圆融无碍、挥洒自如的境界。

"三昧"本为佛家语，是佛教的重要修行方法之一，认为通过刻苦修行可达到心神平静、一心专注的化境，从而体悟到真谛。陆游以禅喻诗，在诗歌创作上得"诗家三昧"，则意味着突破性的飞跃，达到物我融通的自由境界，即陆游所谓的"天机云锦用在我"，创作中如风行水上，纹理自成的自由状态，可以以

---

① 《剑南诗稿校注》卷七八，第4263页。
② 《剑南诗稿校注》卷二五，第1802页。

诗笔驱遣世间万物，进入到诗歌创作的自然天成的理想王国，这是一个杰出诗人真正迈向成熟的标志。

陆游把这一切归结为中年火热的军营生活激活了他的创作才思，使得才情勃发，兴会淋漓，让他体会到屈（原）、贾（谊）、李（白）、杜（甫）这样的大家成功的欣喜。其实，这与诗人长期以来刻苦学习、摸索积累，并且博采众长是分不开的。因为佛家要印证三昧必须要有一个刻苦修行的漫长过程，才能得正果。诗家也一样，要悟得"诗家三昧"当以长期的艺术实践摸索和广泛的学习为前提的。包括他对江西诗法之活法"规矩备具，而能出于规矩之外，变化不测，而亦不背于规矩"①的深入体会，对诗歌史上一切成名诗人的积极汲取，还有对生活的点滴积累，有了量的饱和，才会有质的飞跃，最终形成自己的独特风格。这是陆游诗歌成熟的关键时期。

陆游赴边虽只八个多月，却给陆游一生的创作提供了取之不尽的话题。川陕诗中所体现出来的坚定信念、乐观精神和为国效力的热情，足以让人刮目相看。陆游的蜀地幕府经历，不仅使诗艺大进，也为他提供了熟习军务、拓殖人脉的契机，对他后续仕进迁转有所助益。②

王炎被召，幕僚星散，大散关头的怅恨

乾道八年（1172）的秋天，位于宋金交界的边城——南郑备战气氛浓烈，抗金热潮洋溢。在四川宣抚使的辖区内，除了正规守边的十万骑兵外，还有一支由官方牵头组织的民间抗金武装"义士"队伍，以保证一方平安。在征西大幕中，还有一支由契丹、女真等归正北人组成的特殊部队"义胜军"，专门开展对金占领区的策动工作，以及时方便地掌握敌人内部的情况。当时，王炎手下还集中了一大批参谋人员组成的智囊团，军幕之中，文才武略应有尽有。

---

① 刘克庄《后村先生大全集》卷九五，四部丛刊本，第826页。
② 肖瑞峰、商宇琦《士人网络与文献生成：陆游入幕新论二题》，载《浙江社会科学》2022年第11期。

然而，形势却在不断地变化。当人们对恢复事业寄予更大期望的时候，朝廷对西北军幕的态度却发生了微妙的变化。后来形势的逆转，不仅陆游始料未及，连主帅王炎也万万没有想到，最后竟会是那样的结局。

同年七月，陆游因王炎之请，作《静镇堂记》。"静镇"之名，源于孝宗最近亲自下给四川宣抚使诏书中的"静镇坤维"一语。《易》坤卦方向是西南，"坤维"当时指的就是南宋西面的防线南郑前线。孝宗此时对待西北边事的总方针是"静镇"，意思就是防御，这与年前加封王炎为枢密使时的进取意图和举措，显然是保守了很多。但王炎似乎没有敏感地觉察到朝廷在边事问题上的微妙变化，还是出于战略上的考虑，继续为进取做准备。

王炎在川陕苦心经营将近四年，有很多重大建树，进取中原的实力越来越强，声望也越来越大，终于撑起了一个局面。殊不知功高震主，王炎的作为不但没有得到南宋朝廷的表彰，相反引起了朝廷对武将的种种猜疑和不安。两个月后，孝宗突然促诏王炎赴都堂治事，一去而不复返，代之以维持局面的虞允文为四川宣抚使。乾道九年（1173）正月，王炎罢枢密使，落职奉祠。

有学者认为王炎的罢归除了南宋朝廷一向不信任武将的通病以外，与朝廷宰辅大员之间没有和衷共济，准确地说，与得不到虞允文的支持有关。王、虞都是主战派，但他们之间的门户之争，使他们互不相能，最后以王炎的失败而告终。①

对于王、虞之间的关系，王炎是有顾虑的。王炎为此曾多次向孝宗提出过乞归的辞呈，请求回避，但孝宗还是用了他。可见最为直接的原因并不是主战派内部的隔阂，而是因为盘踞在朝中的投降势力给予孝宗的种种负面影响，使得孝宗举棋不定，疑虑重重，患得患失。

这些复杂的背景，陆游在幕中当然是不得而知。他所看到的王炎乃是一个深得器重信任、集军政大权于一身的重臣，及只要向朝廷请命，就可以纵横驰骋于疆场的军事统帅。所以，他一方面希望自己的建议被采用，另一方面乐意承担一些外勤工作，很想在军中表现武略方面的才干。他换上戎装，跨上战马，

---

① 据傅璇琮、孔凡礼《陆游与王炎的汉中交游》，载《杭州师范学院学报》1995年第5期。

驰骋在汉水两岸，奔波于秦岭南北，希望借此能直接实现上马击贼的理想：

中原久丧乱，志士泪横臆。切勿轻书生，上马能击贼。①

诗人曾于乾道八年秋天到阆中视察执行军务，途经青山铺写下这些话。诗下原有自注："宿青山铺作。"青山铺位于四川昭化至阆中的路上。

乾道八年（1172）九月九日，朝廷下达了王炎调回枢密院的文书。九月十二日，任命左丞相虞允文为四川宣抚使，陆游在九月间赴阆中公干出发时，显然还不知道此事的内幕。等外出的陆游在阆中听到这个消息时，已是后来的事，他感到很意外，连夜急急赶往汉中。他最关心的就是征西大幕的前途，其《归次汉中境上》已经表示了这方面忧虑：

云栈屏山阅月游，马蹄初喜蹋梁州。地连秦雍川原壮，水下荆扬日夜流。遗虏孱孱宁远略，孤臣耿耿独私忧。良时恐作他年恨，大散关头又一秋。②

大散关

"大散关头北望秦，自期谈笑扫胡尘"③，以南郑为本，经略中原的军事思想，是诗人在实地考察中形成的。在关键时候主帅被召，临阵易将，眼看反攻最有利的时机又将过去了，坐失良机，恐怕会成为他年的遗恨。陆游已经预感到事态的严峻。

十月下旬，等陆游回到宣抚

① 《太息》，《剑南诗稿校注》卷三，第247页。
② 《剑南诗稿校注》卷三，第255页。
③ 《追忆征西幕中旧事》，《剑南诗稿校注》卷四八，第2926页。

司，征西大幕人心动摇，正面临着星散的局面。王炎自汉中回临安不久，被人弹劾落职，提举临安洞霄宫；第二年起用知潭州，又被检举说他"欺君"，再次罢归；淳熙五年（1178），这位曾叱咤风云的人物，无声无息地谢世，既无挽词，也无祭文，年六十五岁。

随着王炎被召，幕僚随即散去，陆游改除成都府安抚司参议官。陆游从此将告别引以为荣的从军生涯。他是多么留恋曾经拥有的豪放生活！陆游自觉与塞上有缘，他喜欢紧张热烈而刺激的军旅生活，在南郑，陆游找到了张扬平生习气的最佳舞台。

陆游此次赴边虽只有八个多月，其间保存下来的作品仅五十余首，据陆游自己说，他还有山南诗百余首，在赴成都途中，舟过望云滩时落水而佚了。另外，还有三十首反映南郑生活的古律诗，陆游把它们辑为一集，称之为《东楼集》，乾道九年（1173）六月，陆游到成都一带任职时，还特意写了一篇序言，说：

> 余少读地志，至蜀汉巴僰，辄怅然有游历山川、揽观风俗之志。私窃自怪，以为异时或至其地以偿素心，未可知也。岁庚寅，始溯峡至巴中，闻竹枝之歌。后再岁，北游山南，凭高望鄠、万年诸山，思一醉曲江、渼陂之间，其势无繇，往往悲歌流涕。又一岁客成都、唐安，又东至于汉嘉，然后知昔者之感，盖非适然也。到汉嘉四十日，以檄得还成都，因索在笥，得古、律三十首，欲出则不敢，欲弃则不忍，乃叙藏之。[①]

由序可知《东楼集》的大致内容：诗人北游山南，遥望长安，希望有朝一日能进军长安，在曲江、渼陂之间举杯畅饮，由于种种原因而欲罢不能，于是发而为诗。这些诗，语涉西北边事，又因为王炎的关系，所以欲出不敢，欲弃不忍。最后，这些诗还是和百余首"山南诗"一样，绝大部分没有收录在诗人严州编定的《剑南诗稿》中。现在删剩保留在《剑南诗稿》中在南郑

---

① 《东楼集序》，《渭南文集笺校》卷一四，第701—702页。

期间创作的诗，大多是诗人的一些行踪记录和名胜感怀，正面描写从军事迹的诗很少。

虽然我们今天无法看到《东楼集》的原貌，但从陆游后来大量回忆从军生活的诗作，还是提供了南郑军旅生活的许多抹之不去的场景。川陕一带的雄奇景象，大散关的秋风铁马，以及西北前线艰苦火热的战斗生活，都给陆游从军生涯增添了无限风光。征西大幕的点滴生活已经成为触发诗人一生生命能量、从心所欲表现尚武意识的最佳诗料，更是他晚年最珍贵的人生记忆和取之不尽的创作素材。

第九章　细雨骑驴入剑门

欹帽垂鞭：诗酒颓放的参议官

乾道八年（1172），南郑的秋天显得十分阴冷。深秋之风吹落了枝头残存的衰叶，草木纷纷凋零，天地之间呈现一派萧条衰败的景象。十月底，陆游回宣抚司，昔日热闹的征西大幕，已是冷冷清清。新上任的宣抚使虞允文解散了王炎的幕府，大部分幕僚都已经离散。

"渭水岐山不出兵，却携琴剑锦官城。"[①]十一月，陆游挈妇将雏，也离开了汉中，取道三泉（今陕西宁强）、益昌（今四川广元境内）、昭化、剑门关、武连、绵州（今四川绵阳）、鹿头关（今四川德阳境内）、汉州（今四川德阳），岁暮时分，赴成都任。

此次由陕入川，陆游走的是当年唐玄宗避安史之乱、逃难入蜀的道路，即著名的蜀道。但最初由汉中到三泉入川的一段路，是与他当初由夔州入南郑走过的路是重合的。当他再一次途经昭化，面对熟悉的葭萌古驿时，写下了《清商怨·葭萌驿作》这首词：

> 江头日暮痛饮，乍雪晴犹凛。山驿凄凉，灯昏人独寝。　　鸳机新寄

---

① 《即事》，《剑南诗稿校注》卷三，第275页。

断锦，叹往事、不堪重省。梦破南楼，绿云堆一枕。[1]

葭萌驿

陆游在南郑期间，多次路过葭萌古驿。《诗稿》中也有纪行诗，唯独这首词写得凄况悲哀。日暮时分，积雪生寒，山驿凄凉，词人感到异常的孤独、寂寞，于是到江边痛饮大醉，想借酒驱寒，排遣心中的忧郁和惆怅。词人在此借男女遇合的"比兴"手法，抒发曾经轰轰烈烈的北伐计划终成画饼之叹的失意。将身世之感打并入艳情，使怨愤之情更加深婉，富有内涵。陆游此次由南郑赴成都，是携带北来不久的家眷同行的，因为心中郁闷，所以词中致力渲染"灯昏人独寝"的孤凉滋味，又用闺情抒写政治失意，借题发挥，表现抑郁的心情。

由葭萌驿向西，就是赴成都方向的蜀道。以前只是耳闻其险，如今是亲历其间，而且在这样的情形下，体会李白笔下《蜀道难》的意趣，倒是没有想到的。

秋冬时分，陆游一家冒着阴冷的细雨，泥行在赴剑阁的羊肠小道上。蜀道两旁绝壁危峰，峥嵘崔嵬。蜀道山高路险，气候变化较大。一会儿雨雪纷披，似乎陷入了雪拥蓝关的困境之中；一会儿晴日当空，暖意阵阵，似有大地春回的感觉。秋雨凄凄，行途迟迟，诗人过剑门关时，意兴萧索，写下了《剑门道中遇微雨》这首著名的小诗：

衣上征尘杂酒痕，远游无处不消魂。此身合是诗人未？细雨骑驴入

---

① 《放翁词编年笺注》（增订本），第46页。

剑门。①

陆游是带着深深的遗憾与不甘离开南郑前线的。诗人神情萧散，不拘形迹，衣上的征尘和酒痕，骑着毛驴，行进在崎岖的小道上。驴背上的行吟，正是落拓不羁的自嘲。

剑门关是蜀中著名的胜景，其地势李白有"一夫当关，万夫莫开"②之歌咏，杜甫有"剑门天下壮"③的赞叹，陆游也有"剑门天设险，北乡控函秦"④的感慨。蜀地山川险阻奇秀，有助于激发才思。唐宋以来，诗人竞相入蜀以此为诗艺大进的一种

剑门关

契机。陆游中年入蜀，眼界开阔，自感"诗家三昧忽见前"，南郑前线的军旅生活，使他诗风渐趋宏肆，为之一变。

然而陆游并不是一个以诗人自限的人，他志在恢复中原，效力军前，做一名冲锋在前的战士，这种理想眼看就要成为现实，却又顷刻化为乌有，驰骋沙场的英雄突然间变成了"细雨骑驴入剑门"的风雅诗人。梦想破灭了，一种壮士角色的错位，使诗人心情从高亢激越骤然跌落为低迷寂寞，驴背上诗酒行吟，表面上看起来自得其乐，豁达洒脱，其实隐含着一份惆怅遗憾和自嘲。"此身合是诗人未？"在自矜自负的同时，也不无"后世但作诗人看"的忧虑与怨愤。

他一路感叹，满腹牢骚，抒发坎壈之怀，发而为诗：

---

① 《剑南诗稿校注》卷三，第269页。

② 《李白全集编年笺注》卷二，中华书局2020年版，第137页。

③ 杜甫《剑门》，《杜诗详注》，第720页。

④ 《剑门关》，《剑南诗稿校注》卷三，第269页。

> 羁客垂垂老，凭高一怆神。①

> 宦情薄似秋蝉翼，乡思多于春茧丝。②

> 渭水岐山不出兵，却携琴剑锦官城。③

诗人有感于抱负落空，自嘲的背后实则隐含着一份惆怅。

行至剑门关之南，眼前豁然开阔，大道平如席。行至绵州道中，暮宿青村寺。行至涪水，登临越王楼，"上尽江边百尺楼，倚栏极目暮江秋"④，体验杜甫笔下《越王楼歌》的意趣。过罗江驿，诗人缅怀词人宋祁，"宋公出牧曾题壁，锦段虽残试剪裁"⑤。进入汉州后，过鹿头关庞公祠，缅怀三国谋士庞统，"士元死千载，凄恻过遗祠"⑥。汉州境内，西湖烟雨迷蒙，让人徘徊不已，经西汉神算严君平卜台，诗人十分感念这位隐逸高士，"先生久已蜕氛埃，道上犹传旧卜台"⑦，南行一路行吟作诗，乾道八年（1172）岁暮抵达成都。

陆游从气氛热烈的前线，退至花团锦簇的大后方成都，就好像一个鼓足勇气披锐执戈，正准备冲锋杀敌的战士，被迫从战场撤回；一场排演日久的剧目，刚刚拉开序幕，却被告知必须停止上演一样，心里很不是滋味；"上马击狂胡""执戈王前驱"的人生理想被击得粉碎，难免使人愕然、怅惘和遗憾！

初到成都不久，环境改变了，心里还一时无法适应，作《汉宫春·初自南郑来成都作》：

> 羽箭雕弓，忆呼鹰古垒，截虎平川。吹笳暮归野帐，雪压青毡。淋漓

---

① 《剑门关》，《剑南诗稿校注》卷三，第269页。
② 《宿武连县驿》，《剑南诗稿校注》卷三，第272页。
③ 《即事》，《剑南诗稿校注》卷三，第275页。
④ 《越王楼二首》其一，《剑南诗稿校注》卷三，第277页。
⑤ 《罗江驿翠望亭读宋景文公诗》，《剑南诗稿校注》卷三，第281页。
⑥ 《鹿头关过庞士元庙》，《剑南诗稿校注》卷三，第282页。
⑦ 《严君平卜台》，《剑南诗稿校注》卷三，第284页。

醉墨，看龙蛇、飞落蛮笺。人误许，诗情将略，一时才气超然。 何事又作南来，看重阳药市，元夕灯山。花时万人乐处，欹帽垂鞭。闻歌感旧，尚时时、流涕尊前。君记取，封侯事在，功名不信由天。①

词上下两阕构成今昔对比，画面泾渭分明。

上阕是对南郑军旅生活充满深情的回忆。词人在南郑的时间尽管短暂，但有许多事却是终生难忘的，有的竟成为他一生回味不尽的诗料。词只是截取了三个典型的生活片段：一是呼鹰截虎，生动再现自己在军幕时，弯弓射雕呼鹰刺虎的壮举，亦可视作气吞狂虏的一种精神象征，是力量和勇气的自我检阅；二是行军露宿，军中生活是豪放壮快的，同时也是艰苦刺激的，艰苦的环境可以衬托词人坚定无畏的许国之心，也最能磨砺人的意志，劳其筋骨方见英雄本色；三是淋漓醉墨，一个才气横溢、诗意纵横的诗人如在面前！三幅画面尽显彼时"诗情将略"精神抖擞、意气风发的自我形象。

下阕渲染繁华的成都生活，反衬一个格格不入，对酒闻歌黯然伤神的局外人形象。重阳热闹的药市，元宵绚烂的灯火，万人簇拥的花市，都没能使词人舒心惬怀。相反，词人身置其间"欹帽垂鞭"，一副颓唐落拓的样子。词人心里只有一个念头，就是像当年胸怀大志的班超一样，趁有生之年奔赴边塞，驰骋疆场，在马背上获得功名。大丈夫不屈服命运的安排，不信功名由天定，这就是陆游的个性！

陆游有大量的作品都表明他怀抱的人生志向是尚武从军，敢为国殇。他的夙志是从军习武，直接为恢复大业摇旗呐喊，冲锋陷阵。他在未入蜀时，就投诗参政梁克家，希望奋其所长；在南郑王炎幕中，他终于找到了实践抱负的人生感觉。戎装英姿，腾身刺虎，随军夜宿露营，倚马起草兵书。这一切都使他感到从未有过的兴奋和刺激，个性得到前所未有的张扬。而生活偏要悖反，硬生生地让他离开南郑军幕，来到歌舞升平、繁华锦簇的锦官城，做一名无所事事的闲散小官，他怎能不"时时流涕尊前"？

---

① 《放翁词编年笺注》（增订本），第48页。

参议官在成都安抚使衙门中是个可有可无的闲职，平时没有什么实务可做。陆游为了排遣内心的郁闷，只好赏花品茗，在闲暇中打发光阴。这个时期他有很多寻梅咏梅诗，抒发人生感喟：

> 冷淡合教闲处著，清臞难遣俗人看。相逢剩作樽前恨，索笑情怀老渐阑。[1]

> 嗟余相与颇同调，身客剑南家在剡。凄凉万里归无日，萧飒二毛衰有渐。[2]

陆游在成都欣赏到了他最钟情的两种花，一为梅花，一为海棠。梅花是他故乡绍兴所盛产，如今在四川见到，则大有他乡逢故人的亲切之感。海棠则是蜀中名花。故蜀的燕王宫为成都海棠第一，它令诗人如痴如醉，并开始与之结下不解之缘。

成都的春天，繁花盛丽，歌舞处处，撩人诗情。陆游是一个不甘寂寞的人，既然"冷官无一事，日日得闲游"[3]，那么，他借此走访了不少名胜古迹，还常常流连于歌楼酒肆，一度沉醉在美酒佳酿、红巾翠袖之间，企图以此摆脱精神苦闷，寻求一时的慰藉。

转蓬宦游：调摄蜀州、嘉州、荣州

自乾道九年（1173）春天起，陆游开始了频繁调遣的宦游生活。先是被命权蜀州（即唐安，今四川崇州）通判，同年五月，临时改调摄知嘉州（今四川乐山）。"摄"是代理的意思，就是暂时代缺，处理知州的事务。淳熙元年（1174）三月，离开嘉州，返蜀州通判任。九月，返回成都小住，马上又摄知荣

---

[1] 《梅花》，《剑南诗稿校注》卷三，第284页。
[2] 《西郊寻梅》，《剑南诗稿校注》卷三，第292页。
[3] 《登塔》，《剑南诗稿校注》卷三，第289页。

州（今四川荣县）。上任未几，就接到四川制置使的公文，任命他为参议官，要他马上赶回成都。陆游于淳熙二年（1175）正月辞别荣州，赶回成都。短短的两年间，来回调遣，疲于奔波，像无根的浮萍随处栖泊。

蜀州故治距成都不到百里，是一个景色优美、生活富庶的地方。可惜陆游待的时间很短，他来不及欣赏唐安的"三千官柳"和"四千琵琶"①，细细品味东湖罨画池的韵味，就到嘉州走马上任去了。

嘉州在成都的南面，离成都远

嘉州凌云大佛（乐山大佛）

一点，不过，嘉州的景物比蜀州更新奇，嘉州境内岷江、青衣江和大渡河三江交汇，官署位于大渡河与岷江的交汇处，这里有凿山而成的凌云大佛。

陆游赋《登荔枝楼》诗，抒发对唐代两位著名诗人的感怀：

> 平羌江水接天流，凉入帘栊已似秋。唤作主人元是客，知非吾土强登楼。闲凭曲槛常忘去，欲下危梯更小留。公事无多厨酿美，此身不负负嘉州。②

唐代李白的《峨眉山月歌》"峨眉山月半轮秋，影入平羌江水流"③，给陆游留下了深刻的印象。平羌江是岷江经过青神县至嘉州的这段江水，平羌江又有"平乡江""青衣江"之别名，在诗歌中常被吟咏，在平羌江上看峨眉山为最

---

① 《雨夜怀唐安》自注，《剑南诗稿校注》卷四，第326页。

② 《剑南诗稿校注》卷三，第309页。

③ 《李白全集编年笺注》卷八，中华书局2020年版，第441页。

佳视角，舟行在清澈平静的平羌江上，遥望峨眉山色，山水澄明。陆游在嘉州做官期间，曾多次往返于平羌江上，频频化用李白"平羌江""峨眉山月"诗意，吟道"峨眉月入平羌水""平羌江上半轮秋""平羌空忆吟江月""平羌半轮秋依旧""平羌江上月向人"等，真不愧为"小李白"，在平羌江上，与诗仙声气相和，灵犀相通。

唐代著名的边塞诗人岑参曾经做过嘉州刺史，后人称之为岑嘉州。陆游在嘉州期间的生活是和诗人岑参的影响密切相关的，陆游年轻时就绝好岑嘉州诗，这次能到嘉州任职，心里当然特别亲切。在摄知期间，陆游绘岑参的画像于斋壁，又广取博搜岑参传世的作品刻为集并题诗吟咏，"诵公天山篇，流涕思一遇"①。

陆游在嘉州任上的心情是复杂的。他既以能在"嘉州山水邦，岑公昔所寓"之地任职为荣，又以"公事无多"无所作为，壮志未酬，感到深深的遗憾。所以在公事之暇，常登荔枝楼，置家藏前辈笔札于楼下，并频频行吟其上，写有《荔枝楼小酌》《登荔枝楼》《再登荔枝楼》等诗作，览景抒怀。陆游的登楼诗多感喟议论，兴感剀切，旨在表达功业无望壮志未酬的苦闷，以我观景，故写景抒怀多主观激愤之辞，带着强烈的感情色彩。"此身不负负嘉州"是这个时期登楼诗的主旨所在，表述的是一个入世者的政治苦闷。"负嘉州"是指辜负心中由于敬慕岑参（嘉州）而产生的一番自我期望。

作为一个地方官，陆游无疑是称职的。《乐山县志》卷八《官师》记录了陆游乾道中"尝监郡嘉州，流风善政，至今颂之"②的政绩。他发动民工修筑吕公堤，在岷江上架设浮桥，在短暂的任期内，做了一些力所能及有益民生的事。但诗人对自己并不满意，他一直期望着自己能做出像岑参那样轰轰烈烈的事业来，故深致遗憾。诗人登楼"闲凭曲槛常忘去，欲下危梯更小留"的情愫并非单纯的乡愁离思，而是"负嘉州"的隐痛。从这些登楼诗中，不难窥见爱国诗人深广的内心世界和执着的人生追求。

---

① 《夜读岑嘉州诗集》，《剑南诗稿校注》卷四。第332页。
② 唐受潘修、黄熔纂《乐山县志》卷八，民国二十三年铅印本，第774页。

在嘉州官廨思政堂前，有许多废弃的奇石，陆游把它们收集起来叠了一座假山，命山前西斋为"小山堂"。他很怜惜这些散弃的奇石，说"石不能言意可解"[1]，把它们收集起来欣赏、把玩，可又有谁了解陆游因壮志难酬而产生的失落和寂寞呢？

乾道九年（1173）的八月，他在嘉州参加了秋操阅武。戎装在身，抖擞精神，陆游仿佛又找到了在南郑军幕的感觉：

陌上弓刀拥寓公，水边旌旆卷秋风。书生又试戎衣窄，山郡新添画角雄。早事枢庭虚画策，晚游幕府愧无功。草间鼠辈何劳碛，要挽天河洗洛嵩。[2]

陆游虽有"挽天河洗洛嵩"的雄心壮志，但他只是一介书生，一位临时顶职的"寓公"而已，纵有"报国欲死"的一腔热血，但妥协主和的大环境，使他最终没能实现人生理想。不得已，他才把收复洛嵩失土的热望托付给梦境。在嘉州期间，他受岑参边塞诗的激发，内心从戎的意识，一次次重起波澜，由此写下不少神采飞扬的记梦诗。如《九月十六日夜梦驻军河外遣使招降诸城觉而有作》：

杀气昏昏横塞上，东并黄河开玉帐。昼飞羽檄下列城，夜脱貂裘抚降将。将军枥上汗血马，猛士腰间虎文鞯。阶前白刃明如霜，门外长戟森相向。朔风卷地吹急雪，转盼玉花深一丈。谁言铁衣冷彻骨，感义怀恩如挟纩。腥臊窟穴一洗空，太行北岳元无恙。更呼斗酒作长歌，要遣天山健儿唱。[3]

---

① 《嘉阳官舍奇石甚富，散弃无领略者，予始取作假山，因名西斋曰小山堂，为赋短歌》，《剑南诗稿校注》卷三，第306页。
② 《八月二十二日嘉州大阅》，《剑南诗稿校注》卷四，第339页。
③ 《剑南诗稿校注》卷四，第344页。

还有一首《夜游宫·记梦寄师伯浑》词：

> 雪晓清笳乱起，梦游处、不知何地。铁骑无声望似水。想关河，雁门西，青海际。　　睡觉寒灯里，漏声断、月斜窗纸。自许封侯在万里。有谁知，鬓虽残，心未死。①

一诗一词两篇梦中从戎的浪漫之作，可以说是对岑参所处盛唐时代精神的一种积极感召。陆游从小熟读兵书，心目中自然有着理想的将士形象。诗中描写"驻军河外"招抚降将的场面不多，更多的笔墨是描述我军将士精神风采。"汗血马""虎文帐"当然是衬托帅猛士英武神威形象的道具，还有"阶前""门外"森然林立的兵刃剑戟，更能显示出将士威风凛凛、英气逼人的气势。诗人梦中的王师之所以能在昼夜之间，所向披靡，战无不胜，无非帅贤兵勇，上下齐心，这就是诗人理想中的王师，虽则是梦，却也寄托着他对南宋军队深切的期望。

陆游希望北定中原，克复失土，梦的指向，也就是作者心意指向。梦中展示的战场是那么明确，我们可以体会到诗人置身其间的激情，和沙场铁骑浑然一体的诗人该是多么慷怀感奋！

梦里不知身是客，一晌贪欢，一伸怀抱，这本身是十分可悲的，所以尽管梦中的境界开阔，气势非凡，但梦的欢乐与畅怀总无法抹去醒后涌上心头的苦涩和辛酸！不久，他收到了礼部尚书韩无咎使金回来写的一首词《好事近·汴京赐宴》，词中言及沦陷区和女真金国风俗同化的现状，令人感慨：

> 凝碧旧池头，一听管弦凄切。多少梨园声在，总不堪华发。　　杏花无处避春愁，也傍野烟发。惟有御沟声断，似知人呜咽。②

---

① 《夜游宫·记梦寄师伯浑》，《放翁词编年笺注》（增订本），第80页。
② 周密辑《绝妙好词笺》卷一，上海古籍出版社1984年版，第20页。

词有"汴京赐宴"题注，陆游读后感到非常痛心。大宋中原的国土，如今"汉使作客胡作主，舞女不记宣和妆，庐儿尽能女真语"①，这就是令人沮丧的现实。

同年九月，陆游接到还判蜀州的书报，次年即淳熙元年（1174）三月，离开嘉州返回蜀州。

蜀州罨画池陆游祠

陆游在淳熙元年的一年间，频繁转任嘉州、蜀州、成都、荣州等四地，人如飘蓬，徒为闲职，一事无成。为此，内心非常苦闷。仅这一年内，以酒为题的抒怀诗就有十几首，其他连类而及的饮酒诗不下数十首。自言"百年自笑足悲欢，万事聊须付酣畅。有时堆阜起峥嵘，大呼索酒浇使平"②。下面的这首《江上对酒歌》就是秋天在成都多福院寓居时写的，酒中饱含着诗人忧时报国的热忱：

> 把酒不能饮，苦泪滴酒觞。醉酒蜀江中，和泪下荆扬。楼橹压溢口，山川蟠武昌。石头与钟阜，南望郁苍苍。戈船破浪飞，铁骑射日光。胡来即送死，讵能犯金汤。汴洛我旧都，燕赵我旧疆。请书一尺檄，为国平胡羌。③

诗一开始写得非常感伤，短短二十字中，"酒"凡三现，"泪"洒二次。而且这个"泪"是"苦涩"之泪，滴落在酒杯里，眼泪和杯酒一起融入滚滚的江水之中，东流荆扬。诗人由饮酒而起兴，情动而神伤。诗人联想到荆扬一带的

---

① 《得韩无咎书寄虏时宴东都驿中所作小阕》，《剑南诗稿校注》卷四，第371页。

② 《饮酒》，《剑南诗稿校注》卷五，第424页。

③ 《江上对酒作》，《剑南诗稿校注》卷六，第475页。

山川形势，列举长江沿岸军事重镇武昌、九江、南京等地的有利的军事条件：九江口水师战船镇守，武昌一带山川相缪，地势险要，金陵城更是虎踞龙盘，郁郁苍苍。既有江山地利，为什么不一试锋芒？打败来犯的金人，直至克复中原？诗人一想到此，顿时心潮澎湃，斗志昂扬，准备草檄一篇，为国平定河山，收回失去的"旧都"和"旧疆"。诗人由江上饮酒起兴，动情处泪滴酒杯，联想到东南形胜，仿佛看到了我军平戎的实力，于是肝肠俱热，酒和泪都化作一腔忠愤之情、报国之志，是酒激发了诗人"壮心未肯成低摧"①的豪情。

淳熙元宝

淳熙元年（1174），陆游借住在多福院的僧舍期间，过着"归来炷香卧，窗底看微云"②的虚静生活。多福院僧舍环境清幽，借住僧舍读书，对一般人来说，也未尝不是一件雅事。陆游年轻时就常在禹迹寺、云门寺等处借读，问题是此时的陆游已是另一番心境。诗人在亲历了南郑军幕跨鞍刺虎的壮快生活后，又不得不从前线调回成都，旋又辗转于蜀州、嘉州之间，有奔波之苦，无尺寸

之功，兜了一个大圈子，两年后，又回到成都。这时，多福院僧舍的晨钟暮鼓再也无法平静陆游焦躁不安的心。他壮快过，所以不想在默默无闻中度过一生，更不甘平庸无为，在无所事事中打发光阴。他很想回到南郑的日子，干一番轰轰烈烈的事业，但又无从下手，因此感到失意、郁闷、不堪忍受。他一直在平淡的生活中寻找宣泄的机会，于是饮酒便成了唯一的突破口，借狂饮痛醉，一伸心中郁塞不平之气。

陆游这个时期淋漓酣畅富有个性的作品很多，如《长歌行》就是一曲借酒发泄人生苦闷的悲歌。诗中有痛苦牢骚，但不消沉，有愤怒狂放而不失豪壮，是陆游歌行体诗中写得最有气势的作品之一：

---

① 《池上醉歌》，《剑南诗稿校注》卷四，第394页。

② 《雨中出谒归昼卧》，《剑南诗稿校注》卷五，第467页。

人生不作安期生，醉入东海骑长鲸。犹当出作李西平，手枭逆贼清旧京。金印煌煌未入手，白发种种来无情。成都古寺卧秋晚，落日偏傍僧窗明。岂其马上破贼手，哦诗长作寒螀鸣？兴来买尽市桥酒，大车磊落堆长瓶。哀丝豪竹助剧饮，如巨野受黄河倾。平时一滴不入口，意气顿使千人惊。国仇未报壮士老，匣中宝剑夜有声。何当凯还宴将士，三更雪压飞狐城。①

陆游非常坦率地宣称了他的人生理想和自我期望，他认为人生既然不能像安期生那样飘然出世，就得像李西平那样有所建树。这两种人生价值的生活目标虽相去甚远，截然不同，但都称得上轰轰烈烈。诗人在此是以入世者的积极姿态出现的，但他并无意否定安期生式的人生境界。这两种生存方式，都是他所艳羡的，但现实中的陆游既不能得道成仙，也不见用于世，什么都不是，什么也没有。年过半百，白发丛生，徒然蜗居在锦官城的一个古寺僧窗下，面对人生之秋，只能像寒蝉一样作痛苦的悲鸣。一个曾经气吞长虹，又在南郑前线跃马搏虎，有过一番壮举的志士，竟落到这种地步，无怪异常憋气难堪！诗人压抑的情感，不得不以酒浇愁，让极度痛苦来一次痛快淋漓的大爆发。他买尽市桥酒，一醉方休，喝干的酒瓶堆满了一大车。诗人写醉，可谓极尽其豪，如黄河倾入巨野湖等，出手出口大气，伴以夸张的笔墨，取象雄肆奇兀，以求与自己的情志相谐。此种豪举，引世人侧目，千人震惊，这就是诗人的个性。诗人买醉，不是颓废，而是想借醉排遣胸中的苦闷，借酒振作意气，重树杀敌立功的雄心。

这首七言歌行充分发挥了歌行体诗的特点，大开大合，取象豪迈，气势纵横。后人推为陆游集中的压卷之作，当不为过言。梁启超说陆游"辜负胸中十万兵，百无聊赖以诗鸣"，在落日虚静的僧窗前，写出这么一篇慷慨激昂的醉歌，本身就是一个让人拍案惊起的奇迹。

---

① 《剑南诗稿校注》卷五，第467页。

青城山

淳熙元年的冬天，陆游奉命到荣州（荣县）摄理州事。荣州在成都的南面，嘉州的东面。从成都到荣州，本来应该南行，但陆游赴任前特别绕道著名道教胜地青城山，游了丈人观、上清宫、延庆宫、长生观等。

青城山环境清幽，多的是道观。陆游自南郑南来成都时，曾经去过青城山，拜访过最有名的道观丈人观，结识了观中老道上官道人。以后又数次重游青城山，与上官道人交往，与道教的思想十分亲近，一度产生了出世羡仙的幻想。毋庸讳言，在陆游的心灵深处，其实一直潜伏着道教思想，他在失意的时候，总是不时地冒出学道游仙的念头。

陆游到达荣州任，已是岁末，他在荣州子城上筑室，称之为高斋。他高高兴兴地把家眷从蜀州接来，十一月，他的第六个儿子子布降生了。

到荣州后，陆游给远在山阴的堂兄陆升之（仲高）写了一首《渔家傲》词：

> 东望山阴何处是，往来一万三千里。写得家书空满纸。流清泪，书回已是明年事。　寄语红桥桥下水，扁舟何日寻兄弟？行遍天涯真老矣。愁无寐，鬓丝几缕茶烟里。[1]

年轻时，这位堂兄曾和陆游一起赴临安参加科场考试，飞扬翰墨。步入仕途后，因政见不同曾一度出现分歧，后来饱尝仕途坎坷后尽释前嫌，兄弟之情便弥足珍视了。陆游入蜀后，彼此之间也有诗书来往。乾道八年（1172）秋，诗人在阆州曾收到来自"山阴万里书"，词人是多么怀念与仲高在故乡游赏聚首的日子！然而，关山阻隔，一封普通的家书要在路上走一年半载。陆游寄书墨

---

[1] 《渔家傲·寄仲高》，《放翁词编年笺注》（增订本），第73页。

迹未干，辗转得到了堂兄仲高去世的消息，非常悲痛，说"去国万里游，发书三日哭"①。

陆游满以为会在荣州可以暂时安顿下来，可是就在这一年的除夕，他又接到四川制置使的命令，任朝奉郎、成都府安抚司参议官兼四川制置使司参议官，辟放翁入幕者，应为都大提举茶马兼权制置司公事赵彦博。范成大到任前的半年多时间，赵彦博一直兼摄四川制置司公事②。这次陆游官阶虽然升了，可是依然是没有实务的参议官职位，此次赶赴成都，陆游感到有些失望。

入幕成都，壮志成虚，自号"放翁"

陆游入蜀后，先入四川宣抚司幕，现又入幕成都，前后身份相差无几，但心情是大不一样的。

成都是南宋西北经济文化的重镇，气候温和，物产丰富，公私殷实，民风崇尚享乐奢靡。晚唐五代以来蜀中因特殊的地理环境，没有遭到战乱，市井日益繁华，酒边歌词流行，歌楼妓院林立，灯红酒绿，是个偏安享乐的地方。成都离西北前线较远，与南郑中间隔着"一夫当关，万夫莫开"的蜀道剑门，远离了西北边陲的金戈铁马、烽火狼烟，是名副其实的大后方。历史上数次中原大乱，而蜀中往往波澜不惊。

淳熙二年（1175）正月十日，陆游别荣州赴成都任，官舍在花行。同年六月，范成大以四川制置使的身份来到成都任西北地方军政最高长官。范成大是陆游多年的宦友兼诗友。隆兴初，陆游就和范成大一起在圣政所共事，陆游入蜀途经镇江时，范成大在金山玉鉴堂与陆游饯别。一晃五年过去了，老朋友在异地相逢，自然十分亲热。范成大本来就是个儒雅的诗人，现在成了陆游的上司，公事之余正可以一起诗酒酬唱。

范成大的到来，使陆游再度燃起了恢复的希望。范成大曾以资政殿大学士、

---

① 《闻仲高兄讣》，《剑南诗稿校注》卷六，第512页。
② 商宇琦《陆游入幕行实考辨》，载《中国典籍与文化》2022年第1期。

起居郎的身份奉命出使金国，慷慨有节，不辱使命而归，还写了《揽辔录》和许多反映沦陷区人民生活的诗，是一个有节操有责任感的朝廷要员，和陆游的关系一直很不错。此次范成大帅蜀，陆游自然喜出望外，他寄希望于范成大，以实现自己的恢复理想，因此，屡屡以进取之意鼓动范成大开边，以雪国耻，以振军威。但范成大一再表示"开边吾岂敢，自治有余巧"①。

范成大不是一个开拓型的长官，却是一个守成的循吏。他在四川制置使任内遵循的是全力守边的方略，这个方略其实就是南宋最高统治集团对西北边事的既定政策。以前王炎因为没有领会朝廷的意图而最终覆辙，范成大之无意恢复未必出于他的本意，但他却在不折不扣地执行朝廷的意图，以防御为主，修筑堡寨，严兵把守，防止周边少数民族的骚扰。上任数月之间，边境确实安静了不少。摄于范成大的声望，金人也不敢轻举妄动，彼此倒也相安无事。边关安然，范成大才得以与幕僚们置酒高会，吟唱赋诗。

然而，一心寄厚望于恢复的陆游却深深地失望了。他在呈范成大的《双头莲·呈范致能待制》词中写道：

> 华鬓星星，惊壮志成虚，此身如寄。萧条病骥，向暗里，消尽当年豪气。梦断故国山川，隔重重烟水。身万里，旧社凋零，青门俊游谁记？
> 尽道锦里繁华，叹官闲昼永，柴荆添睡。清愁自醉，念此际，付与何人心事？纵有楚舵吴樯，知何时东逝？空怅望，鲙美菰香，秋风又起。②

陆游在制置使的幕府中受到很多礼遇、特许与包容，范成大始终以朋友的身份平等相待，把他看作"文字之交"，频频邀请他喝酒、赏花、宴饮、游赏。但陆游满腹都是流年易逝、壮志成虚的苦闷。

陆游在成都时曾写过《天彭牡丹谱》，描述了彭州牡丹的盛况。蜀地有钱的大户人家养花多达千株，每当花开时节，连日夜宴西楼，烛焰与名花交相辉映，

① 《九月十九日衙散回谒大将及僚属饮清心堂观晚菊分韵得噪字》，《石湖居士诗集》卷一七，《全宋诗》第25904页。
② 《双头莲·呈范至能待制》，《放翁词编年笺注》（增订本），第76页。

影摇酒中，花满名园，繁丽动人。范成大就是一个酷爱牡丹花的人，他不惜重金，从当地花户中购得带露牡丹数百株，星夜飞送成都，大摆宴席，也邀请诗人品花饮酒。可豪放不羁的陆游，本不愿意在日复一日的诗酒唱和中打发光阴。他感觉到范成大虽然对自己很友好，但其实并不了解自己。陆游在成都任上虚有其职，无所事事。抗金梦想的破灭和抱负的无法实现，索性借酒浇愁，放浪形骸起来。

成都的海棠富艳繁丽，是诗人入蜀前无法想象的，他爱成都的海棠花，到了痴迷的程度，其《成都行》云：

> 倚锦瑟，击玉壶，吴中狂士游成都。成都海棠十万株，繁华盛丽天下无。青丝金络白雪驹，日斜驰遣迎名姝。燕脂褪尽见玉肤，绿鬟半脱娇不梳。吴绫便面对客书，斜行小草密复疏。墨君秀润瘦不枯，风枝雨叶笔笔殊。月浸罗袜清夜徂，满身花影醉索扶。东来此欢堕空虚，坐悲新霜点鬈须。易求合浦千斛珠，难觅锦江双鲤鱼。[①]

他在南充樊亭初见海棠时，就惊奇于平生未睹的绝代芳姿，现在到成都，看到成都海棠十万株，繁华盛丽甲天下，更是欣喜欲狂，自称也像恋花的蜂蝶一样"狂走迷西东"。他遍游成都南陌东阡，诸家名园，自称"为爱名花抵死狂"[②]，他还乐陶陶地接受了"海棠颠"的雅号。

陆游在成都期间，一方面报国之志甚为炽热，另一方面有感于北伐无望，内心苦闷，不免寄情于诗酒名花，借以排遣内心深处的寂寞不满。他不拘小节，不拘礼法，遂成为投降派横加指责的口实。他们深文周纳，以"恃酒颓放"罪弹劾陆游。

淳熙三年（1176），陆游被罢免官职。诗人很不服气，宣称"嗜酒狂无敌"，索性自号"放翁"，以此表示其对言官弹劾攻击的抗议和蔑视。

---

① 《剑南诗稿校注》卷三，第345页。
② 《花时遍游诸家园》，《剑南诗稿校注》卷六，第538页。

诗人落职之后，移居成都城西南的浣花村，一病就是二十多天。他写下了一首七律表明自己的心曲：

> 病骨支离纱帽宽，孤臣万里客江干。位卑未敢忘忧国，事定犹须待阖棺。天地神灵扶庙社，京华父老望和銮。出师一表通今古，夜半挑灯更细看。①

无论从哪个角度看，陆游和当年的诸葛亮所处的外部环境都截然不同。诸葛亮位极人臣，德高望重，身怀三顾之恩，肩负刘备托孤之重，处于这样特殊的位置，从主观或客观方面都义无反顾、别无选择，必须承担起北伐曹魏统一中原的大任。他的《出师表》可以说是情理所必然。陆游则不同，尽管他也怀抱着为国献身的强烈愿望，却并不为统治集团所顾念。在大半辈子经历的仕途生涯中，职低位卑，还一再遭到投降势力的排斥和打击。如今又被弹劾革职，孤独地客居江边。然而，当诗人在精神和肉体受到双重挫伤时，仍丢不开国事，心里想的是北方父老南望王师的情形，半夜难眠挑灯细看的是充满献身之念的《出师表》，这种境界，古往今来有几人能达到？诸葛亮一生的事业和鞠躬尽瘁、死而后已的精神，使诗人肝胆俱热。他在灯下一遍遍地摩挲细看，心潮涌动，位卑未敢忘忧国，这才是生活中真正的陆游！

诗人因以诗鼓吹恢复，抒发忠愤之气，多为偏安者所不容。投闲置散，亦属必然之事，根本无足怪异。令人诧异的是，诗人居然能在这样窘迫尴尬的处境中，不知自忧，反以《出师表》自期自许，心里依然担负着国家兴亡的伟大责任，不在其位亦谋其责，并知其不可而为之！仅这一精神品质，也堪称"亘古男儿"了。

落职以后，陆游与范成大仍保持着文字之交。作为客人，他也时常得到范成大的邀请，宾主经常在一起唱和，作品传诵一时，诗名很盛。淳熙三年（1176）六月，陆游得报，奉祠主管台州崇道观，挂名领取食禄。

---

① 《病起书怀》，《剑南诗稿校注》卷七，第578页。

淳熙四年（1177）五月，范
成大奉旨召对，东归临安，陆游
前去送行，从成都东门上船，沿
岷江南行，一直送到眉州（今四
川眉山）中岩，方才和范成大挥
泪而别。临别赠诗，陆游向范成
大一吐多年郁积在心头的苦闷：
"平生嗜酒不为味，聊欲醉中遗
万事。清醒客散独凄然，枕上屡
挥忧国泪。"①

眉山中岩

范成大东归后，陆游的情绪比较低落。他得闲便出游，八月游邛州（今四
川邛崃），登邛州谯门、白鹤山，观赏西岩翠屏阁、幽居院、中溪寺、天台院、
松风亭诸胜。九月到汉州（今四川广汉）小猎，到广都（今双流区东南），与曾
经在南郑军幕共事过的好友张缜诗酒酬赠。他的嗜酒与忧愤是连在一起的。人
前豪饮，枕上暗泣，这特殊的时代和特殊的境遇，造成了诗人特殊的性格和行
为。尽管他外表上旷达颓放，饮酒寻乐，内心却常常充满了忧患、愤慨和悲哀。
他还常到青城山与方外道士交游。

这年春天，诗人寓居成都，用乐府旧题一口气写了《关山月》《出塞曲》
《战城南》三首诗，一边申诉忧国伤时的愤慨，一边高唱理想主义的赞歌：

和戎诏下十五年，将军不战空临边。朱门沉沉按歌舞，厩马肥死弓断
弦。戍楼刁斗催落月，三十从军今白发。笛里谁知壮士心，沙头空照征人
骨。中原干戈古亦闻，岂有逆胡传子孙。遗民忍死望恢复，几处今宵垂
泪痕。②

---

① 《送范舍人还朝》，《剑南诗稿校注》卷八，第651页。
② 《关山月》，《剑南诗稿校注》卷八，第623页。

佩刀一刺山为开，壮士大呼城为摧。三军甲马不知数，但见动地银山来。长戈逐虎祁连北，马前曳来血丹臆。却回射雁鸭绿江，箭飞雁起连云黑。清泉茂草下程时，野帐牛酒争淋漓。不学京都贵公子，唾壶尘尾事儿嬉。①

王师出城南，尘头暗城北。五军战马如错绣，出入变化不可测。逆胡欺天负中国，虎狼虽猛那胜德？马前喑咿争乞降，满地纵横投剑戟。将军驻坡拥黄旗，遣骑传令勿自疑。诏书许汝以不死，股栗何为汗如洗！②

以上的乐府三部曲中，《关山月》多根植于现实生活，陆游用月下三个场景，反映隆兴和议以来南宋不战苟安造成文恬武嬉的事实。《出塞曲》与《战城南》的内容则与现实相距甚远，纯写意想中出塞杀敌复仇得胜的场面，是奏响在诗人幻觉之中的胜利凯歌。陆游一生主战，曾力说张浚用兵，支持王炎北伐，希望范成大着意恢复，但均以失败而告终。他从前线撤回，流落到花团锦簇的成都，心里不无愤愤。他需要宣泄，于是借乐府旧题，再写征伐恢复事。不写则已，一写必胜，一吐长期以来郁结于胸中的逼仄之气，在寂寞中，奏响了英雄主义的赞歌。

淳熙四年（1177）十月，陆游接到了都下八月书报，将移牧叙州（今四川宜宾），成期尚在明年冬。接到任命书后，陆游心情很矛盾，一方面由于久居在外，思乡之心甚切，叹息得官后"故里归期愈渺然"③，另一方面对剑南确实有一种割舍不断的感情，要辞官回乡会陷于两难的困惑之中。于是，他又想到他的道家的天地里寻求避风港，"学道逍遥心太平，幽窗鼻息撼床声"④，决心修道屏除烦恼，取《黄庭经》之语，把寓室改称"心太平庵"，说"万事任从皮外

① 《出塞曲》，《剑南诗稿校注》卷八，第624页。

② 《战城南》，《剑南诗稿校注》卷八，第625页。

③ 《得都下八月书报蒙恩牧叙州》，《剑南诗稿校注》卷九，第716页。

④ 《晚起》，《剑南诗稿校注》卷九，第718页。

去，百年聊作梦中观"①，希望自己能忘却世情得失。

但陆游岂是能忘怀世事之人！就在这一年的十一月，他写《感兴》诗二首，回顾了"少小遇丧乱，妄意忧元元"的坎坷历程，连做梦都在念着"报国计安出？灭胡心未休"②。对陆游来说，要安生并不是件容易的事。

事态的发展却出乎陆游意料，第二年（1178）正月，孝宗皇帝"念其久外，趣召东下"③，陆游终于有理由奉召东归了。

神采飞扬的蜀中诗

陆游去川陕至东归首尾历时九年，这九年是他生命和创作中的重要时期。陆游蜀中创作的一个鲜明特征就是强烈的尚武精神，这种精神在蜀中创作的每个阶段，所表现的内容和表达方式又是各不相同的。

在南郑前线是以抒发从军之乐直接表现尚武精神的，他在诗中屡屡表现出对军中生活的一种缘乎天性的亲和。如《山南行》《南郑马上作》等都写得虎虎有生气，可惜这类作品留存的数量不多，很多直接描写山南从军生活的诗都没能保存下来。我们只有从后来大量的追忆中体会陆游在军中的豪情了。

退居成都以后，在蜀中转蓬宦游的岁月里，诗人是借托游离于芸芸众生之上的卓尔不群的艺术形象来抒发从军不果的落拓襟怀的。陆游在两居成都，调摄蜀州、嘉州、荣州、知州期间，写下了许多笔墨淋漓酣畅，感情激荡的抒情诗，以表现男儿本色。如初到成都的《三月十七日夜醉中作》：

前年脍鲸东海上，白浪如山寄豪壮。去年射虎南山秋，夜归急雪满貂裘。今年摧颓最堪笑，华发苍颜羞自照。谁知得酒尚能狂，脱帽向人时大叫。逆胡未灭心未平，孤剑床头铿有声。破驿梦回灯欲死，打窗风雨正

---

① 《一笑》，《剑南诗稿校注》卷九，第732页。

② 《枕上》，《剑南诗稿校注》卷九，第740页。

③ 陆子虡《剑南诗稿跋》："戊戌春正月，孝宗念其久外，趣召东下。"《剑南诗稿校注》，第4545页。

三更。①

这首醉歌借酒抒怀，无所拘束、淋漓酣畅的笔墨洋溢着壮浪奔腾的激愤。醉态可掬的诗人之所以这般如数家珍似的陈言，无非是想让人理解他曾经拥有的"豪壮"之情和"惊世"之举，在感今怀昔的对比之中发泄心中的不平和愤懑。开篇三个排比句式跳荡相承，势如滚雷，虽无一字及醉，但醉之豪气还是扑面而来。这首诗感情充沛，笔势纵横，发狂情于悲悒，形象对比强烈，时空跨度大，此种抒情方式真可惊天地泣鬼神，堪称放翁七言古诗中的杰构。

调摄嘉州前后，陆游在蜀中的创作进入了一个高峰期，他的《登荔枝楼》《九月十六日夜，梦驻河外，遣使招降诸城，觉而有作》《宝剑吟》《观大散关图有感》《金错刀行》《胡无人》《晓叹》等爱国诗篇，气势豪迈，神采飞扬；而《楼上醉歌》《对酒叹》《秋声》《长歌行》《江上对酒作》等抒发怀抱诗篇，淋漓酣畅，沉郁悲壮；再赴成都时所作的《中夜闻大雷雨》《题醉中所作草书卷后》《剑客行》《关山月》《出塞曲》《战城南》《楼上醉书》等作品慷慨激昂，充满了英雄主义色彩。

蜀中时期，正值陆游才华勃发的壮年创作佳境，他将爱国与游仙主题相结合，把原本对仙界或仙人的企慕转移成功成身退的将军或武艺过人的英雄，于是游仙一变而为陪衬志士爱国情操的工具。他还巧妙应用游仙主题的虚构特质，婉转吐露自身的爱国情怀，造成诗篇内涵的奇宕起伏。②《剑南诗稿》中气势伟岸、锋芒毕露、最能表现放翁意气的佳作，多集中在诗人调摄嘉州、入幕成都前后。诗人在此像走马灯似的向人们展示了饱含从军失意感慨的各类艺术形象。

他特别欣赏的是奇伟超凡、特立不群的英雄形象。如《金错刀行》中"提刀独立顾八荒"的失意斗士；《胡无人》中"夺城夜踏黄河冰"大获全胜的勇士；《宝剑吟》中殷殷作声"慨然思遐征"的宝刀主人；《对酒叹》中"百舍孤征赴然喏"的大丈夫。撩开所有炫目的帷纱，我们看到的是诗人自身的影子，

---

① 《剑南诗稿校注》卷三，第299页。
② 黄奕珍《论陆游成都时期爱国诗的特色》，载《文学遗产》2016年第5期。

聆听到的是尚武主旋律的变奏。无论是梦诗还是醉歌都让人感觉到不安分的灵魂，在借机宣泄自身的郁愤，当这份没有着落的豪情郁结难解无以名状时，他会情不自禁地把目光投向煌煌盛世，从历史的长廊里寻找与自己声气相和、呼吸相近的偶像。诗人最关注的当然是李白、杜甫和岑参。

陆游对李杜二人的评价很高，推许之余，还有一种惺惺相惜的感喟，唯独对边塞诗人岑参，才是身心并悦、景慕之极的。陆游绝好岑嘉州诗，并以为"太白、子美之后，一人而已"①，这种称誉可谓前无古人。李杜二人的成就确认较早，在唐代已有定评，而岑参在唐代并未以边塞诗显。殷璠的《河岳英灵集》、韦庄的《又玄集》都入选高适的《燕歌行》却不列岑参的边塞之作，说明岑参的边塞诗在时人心目中并不像我们臆想的那般奇丽辉煌。陆游的这一番言论，实际上是对岑参生当盛世，有幸投身边幕，对大唐边事作奋髯扬眉歌唱的一种艳羡，"流涕思一遇"的是岑参代表的当时的社会政治气候。陆游在山南期间经常登高兴亭眺望，在他面前，长安既近且远，这岂止关河之隔，乃是唐、宋两代从军志士心态上的距离。长安繁华、中州鼎盛再不及见，这终究成为陆游和南宋爱国志士的一块心病。陆游是一个胸怀天下，随时都想创造形势、等待时机的英雄。他推崇岑参，展望中原，有生不逢时的感慨，更多的则是国富民强、盛世重现的殷殷愿望。

愿望固然善良，但现实缺少奇迹，面对这一败涂地的南宋军事形势，奇迹也只能出现于诗人笔端。陆游积极进取、逞强好勇的性格在醉歌与梦诗中得以淋漓发挥。这两种诗在陆游古体诗的创作中是最具神采的，气象直逼盛唐。诗人醉时情绪激昂，悲歌慷慨，涕泪纵横；梦里雄视中原，扬眉吐气，大获全胜。人毕竟也需要栖泊身心、安顿性命的所在。

陆游尚武，同样表现在他对历史风云人物的关注和对任侠的极大兴趣。

在蜀期间，陆游谒武侯祠，赞美诸葛亮出师北伐的伟举；过白帝城，对"力战死社稷"的公孙述给予热情歌颂；对率师北伐、克复故土的将军桓温和刘裕亦有很高评价。

---

① 《跋岑嘉州诗集》，《渭南文集笺校》卷二六，第1315页。

陆游曾用许多笔墨渲染歌颂任侠精神。如《剑客行》：

> 我友剑客非常人，袖中青蛇生细鳞。腾空顷刻已千里，手决风云惊鬼神。荆轲专诸何足数，正昼入燕诛逆虏。一身独报万国仇，归告昌陵泪如雨。①

另一首《剑客行》诗中侠士"酒酣脱匕首，白刃明霜雪。夜半报仇回，斑斑腥带血。细仇何足问，大耻同愤切"②。陆游笔下的侠士往往具有拯世济民的宏伟抱负和傲世独立的人格。陆游对任侠的歌咏，表现出济颓振衰的现实功用和对个人英雄主义精神的崇拜，寄托着诗人强烈的功名之念和恢复之望。

陆游在蜀中创作的诗，内涵是充实而丰富的，其强烈的爱国思想、许国之心不因诗人生活的艰辛和事业的挫折而改变。在南郑军幕，表现为强烈的从军意愿和为国效力的坚定信念；在两川期间，则托物言志，通过一系列的艺术形象，从各个侧面表达自己对于武治的呼唤。在蜀中，尽管诗人有过四赴青城山访道学仙的消沉，也有醉卧梅花树下孤芳自赏的苦闷，但为国赴难、壮志不移始终是陆游的坚定信念，成为陆游蜀中诗的主旋律，其尚武精神的可贵是因为它与爱国意识是不可分割的整体。

陆游身处民族矛盾尖锐的南宋时期，面对南宋统治者的苟安妥协，崇尚勇武呼唤武治，并知其不可而为之，其精神尤其可嘉。

陆游的人生理想鲜明而强烈："上马击狂胡，下马草军书"③，"平生万里心，执戈王前驱"④，"少鄙章句学，所慕在经世。诸公荐文章，颇恨非素志"⑤，《诗稿》中大量的诗作都围绕着陆游尚武从军、敢为国殇的壮志。入蜀前诗人生活在熏风醉人的江南，未能充分激发其性格刚烈威武的一面。中年入

---

① 《剑南诗稿校注》卷七，第601页。
② 《剑南诗稿校注》卷九，第727页。
③ 《观大散关地图有感》，《剑南诗稿校注》卷四，第357页。
④ 《夜读兵书》，《剑南诗稿校注》卷一，第18页。
⑤ 《喜谭德称归》，《剑南诗稿校注》卷六，第536页。

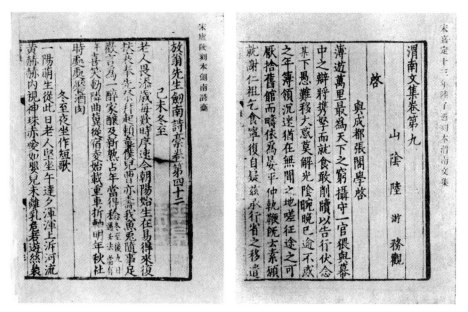

《剑南诗稿》宋庐陵刻本、《渭南文集》宋嘉定刻本

蜀，才找到了张扬平生习气最好的人生舞台。川陕的险山峻水，危耸入云的栈道，前沿阵地的形势，绷紧了诗人生活的音弦。他满怀壮志，亲履西北前线，体验战场气氛，最后却欲战不能，被迫离开心爱的人生舞台，壮志难酬。人生的大起大落激发了他的创作激情，在恢复意念的驱动感召下，终于弹出了生命之曲的最强音。

蜀中诗歌创作获得了前所未有的成就，它充分地展现了诗人作为亘古男儿的英雄本色，也成为其表现尚武精神最精彩的篇章。正是为了纪念川陕生活对自己一生创作的意义，陆游把自己的诗集命名为《剑南诗稿》，文集命名为《渭南文集》。

第十章　趣召东归后的日子

东归后的种种眷念

陆游自乾道六年（1170）四十六岁离乡入蜀，到淳熙五年（1178）五十四岁奉诏东归，前后在两川客居首尾九年。仕途不顺，但诗名远播，诗歌流传到都下，孝宗才记起当年赐同进士出身、被称为"小李白"的陆游，流落在外有些时候了，可以回来了。

蜀中九年，是陆游人生中重大的转折。大散关前的铁马秋风，蜀道的奇崛险峻，锦官城的风花雪月，大大丰富了陆游的人生阅历，使他的创作和思想跃上了一个新的台阶。

淳熙五年（1178）春季，陆游放船出峡。回首入蜀的九年生活，陆游心情是复杂的。当初自己为生计所迫，"残年走巴峡，辛苦为斗米"，可经历了九年的风风雨雨之后，他已经无法割断与四川的联系。夫人王氏本是四川蜀州人，妾杨氏又相识于蜀中，系四川华阳（今属成都）人，六子子布出生于四川，四川已经成为他的第二故乡。他熟悉那里的山川地理风俗，景慕那里厚重的历史文化，酷爱成都的海棠、剑南的美酒。尤其在淳熙初年结束了转蓬宦游的生活，安居在成都，诗人一度打算在四川安家落户了。正如他的长子子虞作《剑南诗稿跋》所说的："（先君）尝为子虞等言，蜀风俗厚，古今类多名人，苟居之，后世子孙，宜有兴者。"①陆游把五岁的子布留在四川，虽然临行时依依不舍，有些不忍，"忆昔初登下峡船，一回望汝一凄然"②，但最后还是把他留在蜀中，希望他明白父母为在蜀中保留子孙后裔的良苦用心。

陆游别蜀东归时，好友张缙（季长）、李石（知几）前来相送。东归船上别无长物，尽是陆游在蜀中多方辛苦收集和购得的蜀版典籍图书。

船过眉州（今四川眉山），陆游在披风榭拜谒苏轼遗像。至青神，访借景亭，赋诗追怀黄庭坚旧游。至叙州（今四川宜宾），访黄庭坚故居无等院，及黄笔下的锁江亭。泊泸州，登南定楼遇急雨，泸水下流，汇入长江滚滚向东。合江至涪州（今四川涪陵）江中，舟中对月，陆游体会到了当年李白出峡时对故乡的依恋，"依依向我不忍别，谁似峨眉半轮月？月窥船窗挂凄冷，欲到渝州酒初醒"③。至涪州，拜谒北岩程颐祠堂。至忠州（今四川忠县），

眉山披风榭

在丰都平都山，瞻仰唐人碑刻；拜谒忠州禹庙，遥想故乡"兰亭禹庙山如画"④的情景；在大江边的龙兴寺，听寺门江声，寻觅少陵先生诗踪，凭吊杜甫故居⑤。至万州（今属重庆），放船过下岩小留，万州瑞光阁前有两棵巨大的荔枝树，盛产荔枝，为蜀中奇观。到夔州白帝城，陆游又来到当年入蜀时客居宦游

---

① 陆子虡《剑南诗稿跋》，《剑南诗稿校注》，第4545页。
② 《计子布归程已过新安入畿县界》，《剑南诗稿校注》卷四五，第2771页。
③ 《舟中对月》，《剑南诗稿校注》卷一〇，第778页。
④ 《忠州醉归舟中作》，《剑南诗稿校注》卷一〇，第783页。
⑤ 《龙兴寺吊少陵先生寓居》，《剑南诗稿校注》卷一〇，第784页。

的地方，感慨万千！旧地重游，近十年的岁月仿佛就在一瞬间。

陆游醉中下瞿塘峡，中流仰观石壁飞泉，犹如"苍崖中裂银河飞，空里万斛倾珠玑"①。出峡船至归州（今湖北秭归），适逢重阳节，谒屈原庙，写下了感伤的《楚城》诗：

> 江上荒城猿鸟悲，隔江便是屈原祠。一千五百年间事，只有滩声似旧时。②

楚王城在归州境内长江南岸。陆游《入蜀记》载："（归州）城中尤尺寸平土，滩声常如暴风雨至，隔江有楚王城，亦山谷间……"③范成大的《吴船录》也说："峡路州郡固皆荒凉，未有若之甚者。满目皆茅茨……逼仄无平地。"④可见楚王城在宋时确已衰败，荒凉不堪。诗人目睹了楚城的荒芜凄哀，在凄厉之景中推出屈原祠，进而联想到一千五百年来的风雨沧桑世时变迁，昔日繁华的都城已满目疮痍，变为荒野谷地，唯有江上的涛声还是和从前一样，声声不止，似乎在诉说着屈原一生的悲愤与不幸。

出峡下水的船"破浪乘风千里快"⑤，陆游一行五月抵湖北荆州，小雨午睡之间便"东下巴峡泛洞庭"⑥，归途顺风顺水，陆游的心情也一下子轻松起来，其间有一首东归途中江上舟行的绝句，写得特别恬静而富有意趣：

> 舟中一雨扫飞蝇，半脱纶巾卧翠藤。清梦初回窗日晚，数声柔橹下巴陵。⑦

---

① 《醉中下瞿塘峡，中流观石壁飞泉》，《剑南诗稿校注》卷一〇，第787页。
② 《剑南诗稿校注》卷一〇，第790页。
③ 《渭南文集笺校》卷四八，第2235页。
④ 《吴船录》卷下，四库全书本，第70页。
⑤ 《初发荆州》，《剑南诗稿校注》卷一〇，第798页。
⑥ 《岳阳楼》，《剑南诗稿校注》卷一〇，第799页。
⑦ 《小雨极凉舟中熟睡至夕》，《剑南诗稿校注》卷一〇，第799页。

舟行在长江之上，一阵小雨扫尽了空中飞蝇。雨后暑气尽褪，空气清新凉爽，诗人半脱纶巾，和衣倒在藤榻之上，和着这优雅轻柔的橹声酣然入眠。等一梦醒来，江上晚风习习，红日西斜，余霞成绮，欸乃声中轻舟已过万重山，不知不觉中到了洞庭湖畔的巴陵（今湖南岳阳）地界。小诗着笔细腻，轻灵蕴藉，熨帖出眼前景物的曲折情状，勾勒出诗人顺流而下的愉悦欢畅心情。

长江依然滔滔东去，两岸的江山景物依旧。旧地重过，近乡情怯，重温八年前辛苦舟行的情状，诗人平添许多感慨。在返途中，陆游至黄州，再访苏轼遗迹；至鄂州，重登黄鹤楼，览晋唐遗迹；过庐山，宿东林寺；到金陵，登赏心亭，上书迁都的事仿佛就在眼前。秋天抵达临安。一路行咏，留下了不少登临览胜、记行记游之作。

三月从成都起程，八月抵行在临安，陆游此番东归，心情是激动的。他对能入对面圣充满了期待，心里一直在思忖，此次召回，是不是让他留在京城，参赞中枢，给他一个更好的机会？凭着多年辗转南北实地考察的经验，诗人自信应该比当年任枢密院编修官时更有资格来胜任工作。然而，陆游久在外任，哪里会知道朝廷中顷刻不息的风云变幻。

就在这一年的正月，主战派陈亮因上书论时政，遭到权臣曾觌的排斥，连持论比较中和的礼部尚书范成大，也被罢职归乡了，朝中依然是主和者的天下。孝宗欣赏的是陆游的诗歌才情，至于诗歌中表现的恢复之意，却没有什么兴趣。因此，入对后，改除陆游为提举福建路常平茶事，也是情理之中。

对于一般人而言，担任一个路的常平茶事，管理常平和茶税事务应该算不错的公干。因此，除命下发后，好友周必大、韩元吉写诗祝贺送行[1]。但对朝廷满怀恢复热望和期待的诗人而言，除命无疑是一次无情的打击。他说："世事转头谁料得，一官南去冷如冰！"[2]赴任前，返里一行，赋《怀成都十韵》，表现了他对蜀中生活的无限眷恋：

---

① 周必大有《送陆务观赴七闽提举常平茶事》诗："今有云孙持使节，好因贡焙祀茶神"，说陆游为茶圣陆羽的后代，赴闽管理茶叶恰如其分。韩元吉有《送陆务观福建提仓》诗："春来茗叶还争白，腊尽梅梢尽放红。"诗下自注："仆为建安宰，作凌风亭。"希望陆游到韩元吉做建安宰时建造的凌风亭题诗游赏。

② 《梦至成都怅然有作》，《剑南诗稿校注》卷一〇，第832页。

放翁五十犹豪纵，锦城一觉繁华梦。竹叶春醪碧玉壶，桃花骏马青丝鞚。斗鸡南市各分朋，射雉西郊常命中。壮士臂立绿绦鹰，佳人袍画金泥凤。橡烛那知夜漏残，银貂不管晨霜重。一梢红破海棠回，数蕊香新早梅动。酒徒诗社朝暮忙，日月匆匆迭宾送。浮世堪惊老已成，虚名自笑今何用。归来山舍万事空，卧听槽床酒鸣瓮。北窗风雨耿青灯，旧游欲说无人共。①

《怀成都十韵》手迹

这是陆游东归后第一篇怀念四川生活的诗，有亲笔书札，是最擅长的行草，笔势飘逸，墨迹至今犹存。

陆游在外生活了九年的时间，回故乡后，先到云门草堂小栖，再回三山故庐安居。故里三径就荒，松竹犹存，诗人到来后重修屋庐，新作柴门，和邻里父老话长道短，相邀传杯，一时倍感故土人事之温馨。

二度入闽：一官南去冷如冰

陆游于淳熙五年（1178）离川东归回乡后，于当年十月自山阴起程，大雨中离别三山别业，夜宿兰亭天章寺，翻越博古岭，到诸暨拜访三国著名方士干吉曾经隐居的地方，后来叫干溪，夜晚投宿枫桥名寺化城院，写下《赠枫桥化城院老僧》诗，经双桥、牌头一路南行，回想儿时一家人逃难东阳的场景，历历在目，所不同的是，此行只身赴福建常平茶事任，没有与家人同行。"剑外归

---

① 《剑南诗稿校注》卷一〇，第825页。

来席未温，南征浩荡信乾坤"①，陆游二度入闽，取道诸暨、义乌、江山、浦城，十一月到建安（今福建建瓯）任所。

东化成寺塔，北宋元祐七年建

建安位于福建的西北面，临近著名的武夷山，陆游此次入闽路线与第一次赴宁德主簿任不尽相同。宁德位于福建东北近海处，陆游当年是经义乌东向取道永嘉、瑞安、平阳到宁德的。这次从诸暨到义乌则转为西向，过江山，翻越仙霞岭，经渔梁驿，然后南下浦城，直达建安。陆游在经过江山著名的风景名胜江郎山时，写有《过灵石三峰》小诗，很有意趣：

> 奇峰迎马骇衰翁，蜀岭吴山一洗空。拔地青苍五千仞，劳渠蟠屈小诗中。②

江郎山又称灵石山，上有三峰，各有巨石，高数十丈，"三峰杰力插云间"。

陆游写灵石三峰之"奇"在于其拔地高耸迎马之势的威慑力，难怪诗人叹服其奇姿异貌，以至于"蜀岭吴山一洗空"了。如此奇特不凡震慑游人的千仞高峰，诗人只用短短二十八字，就让它乖乖地曲身于小诗之中，奇思写奇峰，既见笔力，更见胸次，陆游对此也十分自得。

入冬后的天气是越来越冷，陆游虽一路南行，但道途鞍马间还是领教了闽中山区的严寒。十一月，到建安任所，正值梅花盛开。陆游睹花思归，不禁想起了成都故蜀别苑盛开的万树梅花，"蜀王小苑旧池台，江北江南万树梅"，山

---

① 《早饭干溪盖干吉故居也》，《剑南诗稿校注》卷一〇，第837页。
② 《剑南诗稿校注》卷一〇，第842页。

江郎山

建州北苑茶御茶园

阴镜湖畔亲手栽种的梅花，"湖上梅花手自移，小桥风月最相宜"，一连写了十首梅花绝句①，不胜今昔之感。

福建是产茶之乡，建溪的官茶天下闻名。出任前，他对皇帝承诺："臣谨当力思守道，深戒瘝官。礼乐远有光华，既大逾于素望；靖共好是正直，庶少答于鸿私。"②陆游到任后十分关注茶事，也写了不少茶诗："建溪官茶天下绝，香味欲全须小雪"③，"龙焙一尝端可去，无心更为荔枝留"④。建州有北苑茶，"春残犹看少城花，雪里来尝北苑茶"⑤，有叶家白茶，"东山石上茶，鹰爪初脱鞲，雪落红丝硙，香动银毫瓯。爽如闻至言，余味终日留，不知叶家白，亦复有此不"⑥，有壑源春茶，"遥想解酲须底物，隆兴第一壑源

---

① 《梅花绝句》，《剑南诗稿校注》卷一〇，第846—849页。

② 《福建到任谢表》，《渭南文集笺校》卷一，第33页。

③ 《建安雪》，《剑南诗稿校注》卷一一，第851页。

④ 《客意》，《剑南诗稿校注》卷一一，第879页。

⑤ 《适闽》，《剑南诗稿校注》卷一〇，第835页。

⑥ 《村舍杂书》其七，《剑南诗稿校注》卷三九，第2510页。

春"①，等等。其中北苑茶是贡茶，至今还保留着宋代建的御茶园。

陆游除授提举福建路常平茶事，常平茶事是常平司和茶司之合署，主要执掌的是粮食仓储和茶税方面的事务。在宋代，常平司以仓储籴粜平准粮价，而茶系政府创收的专卖产品，粮、茶买卖均须严加管理。提举官为监司，比知州高一级，还有监察举刺州县一级官吏的职能。这个职务如果对于一个精通经营实务的人来说，也许是个不错的去处，但对陆游这样人生目标明确而坚定的人来说，就显得格格不入了。

陆游怀抱的人生志向是尚武从军，福建不但远离京城，而且他所从事的事务与他所期望的恢复事业是风马牛不相及，哪有他的用武之地？

陆游十分怀念蜀中生活，难忘南郑幕中腾身刺虎的壮举，留恋成都碧鸡坊娇艳欲滴的海棠花。他南下建安戴了顶不称心的乌纱帽，只有徒叹"建安酒薄客愁浓，除却哦诗事事慵"②了。

在建安任上，陆游没有带家眷同行，因此特别思念家人和家乡的一切。他用非常动情的语言讴歌了他深爱的家乡山水和村居生活：

> 千金不须买画图，听我长歌歌镜湖。湖山奇丽说不尽，且复为子陈吾庐。柳姑庙前鱼作市，道士庄畔菱为租。一弯画桥出林薄，两岸红蓼连菰蒲。陂南陂北鸦阵黑，舍西舍东枫叶赤。正当九月十月时，放翁艇子无时出。船头一束书，船后一壶酒。新钓紫鳜鱼，旋洗白莲藕。从渠贵人食万钱，放翁痴腹常便便。暮归稚子迎我笑，遥指一抹西村烟。③

回忆中的事物总是美好的，何况诗人怀思的故山本身即处于风景如画、声名远播的山阴道上，湖山之奇丽和风光之宜人更让人回味不尽。这首《思故山》以诗笔作画，又以画手写诗，用浓烈的语言泼就了一幅色彩斑斓、境界优美、充满水乡田园情趣的镜湖秋居图。在缤纷的画面里，诗人所住的屋庐处在周遭

---

① 《谢王彦光提刑见访并送茶》，《剑南诗稿校注》卷一，第72页。
② 《建安遣兴》，《剑南诗稿校注》卷一一，第865页。
③ 《思故山》，《剑南诗稿校注》卷一一，第858页。

鉴湖画桥

美景的环抱之中。家山美景清晰如画，诗人笔下的故园有山有水，有茅庐屋舍、庙前鱼市、水乡物产，还有画桥红蓼、水草菰蒲、枫叶鸦阵，自然而平静，给人以全息式的感受。

诗是诗人赴任前回故乡小住月余的一幅生活剪影。九月十月秋冬之际正是故乡山阴一年中最美的时候，诗人驾着他的小篷船四处出游，乐而忘返。一来洗去九年来的旅途风尘，二来尽情地享受重归故土的乐趣，以排遣仕途的阴霾。"船头一束书，船后一壶酒"是何等的自得惬意，入秋后鳜鱼、莲藕随处可得，使诗人大饱口福。最动人的当是诗结尾处的特写："暮归稚子迎我笑，遥指一抹西村烟"，美景和亲情交相辉映，令人陶醉，读之可解人颐。

追忆能过滤平时纷乱无章的生活，使他能更集中地表现美好的感觉和印象。和陆游其他山水田园诗相比，这首建安任上的故园诗，别具空灵蕴藉的韵味，及由于空间距离间隔而产生的美感。

建安任上宦情淡薄，陆游远离家人生活寂寥，很不适应。接连写了许多感怀蜀中生活和留恋故土的诗，感叹"登临独恨非吾土"①。除《思故山》外，他还写了一组梦故山的诗，梦中"小儿"殷勤奉觞劝酒，诗人在亲情慰藉中乐陶陶地醉了。

陆游赴任的这一年，第七个儿子、也是他最小的一个儿子子聿（遹）出生了。他思念故乡，牵挂亲人："小醉初醒月满床，玉壶银阙不胜凉。天风忽送荷香过，一叶飘然忆故乡。"②陆游建安任上留下的诗歌，不是追忆山南壮举，就

---

① 《绿净亭晚兴》，《剑南诗稿校注》卷一一，第890页。
② 《月夜》，《剑南诗稿校注》卷一一，第881页。

是梦怀故乡屋庐，大都洋溢着浓浓的归思与乡愁。

武夷、鹅湖之行

陆游二次入闽，由于事非所愿，心境与初次入闽时大不相同。好不容易挨到次年淳熙六年（1179）的春天，他游览了紫芝山、凤凰山、开元寺。等到夏天，他再也无法遏止心中的烦闷，五月间，他把在闽收集的碑帖和收藏的图书整理好，打包发回山阴老家。

曾觌、王汴之流窃据要津，把朝廷弄得乌烟瘴气，陆游的忧国之情愈加深重。这期间，他有一首《前有樽酒行》诗，表现对时政的忧虑：

> 绿酒盎盎盈芳樽，清歌袅袅留行云。美人千金织宝裙，水沉龙脑作燎焚。问君胡为惨不乐？四纪妖氛暗幽朔。诸人但欲口击贼，茫茫九原谁可作。丈夫可为酒色死？战场横尸胜床笫。华堂乐饮自有时，少待擒胡献天子。[①]

诗人心中常牵念着西北边事，怀念蜀中生活，他留意到在后方的权豪不念国事，一味贪图酒色的奢靡生活，心中十分忧虑。诗渲染了宴饮场面的宏大豪奢，众人皆一醉方休，尽情觅欢，唯有诗人惨然不乐。中原沉沦，北伐无望，那些嘴上嚷嚷抗战的人，并不见得有什么实际的行动。朝中不但没有王导式的"实践派"为国出力，连新亭对泣、真正忧心国事的人也寥如晨星。诗人借用《后汉书·马援传》中自勉的话："男儿要当死于边野，以马革裹尸还葬耳，何能卧床上，在儿女子手中耶？"奉劝士大夫不要沉溺酒色。眼下中原尚未恢复，远不是举杯庆贺的时候，等到生擒胡虏胜利的那一天，再"华堂乐饮"才不为过。

诗人在《跋花间集》中，曾这样批评南唐君臣的浅酌低唱："方其时，天下

---

① 《剑南诗稿校注》卷一一，第868页。

炭炭，生民救死不暇，士大夫乃流宕如此，可叹也哉！"①这个燕饮场面，不就是南唐士风的重现？南唐与南宋在国势上的确非常相似，都偏安江左，为北国附庸，而士大夫游宴之风盛炽。陆游把它摄入诗中，是有讽谕时政、抨击苟安的意思。

正当陆游冒出奉祠隐退之念，想挂冠而去的时候，孝宗有旨宣召陆游进京。

从建安任所赴行在，走来时的路翻越仙霞岭北归，距离是最近的。但陆游并没有从原路返回。他想着以后可能再也不会到这个地方来了，应该趁这次入闽的机会到福建著名的道教胜地武夷山去看看，以了却少年时对武夷的梦想。

淳熙六年（1179）九月，陆游奉诏离建安任，从崇安绕道武夷山。

武夷山绵亘百余里，有三十六峰，三十七岩，岩石高百仞，岩色望之若朝霞，峭拔奇伟，挺立于烟岚之中。山光与水色交相辉映，构成了一幅碧水丹山的天然美景。武夷精舍是朱熹讲学的地方。诗人在离武夷山四十里许的崇安黄亭铺遭遇一场小雨，雨后空气格外清新，陆游的心情也豁然开朗："未到名山梦已新，千峰拔地玉嶙峋。"②

来福建者必闻武夷，来武夷者，必游九曲溪。九曲溪是武夷山最负盛名的地方，它发源于三保山，经星村入武夷山，折为九曲，盘绕山中二十里。婉转碧绿的九曲溪水，荡漾着无数赤黑斑驳的岩峰，形成了两岸千峰竞秀、溪滩曲

武夷山、陆游诗碑

---

① 《渭南文集笺校》卷三〇，第1547页。

② 《黄亭夜雨》，《剑南诗稿校注》卷一一，第910页。

曲各异的天下奇观。陆游"少读封禅书，始知武夷君。晚乃游斯山，秀杰非昔闻"①。他泛舟九曲，陶醉于三十六峰的秀色，惊叹于拔地万仞大王峰之峭壁丹梯，驾一叶扁舟，卧看怪怪奇奇的峰峦溪水，至六曲终因水急滩险而急流勇退了。

离开武夷山，陆游西行进入江西境内的铅山、信州（今江西上饶），再东行至浙江境内的衢州。他之所以绕道江西，还想去见识一下朱熹和陆九渊鹅湖之会的地方。他来到铅山，夜宿鹅湖寺，回首走过的人生道路，心潮起伏，旅夜难眠，写下了长诗《鹅湖夜坐书怀》：

鹅湖寺、鹅湖书院

　　士生始堕地，弧矢志四方。岂若彼妇女，龊龊藏闺房。我行环万里，险阻真备尝。昔者戍南郑，秦山郁苍苍。铁衣卧枕戈，睡觉身满霜。官虽备幕府，气实先颜行。拥马涉沮水，飞鹰上中梁。劲酒举数斗，壮士不能当。马鞍挂狐兔，燔炙百步香。拔剑切大肉，哆然如饿狼。时时登高望，指顾无咸阳。一朝去军中，十载客道傍。看花身落魄，对酒色凄凉。去年忝号召，五月触瞿唐。青衫暗欲尽，入对衰涕滂。今年复诏下，鸿雁初南翔。俯仰未阅岁，上恩实非常。夜宿鹅湖寺，槁叶投客床。寒灯照不寐，抚枕慨以慷。李靖闻征辽，病愈更激昂。裴度请讨蔡，奏事犹衷创。我亦思报国，梦绕古战场。②

①《游武夷山》，《剑南诗稿校注》卷一一，第910页。
②《剑南诗稿校注》卷一一，第917页。

诗人独坐在鹅湖寺内，从头至尾反复回想自己从四川南郑一直到鹅湖之夜八年间的人生经历，这八年是他生命旅程中空间跨度最大、生活最充实丰富的一段时期。其间，他行程万里，从川陕到闽赣，关山险阻，仕途风波，一一亲历。既有南郑军旅铁衣露营、痛饮劲酒，拔剑切肉、登高临远的壮浪豪迈，又有蜀中看花、落魄对酒的颓唐凄凉；既有对朝廷趣召东归、入对面圣的感激，也有壮志未伸、英雄徒老的悲慨。

宁静的鹅湖之夜，各种生活场景像走马灯似的纷至沓来，呈现在诗人眼前，百味杂陈。诗以壮志开篇，也以豪举结尾。诗人说自己现在虽然已像秋天的槁叶一样衰老了，但壮怀不减当年，仍要像李靖、裴度一样为国杀敌。诗人的鹅湖之夜，又一次沉醉在令人神往的从军梦想之中。

然而在现实生活中，陆游却陷入了仕与隐的痛苦矛盾之中。从内心深处讲，他是多么希望有一天能跻身朝堂，重温当年在枢密院任职时的激情！或楼船夜雪，或铁马秋风，驰骋在抗金第一线，即使不能跃马疆场，在军中倚马草书也是心所向往。但自从被贬出都以来，外放所除的官职不是通判，就是代理知州。执掌之事闲散琐碎姑且不论，还远离恢复主战场。长期以来一直辗转在地方官的虚位上，日复一日消磨着豪情和锐气，其郁闷可想而知。另外，诗人豪迈疏放的个性和不拘小节的作风，常常使得他顾此失彼，动辄得咎。他真的有点厌倦平庸的仕宦生活，于是在衢州皇华馆，事先写了一本请求退居奉祠的奏疏呈送朝廷。

在衢州皇华馆待命期间，陆游趁便到婺州（今浙江金华）看望了老朋友韩元吉。韩元吉时在知州任上，对陆游此次奉召面圣表示了良好的祝愿。

不久，孝宗的诏书下来了，陆游得旨，改除提举江南西路常平茶盐公事，无须入对面圣，直接到江西抚州（今江西临川）上任即可。这次除命"训词甚宠，地望加优"[①]。

临川是个很不错的地方，从后来的谢启看，这回趣诏和改调，是史浩的竭力推荐，应该是个好兆头。遗憾的是因为奉诏上任，仓促之间取消了"自三衢

---

① 《江西到任谢史丞相启》，《渭南文集笺校》卷一〇，第469页。

舟行，泛七里濑归山阴"①的计划，连家也回不了，就得改辙西行了。

出发时已经是穷冬岁末，途中遇到一场大雪，陆游诗兴大发，赋《弋阳道中遇大雪》：

> 我行江郊暮犹进，大雪塞空迷远近。壮哉组练从天来，人间有此堂堂阵？少年颇爱军中乐，跌宕不耐微官缚。凭鞍寓目一怅然，思为君王扫河洛。夜听簌簌窗纸鸣，恰似铁马相磨声。起倾斗酒歌出塞，弹压胸中十万兵。②

赴任途中偶遇的一场风雪，不但没有使陆游视为畏途，居然激发起高歌出塞的一腔豪兴。陆游把纷纷扬扬的江郊大雪，看作是从天而降的军士，一队队穿着白衣白甲的神兵。

陆游记忆中的南郑从戎壮举，大多都与雪景有关。像六十二岁在严州时写的《雪中忽起从戎之兴戏作》："三尺马鞭装白玉，雪中画字草军书。"③无怪诗人在弋阳道上一见飞雪就豪兴陡起，胸中十万甲兵涌动，以至于晚上簌簌作响的窗纸声都变成了铁马兵戈撞击的声音。诗人雪中激起的一腔忠愤之意，酝酿后终究无处着落，于是只有举酒痛饮，纵声高歌，借唱《出塞曲》来强抑胸中涌动的愤懑之情了。

梁启超在《读陆放翁集》（其二）时说："辜负胸中十万兵，百无聊赖以诗鸣。谁怜爱国千行泪，说到胡尘意不平。"④这二十八个字，可以说字字精当，称得上是知陆游者。

淳熙六年（1179）十二月，陆游到抚州任。

---

① 《秋夜》，《剑南诗稿校注》卷一二，第991页。
② 《剑南诗稿校注》卷一一，第932页。
③ 《剑南诗稿校注》卷一八，第1429页。
④ 见梁启超《饮冰室文集》卷四十五下，载《古典文学研究资料汇编·陆游卷》，中华书局1962年版，第389页。

江西抚州任上的梦诗

陆游抚州任上的职能是提举江南西路常平茶盐公事，与福建建安时期的职能基本相同，只是多了盐务，管辖的范围更大一些。

抚州这地方文化气息比较浓，城东有一拟岘台，系北宋仁宗嘉祐二年（1057）裴材任抚州太守时所建。因为这一带的山川形势有似湖北襄阳的岘山，所以命名为拟岘台。陆游在抚州提举江南西路常平茶盐公事任上，经常登拟岘台览景，在不到一年的任期内，留下了八首登拟岘台的诗，春夏秋冬，阴晴雨雪，四季景色一应俱全。试看淳熙七年（1180）正月初到抚州不久写的《登拟岘台》诗：

> 层台缥缈压城闉，倚杖来观浩荡春。放尽樽前千里目，洗空衣上十年尘。萦回水抱中和气，平远山如醖藉人。更喜机心无复在，沙边鸥鹭亦相亲。①

诗人登上高耸的拟岘台，放眼展望无边的春光，让广阔的天宇涤荡心胸，尽洗尘虑。台下汝水水势回环平缓、从容潺湲，充满了雍容和平的气象；远山

拟岘台

如黛、明秀清华，一如含蕴有修养的人。山水如镜，折射出诗人此时向往宁静和平的淡泊心境。看到江边沙洲上无忧无虑、自由自在的鸥鹭，诗人非常渴望远离"机心"，要与鸥鹭过相从相亲的生活。

在抚州任上写下了众多纪梦之作中，有两首诗尤其瞩

---

① 《剑南诗稿校注》卷一二，第943页。

目。一首是《五月十一日夜且半，梦从大驾亲征，尽复汉唐故地，见城邑人物繁丽，云：西凉府也。喜甚，马上作长句，未终篇而觉，乃足成之》：

> 天宝胡兵陷两京，北庭安西无汉营。五百年间置不问，圣主下诏初亲征。熊黑百万从銮驾，故地不劳传檄下。筑城绝塞进新图，排仗行宫宣大赦。冈峦极目汉山川，文书初用淳熙年。驾前六军错锦绣，秋风鼓角声满天。首蓿峰前尽亭障，平安火在交河上。凉州女儿满高楼，梳头已学京都样。[①]

这首梦诗写于淳熙七年（1180），距上次嘉州任上驻军河外的梦中凯歌恰好相隔七年。据诗题暗示，这首诗当为梦中马背上作诗未终篇而觉，醒后完成的。梦中是一场极其壮观的王师凯旋场景，有大驾亲征的声势，行宫排仗煊赫的画面，驾前六军欢庆的场面。最引人注目的是尾联表现的细节"凉州女儿满高楼，梳头已学京都样"。梦赋予他大胆设想的灵感，梦中一切洋溢着真切感人的生活气息。

陆游做了一生的恢复梦，他的内心常被一种梦中的生活和生活的梦想相互渗透的感觉占据着。梦产生的心理上的快感，补偿了他生活中的缺憾。毋庸讳言，陆游诗中描写的一切，如王师所向披靡，大获全胜，收复失土，抚边安夷等种种，都严重偏离了现实生活的轨迹。陆游一生从未见到过胜利，他在梦中呼唤凯旋，在幻景中体会胜利的滋味。

陆游一生主战，做梦都想跟随大驾亲征，克复山河。每每提到北伐，他都意气倍增，精神振奋。诗中描述的凉州姑娘们能自由自在地生活，用京都最时髦流行的发式尽情地打扮自己，在高楼上争斗济楚，这才是诗人心中和平安定的模样。

还有一首七言绝句，也写梦境，饶有意趣。诗题很长，像一篇小序，名曰《夏日昼寝，梦游一院，阒然无人，帘影满堂，惟燕蹋筝弦有声。觉而闻铁铎风

---

① 《剑南诗稿校注》卷一二，第970页。

响璆然，殆所梦也邪？因得绝句》：

> 桐阴清润雨余天，檐铎摇风破昼眠。梦到画堂人不见，一双轻燕蹴
> 筝弦。①

江南五月，酥雨润沐，梧桐清发，正是困人天气。诗人昼眠，不觉做了一个非常美妙的梦，梦中恍惚来到心上人所居之处——画堂，但环顾四周，辗转之间不见伊人倩影，只听得一双轻燕在筝弦上跳跃，不时发出清越嘹耳的声音。诗人猛然醒来，犹觉余音荡漾，睁眼寻声觅梦，原来是风吹动檐铎，正发出叮叮的声音。

这个梦看似平淡无奇，其实饶有意蕴，它透露的是深埋在诗人心底的一份忆念。"画堂人"无疑是一位色艺俱佳、秀媚灵慧又畅晓音律的佳人，唯其如此，风摇檐铎，一个偶然的外物触动，才会诱发出"双燕蹴筝"的梦像，不就是佳人玉手在弦上盈盈弹拨的一种奇特联想？由于诗人心中拥有无限爱怜之印象，因而梦像也就特别迷离动人。

陆游是个至情至性的诗人，凡读《剑南诗稿》的人，大概都会被他没齿不忘的真情所感动。任何事物，只要真正走进过诗人的心灵，他都会万分投入，终身不忘。我们知道，陆游的政治生活和爱情生活都很不幸：政治上作为主战派屡受排挤打击，无法施展北定中原的理想；爱情上又被迫与唐氏仳离，不得不忍痛面对现实。太多的遗憾与不幸，使他不得不钟情于幻觉世界，梦简直成了他最好的精神依托与补偿。这两首诗恰从公、私两个侧面反映了诗人的精神渴望与企求。

然而，这种向往是很短暂的，诗人笔下的平和之意、幻想之景马上受到了现实的无情冲击。

陆游在抚州任所的主要职责是主管钱粮仓库和茶盐专卖等事，是一个直接与老百姓打交道的差使。这一年抚州一带多灾多难，仲夏小旱不久，紧接着大

---

① 《剑南诗稿校注》卷一二，第978页。

雨连日，汝水暴溢，泛滥成灾，老百姓流离失所。陆游上书奏拨义仓赈济，不及等朝廷复命，就打开仓库，分发粮食，抚慰灾民。

祸不单行，水灾过后，瘟疫和干旱接踵而来，陆游身为地方官，感到责任重大。他利用自己家传医书和历年收集的偏方，刻成《陆氏续集验方》，散发给灾民，供他们取方自救。

入秋后，稻田枯焦，农民心急如焚，诗人也忧心忡忡。七月二十八日夜，忽降大雨，诗人大喜过望，说"钧天九奏箫韶乐，未抵虚檐泻雨声"①。

这一年陆游体察民情，心系老百姓危亡，付出了很多心血和辛劳。可是，就因为未及朝廷答复擅开义仓赈灾的事，被朝廷召回停职。后来又被赵汝愚参了一本，以"所为多越于规矩"的罪名免官奉祠了。

---

① 《秋旱方甚七月二十八夜忽雨喜而有作》，《剑南诗稿校注》卷一二，第992页。

第十一章　十年间两坐斥

初遭赵汝愚弹劾，蛰居山阴

淳熙七年（1180）十一月，陆游被命前往行在。他急急离开抚州任所，怀着"何以报君恩"的心情，希望能再次面君，以表露自己对朝廷的一片热忱。

返途由弋阳取道衢州，当行至严州寿昌（今浙江建德）的时候，突然接到朝廷的诏书：许免入奏，仍除外官，不必到京城面见皇上了。期盼入京面圣的热望又一次成为画饼，陆游百感交集，只有徒叹京城如日远了：

> 晓传尺一到江村，拜起朝衣渍泪痕。敢恨帝城如日远，喜闻天语似春温。翰林惟奉还山诏，湘水空招去国魂。圣主恩深何力报，时从天末望修门。[①]

返程中的意外还真不少，原准备在严州买船下七里濑，去拜谒严光祠的，恰又碰上水枯滩浅，只好陆行至桐庐，再乘船东归故里。

陆游在家乡度过了十年客居后的第一个正月，心情是轻松愉快的。正月初三的一场大雪，使他回想起在南郑军幕时，冒雪登上兴元城（今陕西汉中）中

[①]《行至严州寿昌县界得许免入奏仍除外官感恩述怀》，《剑南诗稿校注》卷一三，第1027页。

的高兴亭等待平安烽火的情景。那年正月，大雪连绵，天气很冷，但他却兴致盎然，冲雪过若耶溪、云门寺，自称"扶衰忍冷君勿笑，报国寸心坚似铁。渔阳上谷要一行，马蹄蹴踏河冰裂"①，游兴很浓，不减当年之豪。

但好景不长，陆游安席未稳，就遭到了权臣的弹劾。据《宋会要辑稿》职官七二载："（淳熙八年）三月二十七日，提举淮南路常平茶盐公事陆游罢新任，以臣僚论游不自检饬，所为多越于规矩，屡遭物议故也。"②朝廷随即取消了原来除外官，即提举淮南路常平茶盐公事的任命。淮南东路常平茶盐公事的治所在扬州，靠近淮河，从地理上看，陆游这次应该是乐意前往的，但常常事与愿违。

《宋会要辑稿》中提到的"臣僚"，指的就是给事中赵汝愚。《宋史》本传说"给事中赵汝愚驳之"，陆游的好朋友吕祖谦也提到相关话题。吕祖谦对陆游此番的黜落感到有些不平，他在写给周必大的信中说："子直（赵汝愚字）庶几善道，而于事物似未尽谙悉，如陆务观疏放，封驳岂为过当？方人才难得之时，其词翰俊发，多识典故，又趣向实不害正，推弃瑕使过之义，阔略亦何妨？公与之直厚如此，胡不素语之乎？"③吕祖谦是陆游之师曾几的外孙，很早就认识陆游，也比较了解陆游的行事为人，认为赵汝愚如此深究，未免过分，他为陆游抱屈，希望与赵汝愚关系不错的周必大能从中斡旋，为陆游说句公道话。周必大时任参知政事，虽然也是陆游的朋友，从陆游上书看，朝中弹劾陆游的可能不止赵汝愚一人④。陆游因个性疏放，吃亏也不是第一次，所以，屡遭物议的结果，必然是罢免落职了。

陆游遭弹劾的另一个背景则与赵雄（1129—1194）为相有关。淳熙七年（1180）二月，南宋主战的实力派人物、张浚之子张栻去世。张栻生前曾向孝宗提出过恢复大计，遭到了权臣虞允文和赵雄的反对和排斥。陆游是张栻的积极

---

① 《大雪歌》，《剑南诗稿校注》卷一三，第1033页。

② 《宋会要辑稿》职官七二之二九，中华书局1957年版，第4002页。

③ 《与周子充书》，见《吕祖谦全集》第二册，浙江古籍出版社2017年版，第416页。

④ 陆游有《上丞相参政乞宫观启》中有"拉朽摧枯，竞为排陷；哀穷悼屈，孰借声光"之语，可见排斥者非徒一人而已。《渭南文集笺校》卷一一，第515页。

支持者，朱东润在《陆游传》中分析得很有道理：

> 陆游在淳熙六年自福建召还，到衢州奉命改调江西，无须入都；淳熙七年他自江西召还，到严州寿昌县，奉命罢免（按：是仍除外官），无须入都。这两次的事故都发生在赵雄一人独相的时期。这里正看到政治斗争的内幕，同时两次无须入都的指示，也看到赵雄手腕的毒辣，他不给陆游以面对的机会。[①]

陆游罢职后，有感于京中臣僚的构陷，写了一首诗，表示抗议：

> 箕踞藜床岸幅巾，何妨病酒住湖滨。驾风浪作连三日，扫地花空又一春。乐事清宵当秉烛，畏途平地有摧轮。颓然耐辱君无怪，元是人间澹荡人。[②]

长年的仕途奔走播迁，使陆游感到身心俱惫，他厌倦了地方官任上的琐碎与无为，亦讨厌官场叵测的"机心"。从抚州返里，本来是打算申请改领祠禄，在家乡山阴隐居一段时间。没想到无端忤俗，遭人非议，心里未免愤愤不平。陆游不是一个逆来顺受的人，他要自白，用诗笔向世人宣称自己"元是人间澹荡人"！无论臣僚如何往他身上抹黑，他始终不变磊落坦荡的本性！

自淳熙八年（1181）春天起，开始了他第二次漫长的村居生活。这一年的麦熟时分，作《小园》四绝：

> 小园烟草接邻家，桑柘阴阴一径斜。卧读陶诗未终卷，又乘微雨去锄瓜。

---

① 朱东润《陆游传》，第236页。
② 《春晚风雨中作》，《剑南诗稿校注》卷一三，第1036页。

历尽危机歇尽狂，残年惟有付耕桑。麦秋天气朝朝变，蚕月人家处处忙。

村南村北鹁鸪声，水剌新秧漫漫平。行遍天涯千万里，却从邻父学春耕。

少年壮气吞残虏，晚觉丘园乐事多。骏马宝刀俱一梦，夕阳闲和饭牛歌。①

组诗描绘了初归田园后所见的景色和劳作其间的情状，写得清新自然，很有陶诗恬淡自然、浑朴的风味。

四月的小园已是烟草浓密，绿树成荫。诗人趁着农闲的空当，歪在藤榻上有滋有味地翻阅陶渊明的田园诗，一会儿下起了滋润的细雨，于是诗人放下诗卷，趁着微雨，到小园锄瓜去了。

诗人历尽仕途危机以后，才感觉到农桑生活的单纯与充实。前二首绝句妙在诗境与田园生活融合无间，悠然兴会，读诗、锄瓜、养蚕已成为诗人田园生活的一部分。后二首诗则更具放翁田园诗的个性，颇有自嘲之意，不甘和忧愤之情溢于言表。

五十七岁的诗人，立功立业无望，"行遍天涯千万里，却从邻父学春耕""骏马宝刀俱一梦，夕阳闲和饭牛歌"，到头来"无才屏朝迹，有罪宜野处"②，骏马和宝刀俱在梦中而已，面对生活，还得重新向父老乡亲学习灌园、种地、锄瓜，言辞之间不得已的情绪清晰可感。看来诗人并非一味闲淡，他的田园诗亦有"二分梁父一分骚"。

陆游个性豪放，是非分明，敢作敢为，对于官场上的繁文缛节常常不屑一顾，"但知礼岂为我设，莫管客从何处来"③，诗人就这么率性，但他并不超脱，

① 《剑南诗稿校注》卷一三，第1041页。
② 《中夜起出门月露浩然归坐灯下有赋》，《剑南诗稿校注》卷一三，第1062页。
③ 《醉中登避俗台》，《剑南诗稿校注》卷一三，第1045页。

遇事也不可能置身事外。说陆游阳狂自许，不理睬、不在乎别人的议论，那是他的豪迈和坦荡，他在《西村醉归》诗中称：

> 侠气峥嵘盖九州，一生常耻为身谋。酒宁剩欠寻常债，剑不虚施细碎仇。歧路凋零白羽箭，风霜破弊黑貂裘。阳狂自是英豪事，村市归来醉跨牛。[①]

诗人其实很在乎别人的评价，并一直在为自己辩白，试看他的《夜坐独酌》诗：

> 玉宇沉沉夜向阑，跨空飞阁倚高寒。一壶清露来云表，聊为幽人洗肺肝。[②]

这首小诗，是针对权僚排挤诬陷的一番剖白。诗人以"幽人"隐者自况，坐在危楼高阁之上，临风把盏，独自品味着人生苦涩的滋味。把杯中之酒看作是来自云表的一脉清露，可以涤怀荡胸，洗清世俗的烦恼愁闷，湔洗无根之谤和不白之怨，与王昌龄"洛阳亲友如相问，一片冰心在玉壶"诗意相近，重在表白自己的心迹俱清。

陆游在仕途中的郁闷，使得他转向家乡田园山野，放怀于山水之间。试看他的《九月三日泛舟湖中作》：

> 儿童随笑放翁狂，又向湖边上野航。鱼市人家满斜日，菊花天气近新霜。重重红树秋山晚，猎猎青帘社酒香。邻曲莫辞同一醉，十年客里过重阳。[③]

---

① 《剑南诗稿校注》卷一三，第1038页。
② 《剑南诗稿校注》卷一三，第1047页。
③ 《剑南诗稿校注》卷一三，第1060页。

诗记录了诗人重阳节前的一次出游，经历了十年羁旅异乡客地的生活，重新回到阔别的三山故园，家乡的一山一水，使他倍感温馨与亲切。

鱼市人家，水上营生；村落酒肆，青帘招客；菊花天气，秋高气爽；新霜乍起，层林尽染。呈现在诗人面前的是一幅幅秋日的图景。诗人驾着一叶小舟，与儿童相嬉，与父老相酌，尽情地欣赏湖光山色，感受社日风情，呼吸田园自由清新的空气，家山的风土人情给了他莫大的慰藉。

但是，此时的陆游毕竟已经不是隆兴时期的陆游了，他曾经沧海，经历了入蜀后十年生活的历练，他的思想和人生目标更加成熟坚定。他也清醒地看到了朝廷不作为的现状，理想与现实的冲突成了这一时期诗人笔下最动情的主题：

少携一剑行天下，晚落空村学灌园。交旧凋零身老病，轮囷肝胆与谁论？[1]

这首灌园诗，通过强烈鲜明的形象对比，表达了诗人"心在天山，身老沧洲"的郁闷和悲慨。陆游早年攻读兵书，志在用世。中年从军南郑"自期谈笑扫胡尘"[2]，是一个胸怀天下，一心想北定中原的豪杰之士，谁曾想功业未成，却流落荒村，与田父野老一样以灌园度日！"携剑"与"灌园"本是两种不同方向的人生目标和生存方式，诗人这样说，倒不是看不起农村劳动和农民生活，关键是陆游志不在此，诗人早就立下"上马击狂胡"的雄心壮志，而今事与愿违，投老荒村，学习灌园务农，和辛弃疾"都将万字平戎策，换取东家种树书"[3]一样，"和戎壮士废"，爱国志士的前途都被和戎政策所断送。陆游的人生悲剧，其实是南宋社会爱国志士的悲剧，在当时就很有典型意义。

淳熙八年（1181）是个多事之秋，浙东一带遭遇了几十年不遇的凶年，旱情、水灾接连不断。绍兴府受灾最重，哀鸿遍地，民不聊生，而朝廷并不打算

①《灌园》，《剑南诗稿校注》卷一三，第1081页。
②《追忆征西幕中旧事》，《剑南诗稿校注》卷四八，第2926页。
③《鹧鸪天·有客慨然谈功名，因追念少年时事，戏作》，《稼轩词编年笺注》（增订本）卷四，第708页。

减免农民的赋税，走投无路的饥民，随时有暴动的可能。

陆游一方面十分同情灾民的困境，自己的生活也因断了俸禄而捉襟见肘，倍感艰辛；一方面深为饥民遭饥荒、政府不加体恤可能产生的暴动而忧虑。这一年八月，朝廷任命朱熹（1130—1200）为提举浙东常平茶盐公事，负责主持安抚浙东灾情。按照宋朝赴官制度，放官外任者，赴任期限一般比较宽松，如陆游之入蜀、入闽，都不必日夜兼程，途中可以从容为之。所以，直到冬天，朱熹还迟迟没有到任。陆游与朱熹是朋友，有文字之交。他心急万分，写诗《寄朱元晦提举》："市聚萧条极，村墟冻馁稠。劝分无积粟，告籴未通流。民望甚饥渴，公行胡滞留？征科得宽否？尚及麦禾秋。"[①]直接向朱熹告知浙东灾情，为民请命，希望他早日上任，担负起赈灾免税的重任，解民众于水火之中。朱熹显然接受了陆游的意见，十二月到任，在赴衢州、婺州（今浙江金华）等地视察灾情后，即回绍兴府开义仓之粟赈济灾民，并向朝廷申请再拨款赈灾，要求蠲免本年的租税。这个请求虽一时未获批准，但浙东一带的灾民在政府的接济之下，总算勉强撑过了一个凶年。在这个过程中，陆游也切身体会到落职后，作为一个普通老百姓生活的艰难和凶险。

镜湖边的"书巢"

淳熙九年（1182）春天，陆游"台评岁满"，即呈上《上丞相参政乞宫观启》，请求奉祠。赵雄在淳熙八年的秋天就被解职了，继任的丞相是王淮（1126—1189）、梁克家（1127—1187），参知政事仍是周必大，他们都比较了解陆游。在此期间，王淮还特地向孝宗举荐过陆游，可是睚眦见憎，竟不能被朝廷所用。这次可能因为考虑到年前对陆游的处分确有过当之处，所以他请求的奉祠很快就被批准了。到了五月份，除朝奉大夫，主管成都府玉局观，在家领祠禄，不必赴任。朝奉大夫头衔比提举淮南东路常平茶盐公事时的朝奉郎高了一级，俸禄有所提高，官品也从原来的正七品升到了从六品。

---

① 《剑南诗稿校注》卷一四，第1104页。

陆游奉祠后，一家老小的基本生活得到了保障，衣食无虞，所以在接下来的几年生活中，有闲适自在的一面，至少可以静下来读读书，做一些平时一直很想做但没有时间做的事。陆游得闲，便把宦游期间从各地搜罗来的书拿出来，进行整理校勘：

> 放翁白首归剡曲，寂寞衡门书满屋。藜羹麦饭冷不尝，要足平生五车读。校雠心苦谨涂乙，吟讽声悲杂歌哭。三苍奇字已杀青，九译旁行方著录。有时达旦不灭灯，急雪打窗闻簌簌。倘年七十尚一纪，坠典断编真可续。客来不怕笑书痴，终胜牙签新未触。①

诗叙述了陆游宦游归来后隐居彻夜苦读的情况。寂寞的寒舍到处是书，诗人徜徉书海里废寝忘食，其乐无比。平日里朱黄涂校，含英咀华，即便是急雪打窗的寒夜里也不中断。他不怕别人笑他书痴，因为这总比那些徒有藏书而不知读书的人来得强。他还把自己的书房命名为"书巢"，并饶有兴致地写了一篇《书巢记》，生动地刻画了遨游于书山文海中的无限乐趣：

> 陆子既老且病，犹不置读书，名其室曰"书巢"。客有问曰："鹊巢于木，巢之远人者；燕巢于梁，巢之袭人者；凤之巢，人瑞之；枭之巢，人覆之。雀不能巢，或夺燕巢，巢之暴者也；鸠不能巢，伺鹊育雏而去，则居其巢，巢之拙者也。上古有巢氏，是为未有宫室之巢。尧民之病水者，上而为巢，是为避害之巢。前世大山穷谷中，有学道之士，栖木若巢，是为隐居之巢；近时饮家者流，或登木杪，酣醉叫呼，则又为狂士之巢。今子幸有屋以居，牖户墙垣，犹之比屋也，而谓之巢，何耶？"陆子曰："子之辞辩矣，顾未入吾室。吾室之内，或栖于椟，或陈于前，或枕藉于床，俯仰四顾，无非书者。吾饮食起居，疾痛呻吟，悲忧愤叹，未尝不与书俱。宾客不至，妻子不觌，而风雨雷雹之变，有不知也。间有意欲起，而乱书

---

① 《读书》，《剑南诗稿校注》卷一四，第1118页。

围之，如积槁枝，或至不得行，则自辄笑曰：此非吾所谓巢者耶？"乃引客就观之，客始不能入，既入，又不能出，乃亦大笑曰："信乎其似巢也！"

客去，陆子叹曰："天下之事，闻者不如见者知之为详，见者不如居者知之为尽，吾侪未造夫道之堂奥，自藩篱之外而妄议之，可乎？"因书以自警。淳熙九年九月三日甫里陆某务观记。①

陆游把居室称之为"书巢"，显然与道家思想的浸染是分不开的。据说学道之士喜欢辟谷栖息在树上。陆游在四川青城山丈人观的方外之交上官道人就在松树上筑巢而居，以松粉为食，据说八十几岁的人神情如婴儿②。陆游把自己埋在书本里，未尝没有超尘出世、修身养性的初衷。他校书一丝不苟，能准确鉴别版本优劣真伪，完全有资格成为一个心无旁骛的学者。但陆游读书、做学问，并不是想回避现实。他始终热切地关心现实，关注国家、民族的命运。潘耒在《日知录序》中认为足以匡时、救世的学问堪称"通儒之学"。陆游的学问当属于"通儒之学"。在身处民族灾难深重的时代，读书做学问的诗人何尝能无视"匡时""救世"的复国大业！

在山阴闲居的日子里，诗人在寂寞中还不时地得到旧友交好相继离世的消息。先是友人独孤策的死让他十分悲痛。后来，总角之友王崑（字季夷）去世，更使他黯然伤怀。到淳熙十年（1183）重九重游禹庙时，少年时期初次同游禹庙的三个朋友陈鲁山、王季夷、陆仲高都已先后下世，行将花甲的陆游不禁抚迹感叹："丈夫不徒死，可作一丘貉。岁晚计愈疏，抚事泪零落！"③

一个秋日的夜晚，陆游出游在水边泊舟，夜深后仍难以入眠，卧听得北方新雁栖落沙洲的声音，触动了诗人敏感的诗情，多日以来郁结在心中的惆怅一吐为快：

腰间羽箭久凋零，太息燕然未勒铭。老子犹堪绝大漠，诸君何至泣新

① 《渭南文集笺校》卷一八，第904—905页。
② 据《予顷游青城，数从上官道翁游，暑中忽思其人》，《剑南诗稿校注》卷七二，第3976页。
③ 《舒悲》，《剑南诗稿校注》卷一五，第1227页。

亭。一身报国有万死，双鬓向人无再青；记取江湖泊船处，卧闻新雁落寒汀。①

诗人慨叹自己功业未就而远离战场，令人"太息"的不仅是燕然未勒的结果，而是根本就没有勒功远征的机会！他远离南郑军幕整整十年，人生有几个十年可供飘零？他希望仍能像当年的卫青、霍去病那样率兵横越沙漠，建功勒石燕然山，而不会像新亭对泣缺乏斗志的士大夫一样徒然悲泣。诗人闲居乡里，夜泊水村，闻雁伤怀，后人读之认为"率多胸臆，兼有骨气，可为南渡君臣慨然太息"②。

陆游属于责任感很强的一类文人。他虽然被统治集团所排斥，僻居于山阴农村，但忧国伤时，志在恢复的信念从来就不曾放弃过。他希望能通过自己的创作来奔走呼号，唤起人们的北伐意识，洗雪国耻，重振大宋王朝的雄风。但在南宋这样一个积贫积弱的社会中，连半壁江山都在风雨飘摇之中，有谁真能像当年的窦宪一样"立功异域"，在马背上博取功名事业呢？

陆游从未到过西域，但他对汉唐的西北地区有十分亲切的感情，相当多的作品涉及西域地名、风物，如玉关、安西、北庭、龟兹、楼兰、天山、热海和汗血马等，甚至对西域的山川风物魂牵梦绕，堪称具有浓厚的西域情结。③对西域的想象和描写，不断强化彰显着陆游恢复汉唐故地的雄心。《诉衷情·当年万里觅封侯》词中慷慨陈词"胡未灭，鬓先秋，泪空流。此生谁料，心在天山，身老沧洲"，他在诗词中屡屡借用《后汉书·班超传》中"觅封侯"的典故，一方面是出于他对大丈夫投笔从戎壮举的激赏，更重要的是借班超故事激励自己的意志，坚定恢复中原的信念。

"觅封侯"是男儿的天性，是时代对每一位有责任感的仁人志士的感召。陆游曾说过"功名在子何殊我，惟恨无人快着鞭"④，意思是说只要有人快马加鞭

---

① 《夜泊水村》，《剑南诗稿校注》卷一四，第1136页。
② 《御选唐宋诗醇》卷四四，四库全书本，第3455页。
③ 郑永晓《陆游的西域情结与西域想象》，载《北方论丛》2020年第5期。
④ 《书事》，《剑南诗稿校注》卷五八，第3370页。

促进抗金北伐，谁建立功业都一样。可见诗人的胸怀是多么的宽广、崇高。他牵心的不是个人的功名能否成就，而是没有人着鞭参赞北伐，完成统一祖国的大业。然而生活总是充满了各种矛盾与遗憾，北伐无望，英雄虚老。在陆游蛰居山阴期间，现实与理想，眼前与过去，愿望与实际，梦境与醒后，这些强烈的对比反差最终构成了闲居时创作中最扣人心弦的主题。

严州任上，山水胜处，不坠家声

自淳熙八年（1181）到淳熙十三年（1186），陆游在故乡山阴闲居，前后已整整五年，在进入第六个年头时，作《新年》诗道出了衷情："稽山剡曲虽堪乐，终忆祁连古战场。"①由于长期的投闲置散，致使诗人内心非常压抑苦闷。北伐凤愿未了，志士收身农桑，忧愤郁积心头，日深难平，许多感触都猬集交织在一起，融成一股蓄势欲喷的地火，在诗人胸前激荡。这股潜流蓄势既久感慨又深，终于不失时机地从诗人笔底喷薄而出，被清代人推为陆游七律压卷之作的名篇《书愤》，就写于淳熙十三年（1186）春天：

> 早岁那知世事艰，中原北望气如山。楼船夜雪瓜洲渡，铁马秋风大散关。塞上长城空自许，镜中衰鬓已先斑。出师一表真名世，千载谁堪伯仲间！②

短短五十六个字，道尽一生忧愤感慨。诗人畅抒了少年的豪气、中年的壮举和眼前的寂寞。诗人个人雄略未得施展的积愤，对当时无人主持北伐、国威不振的忧愤，和英雄失志投闲的寂寞尽在其中，使所书之"愤"具有更深刻的时代精神和广泛的社会意义。这首七律悲歌慷慨，气韵沉雄，境界开阔，概括性强，是陆游所有以"书愤"为题的七律中最富有个性的一首。清人纪昀（晓

---

① 《剑南诗稿校注》卷一七，第1342页。
② 《剑南诗稿校注》卷一七，第1346页。

岚）指出："此种诗是放翁不可磨处。集中有此，如屋有柱，如人有骨。"①

这一年陆游六十二岁，终于被重新起用为严州（今浙江建德）知州，接到任命通知后，他赶赴都城临安朝见，有三篇上朝札子，请求孝宗积极备战，北伐中原以收复失土。孝宗对此避而不答，却对陆游说："严陵山水胜处，职事之暇，可以赋咏自适。"完全把陆游看作是个附庸风雅的清客文人，这使他十分失望。陆游又分别给丞相王淮、梁克家，枢密使周必大等

杭州孩儿巷陆游纪念馆

呈上谢启，拜访了张镃、杨万里等友人，他们一起在临安盘桓，赏海棠酬唱赋诗。陆游当时暂住在西湖边砖街巷（孩儿巷）的客舍里。时值春天，一夜绵绵细雨，诗人辗转难眠。天亮时，小雨初霁，小巷深处不时地传来一声声的卖花声，给客中的诗人以些许的诗情灵感，于是写下了脍炙人口的《临安春雨初霁》诗：

> 世味年来薄似纱，谁令骑马客京华。小楼一夜听春雨，深巷明朝卖杏花。矮纸斜行闲作草，晴窗细乳戏分茶。素衣莫起风尘叹，犹及清明可到家。②

陆游笔下的江南小巷之春，这是一幅未经雕饰的天籁画境，既有小巷小楼幽深清丽之画面美，更有画卷无法传达的诗意——画外之声，这是诗给人的第一直觉美感，当有目共睹。诗一气呵成，自然流动，得来全不费工夫，却是千载难觅的好句子。颔联"小楼一夜听春雨，深巷明朝卖杏花"，堪称整首律诗的眉目，不但刻画了江南小巷之春的典型场景，同时又表现了诗人客居时的苦闷

---

① 〔元〕方回选评、李庆甲集评校点《瀛奎律髓汇评》卷三二，上海古籍出版社2005年版，第1372页。

② 《剑南诗稿校注》卷一七，第1347页。

情绪，意关全篇。"一夜听春雨"，暗示诗人客居一夜未眠，到底是什么使诗人辗转反侧？关注一下律诗的其他三联，就能找到答案。首联告诉读者，诗人被谗停职后，饱谙世味，对此次进京求职不抱多大希望；颈联写客居日长无事，徒以写字品茶打发光阴；尾联说京城风尘应来不及染污自己的白衫，因为马上就能回家了。回家本非诗人之愿，只是严州之职与他立功中原的素志不合，所以内心深处有掩盖不住的失望与苦闷，表面上写字品茶，闲适清新，实际上客中光阴难挨难度，白天消磨，晚上难眠，耳听一夜春雨，心里牵挂的却是明朝小巷的花事。颔联与尾联的命意是一致的，都含思乡之意，但都在以淡泊之言表达激楚之情。没想到此诗不胫而走，很快传遍了京城，也传到了孝宗的耳朵里。从此，陆游的诗名更响了。

暮春时分陆游回到山阴故里，直至七月三日才到严州任上。

严州位于临安的西南面，钱塘江、富春江的上游，是个山水清绝的地方。早在南朝梁代，以描写山水风光见长的吴兴（今浙江安吉）人吴均，在给朋友的一封书信中就致力描绘过这一带秀美的自然风光：

> 自富阳至桐庐，一百许里，奇山异水，天下独绝。山皆缥碧，千丈见底；游鱼细石，直视无碍。急湍甚箭，猛浪若奔。夹岸高山，皆生寒树，负势竞上，互相轩邈，争高直指，千百成峰。泉水激石，泠泠作响；好鸟相鸣，嘤嘤成韵。蝉则千转不穷，猿则百叫无绝。鸢飞戾天者，望峰息心；经纶世务者，窥谷忘反……①

富春江奇山异水，天下独绝，自古以来一直被人赞叹不已。沿江有七里濑、桐君山、严子陵钓台等名胜。

严州府治所在地梅城，初建于唐中和年间，背靠乌龙山，三面峰峦环拱，如屏如幛。一面临新安江，碧水回绕，如练如带。因城垣形似梅花而得名，城内有北宋范仲淹的潇洒楼。

---

① 《与朱元思书》，见《艺文类聚》卷七，上海古籍出版社1982年版，第129页。

严州虽是京畿之地，风景绝佳，却是一个资源匮乏、相对贫瘠的州郡。陆游在《严州谒诸庙文》中说严州"地狭民贫"，"市邑萧然"，他表示既然自己是"蒙恩来守是邦，宜知所报。如或黩货以厉民，淫刑以饰怒，事燕游以废政，纳请谒以挠法，是宜即罪于有神，死不敢悔"。①一百四十年

严州府治梅城

前，陆游尊敬的高祖陆轸曾在严州做过知州，很有政声，当地百姓在城内建了陆轸的祠堂，来纪念有德于百姓的父母官。现在陆游来了，尽管他并不热衷于地方官烦琐的行政事务，但既然来了，作为一州的军政长官，他决心好好为当地百姓断案办事，不辜负祖上留下的善声。

陆游是这样说的，也是这样做的。上任后，他一头扎到如山的吏牍堆里，日夜操劳，迎来送往，处理地方公务、诉讼。怀着以恤民为本的思想，事关百姓之事，事事关心。严州介乎溪山之间，经常有阴阳旱涝不调之忧，为祈风调雨顺，撰《严州祈雨祝文》《严州祈晴祝文》，"不敢以去郡有期，怠荒厥事"②；丁未（1187）、戊申（1188）两年连续发布《劝农文》，认为"为政之术，务农为先"，鼓励农民努力耕耘，丰衣足食。对他所管辖的这一方土地，真正做到了丰歉牵肠，旱涝挂心，"宽期会，简追胥，戒兴作，节燕游，与吾民共享无事之乐，而为后日之备"。③

作为一个地方官吏，陆游以高祖的业绩自励，可谓尽职尽心，不坠家声；但作为一个志士、诗人，陆游越来越感到自己的锐气已经淹没在无穷无尽的纷繁的事务之中：

　　① 《渭南文集笺校》卷二四，第1220页。
　　② 《严州祈雨祝文》其三，《渭南文集笺校》卷二四，第1227页。
　　③ 《丁未严州劝农文》，《渭南文集笺校》卷二五，第1241页。

　　　　庭下讼诉如堵墙，案上文书海茫茫。酒酸肉冷不得尝，椎床大叫欲发狂。故人书来索文章，岂知吏责终岁忙。寒龟但欲事缩藏，病骥敢望重腾骧？日晡稍退兔鹜行，小山丛竹堂东厢。呼儿深炷铜炉香，楚骚为我祓不祥。①

　　陆游感到很烦闷，所谓"文符苦酬对，迎饯厌奔走"②，以致"溪山胜处身难到，风月佳时事不休"③，唯有退堂后登上治事厅东北子城上的千峰榭，才能找回曾经情绪激愤的自我：

　　　　夷甫诸人骨作尘，至今黄屋尚东巡。度兵大岘非无策，收泪新亭要有人。薄酿不浇胸垒块，壮图空负胆轮囷。危楼插斗山衔月，徙倚长歌一怆神。④

　　诗是登台之作，但通篇不见风景，只见感慨。诗的前半首议论朝政，诗人认为北伐不是没有可能的事，只是朝中太多像王衍那样清谈误国的权臣，缺少像王导那样志在克复神州的中坚。所以至今偏安一隅，一事无成。诗的后半首表现的就是壮志难酬不被理解的痛苦。

　　他在严州任上留下的吟咏，多系伤时忧国的感慨，很少单纯的模山范水的作品。正如这首《夜登千峰榭》诗，着重写历史兴亡的往事，不同于一般的登临之作。诗中唯一的景语"危楼插斗山衔月"也是为点登台主题，衬托"长歌怆神"的自我形象而设置，了无吟风弄月登山临水的闲适之意。这也许是诗人对当道者误解他人生意义的一种无声抗议吧。

　　陆游在严州水土不服，生活不适，尤其是严州的"郡酿不佳，求于都下，

---

　　① 《比得朋旧书多索近诗戏作长句》，《剑南诗稿校注》卷一八，第1423页。
　　② 《久无暇近书卷慨然有作》，《剑南诗稿校注》卷一九，第1465页。
　　③ 《到严十五晦朔，郡酿不佳，求于都下，既不时至；欲借书读之，而寓公多秘不肯出，无以度日，殊惘惘也》，《剑南诗稿校注》卷一九，第1499页。
　　④ 《夜登千峰榭》，《剑南诗稿校注》卷一八，第1439页。

既不时至；欲借书读之，而寓公多秘不肯出，无以度日，殊惘惘也！"①陆游以善饮好读著称，是一个与酒与书很有缘的人。他生长在黄酒之乡绍兴，青少年时就以豪饮出名，因诗酒齐名而被誉为"小李白"。在陆游笔下，"诗囊"与"酒壶"常常是形影不离的，陆游在晚年的《疾衰》诗中曾这样诉说他与酒的交情："百岁光阴半归酒，一生事业略存诗。"爱酒嗜书是其生命的乐趣所在，对酒对书，直如面对知交，总是敞开心扉尽情倾诉。而到了严州，酒薄无味，好书难求，现在连以诗酒遣怀也成为一种奢望。

淳熙十四年（1187）夏，陆游疾病缠绵，在寂寞中又得知好友韩元吉下世的消息，悲不自胜，凭高远悼，老泪纵横。这一年的秋天，他和姜室杨氏所生的不满周岁的小女儿女女也夭亡了。老来丧儿，陆游心里悲痛万分，特地写了《山阴陆氏女女墓铭》以抒悲怀。悲戚之余，他开始怀疑自己如此忙忙碌碌地应付吏责的价值：

> 吏责何时得暂停，年来减尽鬓边青。高谈正乐催迎客，美睡方酣报掣铃。安得云山长在眼，便从樵牧与忘形。诗成不用频怊怅，自古笼禽例剪翎。②

他把自己比作笼子里被剪掉羽翎的鸟，渴望自由自在的生活。陆游在严州期间，一方面勤于责守，笃于吏治，另一方面十分追慕隐者生活和风姿，一连写过好几首隐逸词，如《鹊桥仙·一竿风月》：

> 一竿风月，一蓑烟雨，家在钓台西住。卖鱼生怕近城门，况肯到红尘深处。　　潮生理棹，潮平系缆，潮落浩歌归去。时人错把比严光，我自是无名渔父。③

---

① 《剑南诗稿校注》卷一九，第1499页。
② 《吏责》，《剑南诗稿校注》卷一九，第1466页。
③ 《放翁词编年笺注》（增订本），第149页。

陆游摹写渔父与日月潮汐规律相和谐，顺应自然的天性，是作者此时人生观的一种披露。陆游还模仿张志和的《渔歌子》写了许多思乡思归之作：

> 石帆山下雨空蒙，三扇香新翠箬蓬。萍叶绿，蓼花红，回首功名一梦中。

> 镜湖俯仰两青天，万顷玻璃一叶船。拈棹舞，拥蓑眠，不作天仙作水仙。

> 长安拜免几公卿，渔父横眠醉未醒。烟艇小，钓车腥，遥指梅山一点青。①

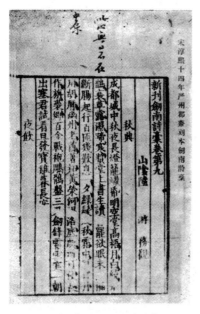

宋本《新刊剑南诗稿》

陆游有心整治，而世事常与愿违。面对谤誉纷纷的仕宦生活，他选择了沉默，他把注意力转移到读书和刻书上去。淳熙十四年（1187），诗人应门人知建德县事四川眉山苏林（字伯茂，苏辙四世孙）、括苍郑师尹（今浙江丽水人）之请，在严州刻就《剑南诗稿》二十卷，2500多首诗。这是陆游一生诗歌创作经过严格筛选后的首次结集，苏林编次，郑师尹为之作序，当世著名诗人张镃、周必大、杨万里、韩淲等都题诗称许。杨万里把陆游的诗与中国诗歌史上的著名诗人杜甫、屈原相提并论，说："重寻子美行程旧，尽拾灵均怨句新。"②陆游心里自然十分宽慰。

---

① 《剑南诗稿校注》卷一九，第1501页。
② 《跋陆务观剑南诗稿二首》其一，见《诚斋诗集笺证》，三秦出版社2011年版，第1425页。

严州多菊，因为地僻，过了重阳节才次第开放，应了东坡先生菊花开时即重阳之语，陆游不由想到了陶渊明《归去来兮辞》中"三径就荒，松菊犹存"赋归的诗意，当即赋诗一首："无人唤醒赋归翁，满把清香谁与同。但办对花频举酒，莫横重九在胸中。"①从秋天到冬天，一连作了好几首菊花诗，"菊花如端人，独立凌冰霜。名纪先秦书，功标列仙方"②，赞美菊花的品格与风姿。陆游从小就爱菊，回想一生与菊花割不断的情缘，包括二十岁时与新婚妻子采菊缝枕作菊枕诗的少年情事，入蜀途经江陵求菊花于江上，对菊颓然径醉的中年伤悼，如今在严州，与菊朝夕相伴，沐浴在清香之中，偶尔见人采菊缝枕囊，睹物思人，凄然伤怀，写了两首情意绵绵的菊枕诗③，对菊花始终抱有一种别样的亲近之感，成为年年岁岁篱下枕边堪称"耐久朋"的一缕氤氲。

淳熙十四年（1187）的十月八日，宋高宗崩于临安德寿宫，享年八十一岁。陆游对高宗这位开国皇帝始终怀有深厚的感情，他在后来修《高宗实录》，并为《嘉泰〈会稽志〉》作序时写道："我高宗皇帝御龙舟，横涛江，应天顺动，复禹之迹。驻跸弥年，定中兴之业，群盗削平，强虏退遁。"④虽有溢美之词，但确实发自肺腑。

淳熙十五年（1188）春天，陆游上书乞祠请求还山。他当然不会想到，告别严州四十年后，十岁能吟《病起》诗的"玉雪儿"幼子陆子遹（聿）又知严州，这可真是"笠泽家风"在严州世代相传的一例佳话了。

二为史官，再遭何澹弹劾

陆游在严州任上上书乞祠，但一直没有得到朝廷的回复，等到七月期满，

---

① 《严州多菊，然率过重阳方开，或举东坡先生菊花开时即重阳之语。余谓此犹是未忘重阳者，恐此花不肯也。戏作一绝》，《剑南诗稿校注》卷一九，第1466页。

② 《陶渊明云"三径就荒，松菊犹存"，盖以菊配松也，余读而感之，因赋此诗》《剑南诗稿校注》卷一九，第1473页。

③ 《余年二十时，尝作菊枕诗，颇传于人。今秋偶复采菊缝枕囊，凄然有感》，《剑南诗稿校注》卷一九，第1473页。

④ 《渭南文集校注》卷一四，第132页。

他只好回乡待诏了。

　　陆游东归后，每次宦游回乡之初，总有"羁鸟恋旧林，池鱼返故渊"的亲切感。这次也不例外。结束了严州形如拘囚的生活，回到故乡，陆游感到说不尽的惬意与自在。他在家乡的山水间，尽情地放飞着自由自在的个性。淳熙十五年（1188）八月作的《长相思》五首，最见其心情：

　　　　云千重，水千重，身在千重云水中。月明收钓筒。　　头未童，耳未聋，得酒犹能双脸红。一尊谁与同。

　　　　桥如虹，水如空，一叶飘然烟雨中。天教称放翁。　　侧船篷，使江风，蟹舍参差渔市东。到时闻暮钟。

　　　　面苍然，鬓皓然，满腹诗书不值钱。官闲常昼眠。　　画凌烟，上甘泉，自古功名属少年。知心惟杜鹃。

　　　　暮山青，暮霞明，梦笔桥头船子横。萍风吹酒醒。　　看潮生，看潮平，小住西陵莫较程。莼丝初可烹。

　　　　悟浮生，厌浮名，回视千钟一发轻。从今心太平。　　爱松声，爱泉声，写向孤桐谁解听？空江秋月明。[①]

　　词人厌倦了官场的矫情和虚伪，陶醉在故乡的青山绿水间，对松声、泉声、清风、明月别寄一番真挚的向慕之情。

　　同年十月，六十四岁的陆游再次应召进京了。孝宗对陆游的文章一直是很赏识的，事实上也想起用陆游，只是顾虑朝臣的议论。他与丞相周必大商量后的结果是，暂不奉祠，除军器少监，在京为官。陆游再次入见时，孝宗由衷地

---

　　① 《放翁词编年笺注》（增订本），第151—154页。

称赞说"卿笔力回翰甚善，非他人可及"①。

军器少监是军器监的副职，军器监掌管制造御前军器，由于南宋政府长期奉行和戎政策，不修武备，所以军器监内清闲得很。他这个副职更是无所事事，任上无聊得只有与同僚们围炉纵谈鬼神了。

淳熙十六年（1189）初春，孝宗准备内禅，事先有一些人事安排。诏权礼部侍郎兼同修国史兼中书舍人尤袤兼直学士院。尤袤觉得自己并不合适，竭力推荐陆游以自代，但没有被孝宗采纳。孝宗在内禅之前，终于亲下手批，迁陆游为礼部郎中。据叶绍翁《四朝闻见录》乙集记载，这是孝宗在位二十七年以来的最后一道任命书②。陆游回想起绍兴三十二年（1162）十一月，孝宗即位不久，即蒙恩赐进士出身，当年钦赐出身，今日亲除郎官，竟占了孝宗在位的一头一尾，对于孝宗的眷顾之恩，自然充满了感恩之情。

礼部为尚书省六部之一，执掌朝廷的礼乐、祭祀、教育和科举等事务。礼部郎中位次于礼部侍郎，陆游此时的官阶官品为朝议大夫（十五阶）、正六品，显然是有所升迁。同年，又兼膳部检察，又兼实录院检讨官，在文华阁以首选修撰《高宗实录》。这是陆游第二次为史官，自感责任重大。八月，杨万里由江西高安知州召为秘书监，与陆游同朝为官。杨万里出示了他在高安的新作，陆游很高兴，又可以与之交流切磋诗艺了。

南渡以来，偏安的政治环境使南宋的都市迅速繁荣起来，到了南宋光宗时，北宋末年那种竞为浮靡享乐的风气，又滋生于南宋首都临安等大城市中。据南宋词人周密记载，临安每逢佳节是"翠帘销幕，绛烛笼纱，遍呈舞队，密拥歌姬，脆管清吭，新声交奏"③，林升在《题临安邸》中也写道："山外青山楼外楼，西湖歌舞几时休。暖风熏得游人醉，直把杭州作汴州。"④陆游当时住在临安城内砖街巷街南的小宅里，目睹了临安市井的奢侈浮华，痛心士大夫耽于偏安，麻木不仁，忘记了国耻，于是在任上向光宗一连上了好几道奏折：

---

① 《宋史》卷三九五《陆游传》，第12057页。

② 据《四朝闻见录》乙集《陆放翁》，第65页。

③ 周密《武林旧事》卷二，中国商业出版社1982年版，第37页。

④ 《宋诗纪事》卷五六，上海古籍出版社1983年版，第1456页。

大抵危乱之根本，谗巧之机芽，奸邪之罅隙，皆缘所好而生。臣下虽有所偏好，而或未至大害者，无奉之者也。人君则不然，丝毫之念，形于中心，虽未尝以告人，而九州四海已悉向之矣。况发于命令，见于事为乎？且嗜好之为害，不独声色狗马宫室宝玉之类也。……恭惟陛下龙飞御极之初，天下倾耳拭目之时，所当戒者，惟嗜好而已。①

臣伏观今日之患，莫大于民贫，救民之贫莫先于轻赋。若赋不加轻，别求他术，则用力虽多，终必无益，立法虽备，终必不行。……臣昧死欲望圣慈恢大度，明远略，诏辅臣计司，博尽论议，量入而用，量用而取，可蠲者蠲，可省者省，富藏于民，何异府库，果有非常，孰不乐输以报君父沦肌浃髓之恩哉？若有事之时，既竭其财矣，幸而无事，又曰："储积以为他日之备也"，虽恢复中原，又将曰"边境日广矣，屯戍日众矣"，则斯民困弊，何时而已耶！②

陆游此次入朝为官，与王淮、周必大为相是有联系的。陆游一贯抗金，形于歌咏，奔走呼吁，敢言敢为，锋芒较露，深为主和当权派所嫉恨。后来，王淮、周必大先后罢相，这对陆游在朝廷的处境就有了影响。淳熙十六年（1189）八月，王淮去世，陆游在政治上失去了必要的依靠，原先对陆游有成见的人就旧账新算。十一月，陆游即遭到谏议大夫何澹的弹劾。

《宋会要辑稿》职官七十二黜降官九载：

（淳熙十六年十一月）二十八日诏：礼部郎中陆游、大理寺丞李端友、秘书省正字吴镒，并放罢。以谏议大夫何澹论游前后屡遭白简，所至有污秽之迹；端友凡所历任，略无善状；镒轻薄浮躁，专以口吻劫持为事；故

---

① 《上殿札子》，《渭南文集笺校》卷四，第182页。
② 《上殿札子》，《渭南文集笺校》卷四，第188—189页。

有是命。①

此诏是继位不久的光宗下的，从诏书的内容看，都是依据何澹的一些主观言辞，特别是对陆游的弹劾，并不是什么新鲜的话题。早在蜀中，就有人喋喋不休地指摘其诗酒颓放。

陆游屡遭白简（弹劾），受到主和派的谗毁。尽管近年来，陆游一直在朝好好为官，政绩也不错，职务还有所升迁，颇得孝宗和宰执的眷顾。最近又作为实录院检讨官，首选修撰《高宗实录》。为什么偏偏在光宗即位后，言官肆意诋毁的罪名就成立了，并遭黜落呢？其深层原因是奸邪小人玩弄政治株连，借题发挥，党同伐异。

谏议大夫何澹是个卑劣之徒，他本人也是周必大提拔起来的学官，周对他不薄。何澹做了两年的学官后，没有马上得到擢升，于是他便投靠到新上任的右丞相留正（1129—1206）门下，靠留正的关系登上了右谏议大夫的位子，反过来弹劾左丞相周必大，用诽谤攻击的手段蒙骗了糊涂的光宗。何澹在罗织罪名扳倒周必大的同时，还赶尽杀绝，罢免周必大所推荐的一批人才。周必大罢相后，朝中凡是与周必大关系较好的官员便遭了殃。何澹认为陆游是周必大推荐的朝官，其实陆游和周必大走得并不是很近，关系也光明磊落，但也不能幸免地成了政治和权力斗争的牺牲品，以"莫须有"的罪名被斥归故里。

---

① 《宋会要辑稿》职官七十二黜降官九，中华书局1957年版，第3993页。

第十二章　扁舟又向镜中行

屏居郁愤：以"风月"名小轩

陆游两次作为史官，还没来得及修成《高宗实录》，就不得不撂下手头的工作，离都回乡。从淳熙七年（1180）到淳熙十六年（1189）十年间，陆游前后两次被罢职。

淳熙十六年（1189）的寒冬时分，六十六岁的陆游再次回到山阴农村。腊月里的一场大雪下得纷纷扬扬，连日来厚厚的冬雪使气温骤然下降，处处透着刺骨的寒意。诗人长夜难眠，望着窗外的积雪不禁触景感怀，写下《雪夜作》：

> 雪重从压竹，竹折有奇声。雪深亦莫扫，小窗终夜明。我老尚耐冷，开卷对短檠。龙茶与羔酒，得失不足评。但思披重铠，夜入蔡州城。君勿轻癯儒，有志事竟成。①

诗人由眼前雪景，生发出不畏严寒、不计得失，一心秉持恢复之志的崇高操持，特别是雪天竹折的奇声和雪夜欲披甲戍边的豪情，不失赤子之真，读了让人怦然心动，肃然起敬。

---

① 《剑南诗稿校注》卷二一，第1600页。

这次遭斥僻居乡野，是陆游仕途上的又一次重大挫折。和以往的遭际一样，屏居的郁愤处处可见，但历尽仕途风浪后的诗人，最终还是从容地把一肚子的政治牢骚，很幽默地化为两首自嘲小诗。诗云，《予十年间两坐斥，罪虽擢发莫数，而诗为首，谓之"嘲咏风月"。既还山，遂以"风月"名小轩，且作绝句》：

扁舟又向镜中行，小草清诗取次成。放逐尚非余子比，清风明月入台评。

绿蔬丹果荐瓢尊，身寄城南禹会村。连坐频年到风月，固应无客叩吾门。①

诗写于罢职次年（1190）秋，诗与题契合无间。诗题胪述客观、冷峻、沉着；而内容却不乏幽默机趣。诗人以调侃的口吻诉说了十年间因诗得祸的特殊遭遇。陆游被罢官的堂皇理由是因为谏议大夫何澹斥为"嘲咏风月"，并置于诸罪之首，这着实让陆游大开眼界。在一个连吟咏"清风明月"之类的诗也要遭到别有用心者深文周纳、归入御史台弹劾之列的年代，弹劾者的伎俩可谓无所不及。而诗人也明白，放逐的罪名，无非是自己一贯来喜论恢复，又因朝廷权力斗争的连坐而已！诗人既以"风月"之罪名放逐回乡，却百思不得其"罪"在何处？看来自己是"积习"难改，不如索性以"风月"名小轩，依然故我，啸傲于稽山镜水之间。

小诗形象生动，肝肠如火，而色笑如花，在闲淡的生活场景中，时露机锋和不平，小草清诗，陆游用曲笔反语好好回敬了"台评"弹劾者的刻深。

不仅如此，陆游在其他诗里也常常流露出对当道者横加之罪的逆反：

造物小儿如我何，还家依旧一渔蓑。穿云逸响苏门啸，卷地悲风易水歌。老眼阅人真烂熟，壮心得酒旋消磨。傍观虚作穷愁想，点检霜髭却

---

① 《剑南诗稿校注》卷二一，第1612页。

未多。①

　　放逐虽惭处士高，笑谈未减少年豪。青山随处有三窟，白首今年无二毛。正得筇枝为老伴，尽将书帙付儿曹。饮酣自足称名士，安用辛勤读楚骚。②

　　然而，与年前在朝角逐史官选拔，从事富有挑战性的修史工作相比，山阴农村的村居生活毕竟是平淡的、寂寞的。他非常想念在京共事过的好友杨万里，怀念那段相互切磋推赏的愉快生活。

绍熙元宝

　　光宗绍熙元年（1190）冬天，当杨万里以秘书监授直龙阁江东转运副使（治所在建康）出都赴任时，陆游寄诗问候。杨万里回赠云："别去公怀我，诗来我梦公。半轮笠泽月，一信镜湖风。岂有诗名世，而无鬼作穷。管城言晓事，犹欲策元功。"③杨万里对陆游的诗名一直十分推重，对陆游眼下的处境当然也有深切的理解和体谅。

　　绍熙二年（1191）初，留正为相，朝廷于是又开始了一场新的政治角逐。好在此时陆游以中奉大夫（从五品）提举建宁府武夷山冲祐观的名义，奉祠在家，形同疏放，从客观上也就远离了这场政治漩涡。

　　在山阴农村的乡野田园间，诗人常常以赋诗自适。他醉中作诗，雪夜读书，开始了长达十三年的屏居生活。步入晚年的陆游，开始反思自己几十年的创作道路。他整理了多年来的零星作品，对未曾认真留意过的词稿也作了一番梳理，

① 《醉中浩歌罢戏书》，《剑南诗稿校注》卷二一，第1602页。
② 《放逐》，《剑南诗稿校注》卷二一，第1614页。
③ 《和务观用张季长吏部韵寄季长兼简老夫补外之行》，见《诚斋集》卷三一《江东集》，载《全宋诗》，北京大学出版社1991年版，第26488页。

并写了一篇序言，序言说：

> 雅正之乐微，乃有郑、卫之音。郑、卫虽变，然琴瑟笙磬犹在也。及变而为燕之筑、秦之缶、胡部之琵琶、箜篌，则又郑、卫之变矣。风、雅、颂之后为骚、为赋、为曲、为引、为行、为谣、为歌，千余年后乃有倚声制辞起于唐之季世，则其变愈薄，可胜叹哉！予少时汩于世俗，颇有所为，晚而悔之；然渔歌菱唱，犹不能止。今绝笔已数年，念旧作终不可掩，因书其首，以识吾过。淳熙己酉炊熟日，放翁自序。①

在陆游眼里，词在传统的诗歌中地位似乎并不高，是"其变愈薄"应予否定的东西。他也曾对唐末五代的"花间词"提出尖锐的批评意见，认为在"天下岌岌，生民救死不暇"②之际，士大夫还醉心于花间月下，浅斟低唱，真是可叹无聊！由此检讨自己的少作，对年轻时一度"汩于世俗""渔歌菱唱，犹不能止"的所为十分后悔。

其实，陆游对词这种文体的看法是十分矛盾的。纵观其平生议论，是褒贬兼有，而且前后的观点和评价是有变化的。他在此时毫不留情地批评唐末五代词人，菲薄该种文体；过了几年，他又说："唐末诗愈卑，而乐府词高古工妙，庶几汉魏。"③则是由否定而变为全面肯定了。这是什么原因呢？联系一下词人为自己长短句作序的特定处境，就不难体会陆游彼时的态度了。

陆游是被人弹劾"嘲咏风月"罪名罢职的，而词这种文体就是以咏"风月"之情为特色的。陆游原本没有把风月之词放在眼里，虽有不经意之"少作"，但只是余事为之，况且"绝笔已数年"，而别有用心者偏要以"风月"之罪名相厚诬，置于诸罪之首，这种不顾事实的横加诬陷令诗人十分反感。在这样一种心境下，说出一些言辞激烈的话来，正是激愤所致，不失为心迹的剖白。至于后来态度的转变，应是事过境迁以后，他对词这种文体的客观审视所作的心平气

---

① 《长短句序》，《渭南文集笺校》卷一四，第717页。
② 《渭南文集笺校》卷三〇，第1547页。
③ 《跋后山居士长短句》，《渭南文集笺校》卷二八，第1403页。

和的评价。

在落职蛰居最初的几年里，陆游面临着生活方式的转型。在这个过程中，能够慰藉诗人灵魂的，还是其秉持的家学家风和长年养成的书斋生活。陆游自称"为贫出仕退为农"①"七世相传一束书"②，这是其祖上进退之间都能安身立命的根本和信奉的家风。陆游归田后，取春秋时代师旷"老而学如秉烛夜行"③之语名，把自己的书斋命名为"老学庵"。以读书自娱，并赋《老学庵》诗：

> 穷冬短景苦匆忙，老学庵中日自长。名誉不如心自肯，文辞终与道相妨。吾心本自同天地，俗学何知溺秕糠。已与儿曹相约束，勿为无益费年光。④

读书是诗人一生中最大乐事，少壮时的读书生活是晚年最美好的回忆："白发无情侵老境，青灯有味似儿时。"⑤更深人静，黄卷青灯，一卷在手，夜读不辍，是陆游生活的常态。

在读书的过程中，陆游真切地品味出其中丰富的滋味："老来百事废，却觉书多味。"⑥"读书有味身忘老。"⑦他在读书中找到了人生快乐："读书恨不博。""是中有真乐。"⑧读书成了陆游生活的重要内容，充实了他的精神世界，既是事业所需，又是他生命的一部分，到了晚年，读书更成为他的一种生存方式。

他爱读史书，《左传》《史记》《汉书》《后汉书》《晋书》《唐书》《资治通

---

① 《示子孙》，《剑南诗稿校注》卷四九，第2943页。
② 《园庐》，《剑南诗稿校注》卷六一，第3499页。
③ 《建本篇》，《说苑》卷三。
④ 《剑南诗稿校注》卷三三，第2201页。
⑤ 《秋夜读书每以二鼓尽为节》，《剑南诗稿校注》卷一，第85页。
⑥ 《读书》，《剑南诗稿校注》卷六二，第3547页。
⑦ 《不寐》，《剑南诗稿校注》卷四八，第2902页。
⑧ 《二乐》，《剑南诗稿校注》卷七八，第4263页。

鉴》等是他案头的密友。他勤于思考，善于从大量史料中爬罗剔抉，总结历史经验教训，这些为他著书立说，撰写《南唐书》《老学庵笔记》等多种专著，奠定了坚实的基础。

陆游的读书诗充满了深沉的人生感慨和浓郁的生活气息，且在读书这个人文主题中渗入了生机勃勃的自然意象①，从而淋漓酣畅地展示了诗人情感生活鲜活的一面。与古人对话，如《读杜诗》感慨"后世但作诗人看，使我抚几空磋咨"，对杜甫的生平遭际的歌咏、赞颂和惋惜不遇，正是诗人怀才不遇的自我写照。借古人之酒杯，浇己身之块垒的读书诗，其情感力度和文学意味就已跳出了读书这个主题的局限。

他还善于在历史人物身上汲取精神养料，发掘可贵的精神节操，砥砺自己的意志。身处逆境，始终保持精神气韵和人格节操，正如在《梅花绝句》中他如此礼赞梅花：

高标逸韵君知否，正在层冰积雪时。②

而诗人性格中柔和温情的另一面，则常常表现在对自然山水，特别是对家乡风土的亲和与倾情歌咏上。

乡土情怀：听我长歌歌镜湖

年近古稀的陆游被斥回乡后，伴随着政治上的又一次失意，其精神的支撑点也就落在眼前这方养育着他、在他失意时给予抚慰的故土和"交好贫尤笃，乡情老更亲"③的淳朴乡情上。这个时期歌咏家乡风土人情的诗特别多，而且绝大部分都是以所居的镜湖之畔的三山别业为依托的。

他是个闲不住的人，在日复一日近乎单调清贫的生活里，读书和出游便成

---

① 莫砺锋《陆游读书诗的文学意味》，载《浙江社会科学》2003年第2期。

② 《剑南诗稿校注》卷二四，第1736页。

③ 《与村邻聚饮》，《剑南诗稿校注》卷六〇，第3447页。

若耶溪

了他生活的两大乐事："自喜如今无一事，读书才倦即游山。"①除读书以外，此时最大的乐趣就是遍游家乡湖山名胜。诗人从小对家乡及其周边地区的地理风光、物产风土、民生民俗等状况有着极为深入的关注和了解，出游更成了他晚年消遣养生的一种方式。

稽山镜水是陆游山水田园诗歌咏的灵魂。南朝孔灵符《会稽记》说："会稽境特多名山水。峰崿隆峻，吐纳云雾。松栝枫柏，擢干竦条。潭壑镜澈，清流泻注。王子敬见之，曰'山水之美，使人应接不暇'。"②会稽境内多崇山峻岭，林木茂盛，植被丰厚，在峰崖山谷间，水资源十分丰盈，大大小小的瀑泉汇集成山涧溪流，自南而北，流入鉴湖。其中最著名的若耶溪，其上游便有七十二支水源。

古鉴湖的筑成，极大地优化、美化了自然生态和地理环境，使会稽山在与鉴湖的相依相拥中彻底改变了其外在样貌。山因水而活，水得山而媚，从此越中山水镜中看。巍巍稽山，层峦叠嶂，倒影在清澈如镜的水光里，山水相映，幻化出万千姿态。行走于山阴道上，扑面而来的是无限风光，千岩万壑让人心旷神怡，应接不暇。

古鉴湖的筑成，不但根治了水患，秀丽了山水，也极大地带动了经济的发展，标志着古代绍兴开发史上一次重大的跃进。六朝以来持续的水土改造，使鉴湖一带逐渐发展成为富甲江南的鱼米之乡。

陆游生活的鉴湖地区有着巨大的水域和极为发达的水产业，周边之茭、荷、

---

① 《自喜》，《剑南诗稿校注》卷二二，第1705页。
② 〔南朝〕孔灵符《会稽记》，见《鲁迅辑录古籍丛编》第3册，人民文学出版社1999年版，第310页。

菱、茨之水生蔬果，不可胜用；鱼、鳖、虾、蟹之河湖水产，不可胜食。充足的淡水资源使鉴湖以北近海的沼泽平原也得以改良。到六朝时，会稽带海傍湖，良田沃畴数十万顷，膏腴之地，亩值一金。

永嘉之乱后，中原名人望族纷纷南迁。洋溢着名流清风的东晋宰相谢安高卧上虞东山，"朝乐朗日，啸歌丘林；夕玩望舒，入室鸣琴"[1]的名士效应，使越中成为文人雅士趋之若鹜的山水胜地。以谢灵运诗为标志的审美山水文化在这里的兴起，大量描写越中风光的山水诗吸引了唐代诗人的目光。李白说："此行不为鲈鱼美，自爱名山入剡中。"[2]杜甫说："越女天下白，鉴湖五月凉。剡溪蕴秀异，欲罢不能忘。"[3]

正因为越中山水拥有如此出色的风光魅力和文化内涵，所以陆游在诗中一再自豪地声称："吾州清绝冠三吴，天写云山万幅图。"[4]"千金不须买画图，听我长歌歌镜湖。"[5]"我家山阴道，湖山淡空濛。小屋如舴艋，出没烟波中。"[6]

诗人以镜湖之畔的别业为依托，描写了越中山水阡陌纵横，水网、沃野、丘陵交相辉映的景色，为我们展开了一轴轴生动形象的稽山镜水的生动画卷。

一镜三百里，环以碧玉峰。天公赐我厚，极目为提封。烟收见石帆，雨霁望卧龙。嵯峨宝林塔，迢递天章钟。[7]

天遣为农老故乡，山园三亩镜湖旁。嫩莎经雨如秧绿，小蝶穿花似茧黄。斗酒只鸡人笑乐，十风五雨岁丰穰。相逢但喜桑麻长，欲笑穷通已

---

① 谢安《与王胡之诗》六章之六，见《先秦汉魏晋南北朝诗》晋诗卷一三，中华书局1983年版，第906页。

② 李白《秋下荆门》，见《李白全集编年笺注》卷，中华书局2020年版，第1023页。

③ 杜甫《壮游》，《杜诗详注》，第1438页

④《小雨泛镜湖》《剑南诗稿校注》卷一七，第1366页。

⑤《思故山》《剑南诗稿校注》卷一一，第858页。

⑥《病中怀故庐》，《剑南诗稿校注》卷一一，第889页。

⑦《赠湖上父老十八韵》，《剑南诗稿校注》卷三三，第2189页。

两忘。①

　　歌缥缈，橹呕哑，酒如清露鲊如花。逢人问道归何处？笑指船儿此是家。②

　　幽栖莫笑蜗庐小，有云山、烟水万重。半世向、丹青看，喜如今、身在画中。③

　　诗中图画般的意境，与诗人怡然自得的神情融为一体，让人感受到其中安贫乐道者乐山乐水的愉悦。陆游在《春日》自矜："今代江南无画手，矮笺移入放翁诗。"④陆游山水田园诗这种图画般的感觉，饱蘸感情的绘景绘色，一如在山阴道上观景，满眼风光，美不胜收。诗中的农村生活画面虽有理想化的倾向，但这是诗人对生活的充分提炼，为家乡营造美的氛围，不也正说明诗人爱乡之心的殷切吗？

　　陆游在闲居期间写下的大量山水田园诗，生活气息浓厚，推进了中国山水田园诗的风俗化进程。⑤特别值得一提的是，诗人用诗歌描述了南宋山阴农村大量的民俗风尚，如镜湖一带十分盛行的风俗赛神、下湖，以及民间演艺，演戏、作场等。这些风俗场景都真切地呈现在他的诗境之中。

　　赛神即祭神，也叫赛社，是上古流传下来的蜡祭遗俗。农闲时分，农民们往往相聚以酒食祭田神，击鼓吹笙相与饮酒作乐。陆游《剑南诗稿》中描写赛神的诗很多，据粗略统计，仅直接描写山阴一带民间赛社的诗就有七十余首，记录的赛事多在春、秋、冬三季。赛神场面之热闹，仪式之隆重，祭品之丰盛，只需读读《赛神曲》便可想见一斑：

---

① 《村居初夏》其四，《剑南诗稿校注》卷二二，第1664页。
② 《鹧鸪天·懒向青门学种瓜》，《放翁词编年笺注》（增订本），第26页。
③ 《恋绣衾·不惜貂裘换钓篷》，《放翁词编年笺注》（增订本），第134页。
④ 《春日》其五，《剑南诗稿校注》卷四二，第2647页。
⑤ 杨义《陆游诗魂与越中山水魂》，载《文学遗产》2006年第3期。

击鼓坎坎，吹笙呜呜。绿袍槐简立老巫，红衫绣裙舞小姑。乌白烛明蜡不如，鲤鱼糁美出神厨。老巫前致词，小姑抱酒壶：愿神来享常欢娱，使我嘉谷收连车；牛羊暮归塞门闾，鸡鹜一母生百雏；岁岁赐粟，年年蠲租；蒲鞭不施，圜土空虚；束草作官但形模，刻木为吏无文书；淳风复还羲皇初，绳亦不结况其余。神归人散醉相扶，夜深歌舞官道隅。①

诗人描述了一场完整隆重的祭祀仪式。鼓声坎坎、笙声呜呜，上场的有穿着绿色祭服、手执槐板、神色庄重的老巫，又有穿着红色漂亮裙衫翩翩起舞的小巫。四周乌白蜡烛一片通明，气氛庄重而神秘。老巫代表乡民敬神致词，小巫手执酒壶斟酒司供。

祭祀的地点一般是在庙前的空旷场地上。供品丰盛，端端正正地摆放在祭台上。祭品中，陆游多次提到鱼和酒，可见这是少不了的，象征着年年有余、岁岁安泰。其他如三牲福物："社日淋漓酒满衣，黄鸡正嫩白鹅肥。"②"社肉如林社酒浓，乡邻罗拜祝年丰。"③黄鸡、白鹅和猪豚也常作为祭神的物品供神享用。这些供品从何而来？恐怕还得看看陆游的另一些诗，"半醉半醒村老子，家家门口掠神钱"④"邻僧每欲分斋钵，庙史犹来催社钱"⑤，可见赛神的物品开支，全由乡民自己凑成，分摊承担，一般推举村中年长者或庙巫牵头，敛钱聚资置办一切。

祭神的钱资既然来自各家各户，所以每到祭祀这一天必然是倾村而动，人头簇拥，"比邻毕出观夜场，老稚相呼作春社"⑥。乡民们各自怀着对神的众多期望，祈求神灵降福保佑。农民的渴望是很朴素的，无非是六畜兴旺、五谷丰

---

　①《剑南诗稿校注》卷二九，第1975页。

　②《代邻家子作》，《剑南诗稿校注》卷五九，第3433页。

　③《春社》，《剑南诗稿校注》卷二七，第1883页。

　④《秋日郊居》，《剑南诗稿校注》卷二五，第1781页。

　⑤《晚秋出门戏咏》，《剑南诗稿校注》卷七九，第4254页。

　⑥《三山卜居今三十有三年矣，屋陋甚而地有余，数世之后当自成一村。今日病少闲，作诗以示后人二首》其一，《剑南诗稿校注》卷三八，第2465页。

登，免租免税，不受人欺压凌辱，过安泰和平的生活。一般祭神结束后，村民欢宴相庆，欢乐的场面直到夜深还热闹非凡，歌舞阵阵。从娱神到自娱，赛神整个过程气氛热烈，活灵活现，吟咏一遍，有如同身临的感受。

下湖，也是当地的一种祭祀风俗。农历三月初五是禹的生日，"单衣初著下湖天，飞盖相随出郭船"①，乡民总要乘画舫、具酒食、设歌舞到禹庙拜祭，称之为"下湖（鉴湖）"。陆游有一首小诗《阿姥》，记录了当时鉴湖农村一位七十多岁农村老太太爱下湖、赶热闹的情形："城南倒社下湖忙，阿姥龙钟七十强。犹有尘埃嫁时镜，东涂西抹不成妆。"②

鉴湖农村本来有许多古老的文化习俗，除了逢春秋及年关时要赛神祭社外，还有"下湖"这种习俗，这些民间节庆祭祀活动，对长年面对土地的乡民来说，既是祈神保佑的必要仪式，又是难得的文化娱乐方式，在当时称得上是隆重的节日。所以即便是这位上了年纪的乡村老妇，也不想错过这个出门的好机会，还特别拿出陪嫁时的镜子，涂脂抹粉，穿戴整齐地赶热闹去了。作者用一个古稀之年爱赶热闹的阿姥神态，反映了当时农村普遍流行的节庆风尚。

演戏、作场，相当于我们今天的民间演出。七八百年前的鉴湖农村已有小麦、早稻、晚稻三熟制的耕作，水稻有五十六个品种③，自然环境比较优裕，遇上好的年景，丰收的季节，村落邻里会集资请伶人前来演戏、作场。宋室南渡后，宗室亲贵多在此购田置产，所以这一带大姓大族特别多，人口也相对密集。因为与京城临安比较近，文化也传播得特别快，乡村伶人作场演出十分普遍，陆游《小舟游近村，舍舟步归》："斜阳古柳赵家庄，负鼓盲翁正作场。死后是非谁管得，满村听说蔡中郎。"④记录了鉴湖南畔聚落赵家庄，村头古柳树下负鼓的说艺盲人的作场表演。开场的锣鼓和精彩的故事吸引着全村人围观。盲人说的是蔡中郎（蔡邕，字伯喈）的故事，从诗人的笔调中显然证明艺人口中的蔡邕，身后已是非惹身，被说成是一个背亲弃妇不仁不义的反面角色。据徐渭

---

① 《上巳书事》，《剑南诗稿校注》卷三二，第2136页。
② 《剑南诗稿校注》卷四三，第2672页。
③ 包伟民《陆游的乡村世界》，社会科学文献出版社2020年版，第76页。
④ 《剑南诗稿校注》卷三三，第2193页。

《南词叙录》记载，南宋的戏文中就有《赵贞女蔡二郎》的故事，写的是蔡伯喈及第后，抛弃父母妻室，入赘牛相府负德负心的故事，这正好与陆游诗中艺人口吻相近。一个历史人物身后居然被艺人当作故事来演说，引得满村人感慨唏嘘，可见故事本身已经相当艺术化了。

绍熙四年（1193），那一年是丰年，陆游《春社》诗里有描述："太平处处是优场，社日儿童喜欲狂。且看参军唤苍鹘，京都新禁舞者郎。"①说明年成好时的山阴农村，社日常有参军戏的频繁演出，伶人在村里作场，甚至那些在京都临安被禁止上演的曲目，在山阴乡村照演不误。主角（参军）和配角（苍鹘）滑稽的表演，常引得儿童们开怀大笑。

鉴湖农村不但有优场、戏场，而且还有村伶、老伶这些演出的角色。这些说明，在南宋时期的山阴农村，演戏、作场已经相当普遍，并且深受欢迎。庆元四年（1198）秋，又是一个丰年，陆游作《书喜》："今年端的是丰穰，

鉴湖中堰庙前戏台

十里家家喜欲狂。俗美农夫知让畔，化行蚕妇不争桑。酒坊饮客朝成市，佛庙村伶夜作场……"②记录了南宋乡村世界中的民俗文化，佛庙前也成了村里演戏的好地方。

陆游对乡土的这份感情历久弥深，开禧元年（1205）诗人作《稽山行》，对稽山鉴水的诗意生活进行了全景式的展示：

稽山何巍巍，浙江水汤汤。千里亘大野，句践之所荒。春雨桑柘绿，

---

① 《剑南诗稿校注》卷二七，第1884页。
② 《剑南诗稿校注》卷三七，第2417页。

秋风粳稻香。村村作蟹椴，处处起鱼梁。陂放万头鸭，园覆千畦姜。春碓声如雷，私债逾官仓。禹庙争奉牲，兰亭共流觞。空巷看竞渡，倒社观戏场。项里杨梅熟，采摘日夜忙。翠篮满山路，不数荔枝筐。星驰入侯家，那惜黄金偿？湘湖莼菜出，卖者环三乡。何以共烹煮？鲈鱼三尺长。芳鲜初上市，羊酪何足当。镜湖滀众水，自汉无旱蝗。重楼与曲槛，潋滟浮湖光。舟行以当车，小伞遮新妆。浅坊小陌间，深夜理丝簧。我老述此诗，妄继古乐章。恨无季札听，大国风泱泱。①

稽山巍巍，浙水汤汤，上古文明造就了这片肥沃的土地，长久地沾溉着她的子孙后代。诗用近似于汉赋的笔法铺张陈物，分述家乡特产、风土人情。稻作、蚕桑、渔牧一应俱全，民风民俗淳朴丰富。

春天有桑柘蚕事，秋天粳稻飘香，随处可见的蟹椴和鱼梁都能打捞起意外的惊喜。还有池塘中的麻鸭、菜园中的嫩姜，都包含着富足的愉悦，在如雷的春碓声中，有谁不为这诱人的景象所陶醉呢？

陆游三山故居不远处的项里是盛产杨梅的地方，项里杨梅"绿阴翳翳连山市，丹实累累照路隅"②，是朝廷贡品，诗人说"项里杨梅敌荔枝"③。每逢杨梅成熟的季节，诗人总是要驾着小船到项里山上，观看乡民们日夜采摘装笼，"火齐骊珠"④飞送京城的情形。湘湖的莼菜和鲈鱼，是水乡著名的佳肴。芳香的莼菜和鲜美的鲈鱼所特有的风味，曾使西晋的张翰怦然心动，毅然辞官归乡，此种风物唤起了多少游子美好的记忆啊。

在山阴的风土习俗中，流觞是为文人雅举，祭禹、竞渡和看戏则是民间盛行的娱乐活动。诗人描写鉴湖的湖光山色和人们生活其间的安闲与自得，有几个镜头今天看来也是饶有兴味，颇具地域风味的：一是以舟代步，仕女的小伞新妆，是一道靓丽的风景；二是小街小巷中夜阑时分的丝竹之乐，透露出诗礼

---

① 《剑南诗稿校注》卷六五，第3660页。

② 《六峰项里看采杨梅连日留山中》卷一七，《剑南诗稿校注》卷，第1316页。

③ 《致仕后即事十五首》其十二，《剑南诗稿校注》卷三九，第2493页。

④ 《项里观杨梅》诗中喻杨梅语，《剑南诗稿校注》卷四三，第2684页。

之乡闲雅生活之风尚。这一切形象地勾勒出了江南水乡特有的韵味和风情。

陆游晚年对家乡的稔熟简直到了如数家珍的程度。王士禛说陆游"写村林茅舍、农田耕渔、花石琴酒事，每遂月日，记寒暑，读其诗如读其年谱也"[①]，梁清远也认为"陆放翁诗，山居景况，一一写尽，可为山林史"。[②]陆游的田园诗犹如一本汇集南宋山阴民间生活的百科全书，又如一幅幅山水人文写意的文学地图，为后人寻觅越地的文化印痕留下了千古流传的话题。

林亭感旧：点点滴滴沈园情

诗人大量地、系统地、分门别类地命题歌咏越中景观名胜，则始于晚年奉祠时。他不时过往的地方有镜湖边贺知章的剡曲、道士庄，祖居鲁墟、吼山，对岸的项里、进城的画桥、东跨湖桥等。他分咏了钱清、萧山、梅山、兰亭、九里、禹庙、五云、东泾、东关、卧龙山、蕺山、秦望山、鹅鼻山、石帆山、平水、若耶溪、三江、剡溪等地的胜景。他也是禹祠、禹迹寺、能仁寺、云门寺、小隐山园、沈氏园的常客。在众多山水胜迹、园林亭台之间，都留下了诗人多情的足迹和动情的诗篇。特别是城南禹迹寺边的沈氏小园，更时时地牵动着诗人深藏在心底的一份情愫。

绍兴二十一年（1151）春天，陆游与前妻唐氏在沈氏小园的那次邂逅不久，唐氏因不能忘情郁郁而逝了，唐氏的早逝造成了陆游终身的伤痛和愧疚。自此，陆游常常睹物思人，触目伤怀。入蜀途中，船到江陵，诗人求菊花于江上人家，面对芳馥可爱的菊花，为之颓然径醉。在严州任上整理诗稿时，陆游曾写过两首题为《余年二十时，尝作菊枕诗，颇传于人。今秋偶复采菊缝枕囊，凄然有感》[③]的绝句，诗云：

采得黄花作枕囊，曲屏深幌闷幽香。唤回四十三年梦，灯暗无人说

---

① 见〔清〕王士禛《带经堂诗话》卷一《品藻》，载《古典文学研究资料汇编·陆游卷》，第161页。
② 见〔清〕梁清远《雕丘杂录》卷一，载《古典文学研究资料汇编·陆游卷》，第143页。
③ 《剑南诗稿校注》卷一九，第1473页。

断肠。

> 少日曾题菊枕诗，蠹编残稿锁蛛丝。人间万事消磨尽，只有清香似
> 旧时。

悼亡之意溢于言表。四十三年前正是陆游初娶唐氏的新婚燕尔之际。小夫妻仿效陶潜采菊东篱的雅事，在秋天遍求菊花，采集清香，缝制枕囊，沉浸在充满诗意的闺房吟唱中。陆游还为此题写了《菊枕》诗，唐氏无疑是诗中引人注目的生活原型和第一位忠实的读者、唱和者。然而，这首给他带来风雅诗名的《菊枕》诗并没有成为美满生活的开始。由于母亲的不满，陆游不得不与恩爱的妻子分手，继娶父亲僚友四川蜀州人、澧州刺史王膳之女①王氏夫人。唐氏也改嫁同郡士人赵士程。这场劳燕分飞的悲剧令人唏嘘不已。"偶复采菊缝枕囊"都让诗人"凄然有感"。四十三年前采菊缝枕，曲屏深幄之间弥漫的幽香给人以凄凉而甜蜜的回忆。四十三年过去了，人间万事消磨，但菊花清香依然，那首洋溢着诗人少年情怀的《菊枕》诗，在严州再编时虽然最终没有被收入到《剑南诗稿》中去，相信诗人已把它作为最美好、最个人的创作而珍藏于心间了。

年轻时的婚姻悲剧造成了陆游终身的遗憾，每过沈园，陆游总情不自禁地徘徊于桥下池边，因为这一汪依然翠绿的春波，曾留下唐氏临流盼照时的俊美情影。陆游晚年许多怀念前妻唐氏的诗作都以沈园为背景。绍熙三年（1192），六十八岁高龄的陆游来到沈园，作七律一首，诗云《禹迹寺南有沈氏小园，四十年前尝题小阕壁间，偶复一到，而园已易主，刻小阕于石，读之怅然》：

> 枫叶初丹槲叶黄，河阳愁鬓怯新霜。林亭感旧空回首，泉路凭谁说断
> 肠！坏壁醉题尘漠漠，断云幽梦事茫茫。年来妄念消除尽，回向禅龛一

---

① 〔清〕陆曾篆修《山阴陆氏族谱》，清康熙四十三年世德堂刻本，上海图书馆藏。

炷香。①

　　《剑南诗稿》中直接言及沈园题壁的诗共有三首，这是现存最早的一首了。诗不但点明了题壁的时间，据"四十年前尝题小阁壁间"云云，可知沈园题壁是写诗的时间上推四十年，即绍兴二十二年（1152）。但根据陈鹄亲见题壁落款是"辛未三月"即绍兴二十一年，应该是四十一年前所题，诗人在此当举其整数，与陆游在诗中自述入蜀十年（实际近九年）一样，都是概指。诗还暗示题壁词所涉及的前妻唐氏夫人已赴"泉路"，沈园此时也已易主。壁上之字，苔尘漠漠，早被好事者刻在石上。这首七律写旧地重游的怅然之情，并用"河阳愁鬓"的典故，自比丧妻而多情的诗人潘岳，点明悼亡之意。伤悼最后在沈园相遇的前妻唐氏（此时继娶的王氏夫人尚健在）。抚今追昔，亭园依旧，墨迹犹存，而伊人却早赴泉台，往事真如大梦一场。题壁的墙垣因年代久远而颓坏，壁间的墨痕也苔痕斑斑，然而诗人却情怀依旧，以神龛前的一炷清香，表达生者对逝者的虔诚之感和一往情深。但诗人没有明言题于壁间的"小阁"是哪一首，南宋陈鹄《耆旧续闻》和周密《齐东野语》两家笔记记录的题壁词是《钗头凤》。

　　陆游受家门和师门的影响，一生与道亲近，相信老庄、神仙和养生术。特别是在政治上受挫，个人不幸时，就把学道当作栖泊身心、安顿性命的所在。陆游晚号"龟堂老人"，并以"还婴"名室，都有很浓的道学气息。诗人学道虽勤，但最终未能成"正果"，这正是他性情的可贵之处。"学道当于万事轻"说的是道家超世拔尘的观念，"万事轻"即不能过于执着认真，而陆游偏偏又是个执着认真的人，所以自感"力浅"没有通泰之定心，特别容易激动，不能忘情，哀感万分。然而在后人看来，陆游个性中最具魅力的也就是这个"情"字。

　　庆元五年（1199），七十五岁年逾古稀的陆游在沈园又写下了荡气回肠的《沈园》二绝：

---

① 《剑南诗稿校注》卷二五，第1809页。

　　　　城上斜阳画角哀，沈园非复旧池台。伤心桥下春波绿，曾是惊鸿照
影来。

　　　　梦断香消四十年，沈园柳老不吹绵。此身行作稽山土，犹吊遗踪一
泫然。①

　　唐氏已去世多年，诗人则年事已高，垂垂老矣，行将就木，但只要一踏上
城南之路，一见到沈园熟悉的景色，惊鸿照影的美好回忆令人不禁老泪纵横。
一个将要化为一抔稽山之土的老人，追怀年轻时的往事，尚不能自已！陈衍在
《宋诗精华录》中这样评价《沈园》诗："无此绝等伤心之事，亦无此绝等伤心
之诗。就百年论，谁愿有此事；就千秋论，不可无此诗。"②
　　陆游始终放不下对往事的追念。八十一岁那年陆游还夜梦沈氏园：

　　　　路近城南已怕行，沈家园里更伤情。香穿客袖梅花在，绿蘸寺桥春
水生。

　　　　城南小陌又逢春，只见梅花不见人。玉骨久成泉下土，墨迹犹锁壁
间尘。③

　　诗人一往情深，连做梦都在怀念唐氏夫人。八十二岁的陆游如孤鹤归来，
再一次来到魂牵梦绕的沈园，看到曾经题壁的园墙已布满了青苔，岁月沧桑，
尘渍斑斑，《城南》诗又提到沈园题壁的往事：

　　　　城南亭榭锁闲坊，孤鹤归飞只自伤。尘渍苔侵数行墨，尔来谁为拂

---

　　① 《剑南诗稿校注》卷三九，第2478页。
　　② 陈衍《宋诗精华录》，巴蜀书社1992版，第562页。
　　③ 《十二月二日夜，梦游沈氏园亭》，《剑南诗稿校注》卷六五，第3677页。

颓墙？①

回首宦海沉浮，保国之志未能实现，陆游备感孤独，因此，更加愧对唐氏。即便是嘉泰三年（1203），陆游奉召赴朝修孝宗、光宗两朝实录，在临安小住期间，心里仍系着"余寒漠漠"的"城南路"的沈氏园林：

> 桃李吹成九陌尘，客中又过一年春。余寒漠漠城南路，只见秋千不见人。②

诗中"只见秋千不见人"与《十二月二日夜梦游沈氏园亭》中的"只见梅花不见人"当是同一情愫。

嘉定元年（1208）春，八十四岁的陆游作《春游》绝句，记录的是他这一年寒食前后的一次比较尽兴的春游。他是乘小舟从城西鉴湖三山出发的，遍游城东南二十五里处会稽山麓的禹祠、龙瑞宫，城西南三十里处的兰亭，城西北的梅市桥等处，足迹遍布稽山镜水的胜景。这次带有回眸告别性质的旅游，本来是挺愉快自得的，前几首绝句中有"轻舟如叶桨如飞""放翁依旧醉春风"之句，但一到沈园就不同了：

> 沈家园里花如锦，半是当年识放翁。也信美人终作土，不堪幽梦太匆匆。③

尽管沈家园里梅花繁丽如锦，诗人一踏进这洒下多少爱和怨的门墙，面对"半是当年识放翁"的梅花，游春之兴顿时都化为伤悼之感。"只见梅花不见人"，往事如梦如电，几十年的生死恋情，如白驹过隙，一晃而已。这是陆游有生之年为唐氏夫人咏唱的最后一首情歌。第二年冬天，诗人带着未了的情缘溘

---

① 《剑南诗稿校注》卷六八，第3836页。
② 《春日绝句》，《剑南诗稿校注》卷五三，第3138页。
③ 《剑南诗稿校注》卷七五，第4138页。

然谢世了，这首诗成了他最后的挽歌。正如他直到临死还不忘收复中原一样，对前妻的思恋和伤悼也是至死不渝的，已成为他生命中的"情意结"。

诸多的沈园诗使我们看到了封建制度下诗人的悲剧婚姻所造成的终身郁悒。然而，在这个婚姻悲剧中，受煎熬的远不只陆、唐二人，还有一位方正贤良、与放翁过了半个多世纪贫贱生活，含辛茹苦养育儿女的王氏夫人，由于是奉命结合的婚姻，她生前固然没有得到陆游爱的吟唱。宁宗庆元三年（1197），王氏夫人去世，陆游只写过一首《自伤》的诗，除了"白头老鳏哭空堂，不独悼死亦自伤"两句是哭丧外，之后再也没有半句悼亡的诗句。与沈园诗的缠绵哀绝相比，王氏无言的不幸，难道不是封建制度造成的又一出尤牺牲者的婚姻悲剧吗？这同样令人同情和深思。

检点《剑南诗稿》，笔者认为有据可稽、信实可考的沈园本事诗计有十首，除一首七律外，其他均为七言绝句。[①]唐氏留给陆游的是几十年凄美而温馨的旧梦，陆游是把唐氏当作终身眷恋的爱人来歌咏的。放翁彼时的情怀和对唐氏的忆念当属于"不思量，自难忘"。

沈园诗大多采用绝句的抒情体式，以表现情景相触时一刹那间的感受，当与放翁晚年悯物伤怀式的情感流露特征有关。沈园情愫确实极适合于绝句表达，因为诗人抒发的大多是点点滴滴袭上心头的哀思，感情的触发往往会是不经意的一件小事或偶尔的一个稔熟的场景，有很多天然的、即情即景的韵味。

综观陆游的沈园诗，诗人并没有用多少艺术手段，诗中也几乎没有什么难以索解的地方。诗歌本身所抒发的情感率真坦诚不说，诗中所依托的意象，也只是日常生活中习见的事与物。抒情主人公在诗中的身影随处可见，如"香穿客袖""坏壁醉题""林亭感旧""孤鹤归飞""空吊颓垣"云云，与之相对应的唐氏形象，诗人称之为翩若"惊鸿"洛神般的"美人"，也总是和梅花、秋菊、春波、小桥相得益彰。诗人通过今昔画面纷至沓出的组辑，让往事、遗踪都裸露在饱含深情的吐露之中。沈园诗，味有酸楚、有挚爱、有自伤、有愧疚，不管这些滋味有多苦涩多复杂，由于诗情与本事之间的关系非常密切，见诗又见

---

① 高利华《陆游沈园本事诗考辨》，载《文史》2003年第2期。

事，两者交相辉映，所以特别真切感人。

沈园本事诗远不止《剑南诗稿》删斫后十余首的规模，由于种种难言之隐，象《菊枕》诗那样动情的作品，《剑南诗稿》均未予收载。现存沈园诗数量虽不多，但创作跨度大，达二十余年之久，直至临殁前的春天，诗人还在一往情深地在诉说他对唐氏至死不渝的情爱。

寄意恢复：僵卧孤村不自哀

从落职回乡的次年，即光宗绍熙元年（1190）冬天，至宁宗庆元四年（1198），是陆游一生中蛰居山阴奉祠时间最长的一段时期，也是心里非常寂寞郁愤的一段时期。八年间，他连续四任提举建宁府武夷山冲祐观，退居在家领取朝廷的半俸，以表明无意仕途的姿态。其实，即便如此，还是摆脱不了与政治的种种干系。

按宋代的官制，奉祠一任为二年，祠禄一般不超过二任，在通常情形下是不允许连请三任的。而陆游一连就是四任，不能不说是一种偶然和例外。①鉴于政治上遭受的反复打击和挫折，陆游有时简直愤激到要巢居避世的程度，希望做一个与世无争的"稽山农"。然而这一切对于"瘴疠不忘中原"的诗人来说，实际上是不可能的。因为陆游连做梦都没有放弃过对中原的牵挂：

驿树秋风急，关城暮角悲。平生忠愤意，来拜华山祠。②

陆游一生行旅的足迹遍布虽广，却从未到过淮河以北的中原地区，但他在梦中已去过长安、洛阳、开封、太行、塞上等北方许多地方，并且都有诗记录，

---

① 据邱鸣皋《陆游评传》，陆游第三次乞祠，正逢孝宗庆寿之机遇，可以法外开恩。第四次奉祠，则非陆游自请，而是出于党禁时期的政治需要，执政的韩侂胄为拉拢名士"法外施仁"主动下达的。陆游闻讯时，颇感意外，接受时心情是复杂的，他甚至对无功而得禄感到十分惭愧。南京大学出版社2002年版，第197页。

② 《癸丑七月二十七夜，梦游华岳庙》，《剑南诗稿校注》卷二七，第1902页。

想着"何由亲奉平戎诏，蹴踏关中建帝都"①。这种中原情结和南宋朝野怀念北宋故都的思潮是息息相关的。陆游对中原的情感又显示出不同于北宋移民的方面。他放大美化了北宋往昔的承平繁华，期盼能收复中原，尽管现实不可期，但陆游始终没有放弃宋廷重回故都的梦想。②正是在这种意识的驱动之下，陆游在梦中很自然地奔向中原，踏上了拜谒华岳祠的旅途。

诗人为什么要到华岳祠拜祭？这里隐含着这样一则历史典故：唐代大将李靖在攻破突厥、吐谷浑，收复失土建立功勋后，曾到华岳庙拜祭华岳神。这一壮举，对陆游来说，有极大的吸引力，他一直期待着有那么一天，也能像李靖一样大功告成到华山祭神。于是诗人梦中先行，成就了他醒时无法了却的心愿。这绝不是一个普普通通的梦，它是诗人心中忠愤之意的又一次宣泄。

陆游即使在寤寐之间也表现出昂扬的斗志：

> 僵卧孤村不自哀，尚思为国戍轮台。夜阑卧听风吹雨，铁马冰河入梦来。③

在一个风雨大作的夜晚，陆游酣然入梦，梦见自己铁马英姿，驰骋在中原秋日的战场上，夜阑时分窗外的风雨之声，都化作梦境中沙场厮杀的场面。这是一个狂风大雨催成的英雄梦！尽管诗人身处荒村，但志在千里，梦中也慨然赴边。诗中梦像实是他平日心意所致，也是他中年南郑军旅生活的一种无意识显现。

从"靖康之变"到作者落职僻居乡野，一晃七十年，时光匆匆而过，而南宋的大片河山仍沦落在金人的铁蹄之下，恢复无望，怎能不让人心潮起伏？

> 三万里河东入海，五千仞岳上摩天。遗民泪尽胡尘里，南望王师又

---

① 《醉题》，《剑南诗稿校注》卷二七，第1905页。
② 胡传志《陆游的故都想象》，载《中国诗学研究》2021年第1期。
③ 《十一月四日风雨大作》，《剑南诗稿校注》卷二六，第1829页。

一年。①

诗人在另一首《寒夜歌》中也唱道："三万里之黄河入东海，五千仞之太华摩苍旻。坐令此地没胡虏，两京宫阙悲荆榛！"②尽管故国河山沦陷已多年，可诗人的心总是和中原河山血肉相关，与中原人民心息相通。诗人在漫漫长夜里，仿佛看到沦陷区人民心存希望，含着眼泪翘首南望王师，盼了一年又一年，盼望恢复中原，过上幸福安定的日子。陆游在稍后的《夜读范至能揽辔录》一首诗中更进一层写出了自己沉痛之由。中原父老不知道南宋统治集团内部打击迫害抗金势力的情况，所以至今心存希望。如果他们知道南宋朝廷根本不思恢复故土，又当何等的失望痛心！

陆游在垂暮之年，穷居山阴偏僻的山村里，心念北伐，寤寐辗转，半夜起来，在篱门外迎着料峭的寒风，孤独的身影正远望中原，黯然伤怀，怆然涕下。读这样的诗作，怎不让人对这位老诗人肃然起敬！

---

① 《秋夜将晓出篱门迎凉有感》，《剑南诗稿校注》卷二四，第1774页。
② 《剑南诗稿校注》卷三四，第2233页。

第十三章　报国欲死无战场

"庆元党禁"：诸公可叹善谋身

庆元通宝

在陆游闲居山阴期间，南宋的政局发生了重大的变化，特别是"庆元党禁"所引发的政治上的派系斗争在朝廷激起了一场轩然大波。

宋光宗赵惇（1147—1200）原是个昏聩无能的皇帝，在位不到五年，为君为子都缺少应有的远略和涵养。淳熙十六年（1189）光宗接位后，在朝政上，对南宋自高宗禅位以后定下的祖制"一月四朝"制十分腻烦，即皇帝要定期接受太上皇"责善"的"孝"道。他的性格十分怪僻懦弱，又有一个长他两岁、出身"群盗"之家充满悍气的李氏为皇后，是一个完全听制于后宫的典型的"惧内"皇上。

光宗在位时碌碌无为，虽然主观上很想独行大权，实质上缺乏这样的能力。由于性格的原因处处受制于人，必须履行作为人子"温清定省"的孝道①，由此

---

① 余时英《朱熹的历史世界》第十二章"皇权与皇极"认为，南宋祖制"一月四朝"的孝道，实质上则具有重大的政治功能。生活·读书·新知三联书店2004年版，第799页。

与太上皇孝宗积怨日深，最终导致"心疾"发作，一度精神失常。病愈后，对太上皇不但不奉行孝道，还经常闹别扭，昏聩糊涂到连最起码的礼节都不顾了。孝宗体谅儿子，遇到重大节庆朝请时，常常事先就下免朝诏，以维护宫廷必须遵循的礼制。光宗不但不领情，还变得十分偏执，完全与父亲对立了。

绍熙五年（1194）正月，孝宗病重，宰相留正等朝臣多次请光宗移驾重华宫探视太上皇，但最后总是不了了之。大臣们很担忧，为此，宰相留正上疏请立嘉王赵扩为皇太子，光宗也不置可否。此等咄咄怪事在朝廷上下传得很快，大臣们议论纷纷，人心惶惶；太学生更是群情激昂，呼声很高，两宫之间的矛盾到后来实际上已经公开化。宰相留正看情况不妙，想躲避责任，索性瞅个机会离京潜逃了。

绍熙五年六月，孝宗驾崩，光宗概不过问，竟然称病不肯主持丧礼，为君为子如此不守孝道，引起了朝野骚动，很不得人心。于是，知枢密院事赵汝愚联合知阁门事韩侂胄共同策划了一次宫廷政变。他们在征得太皇太后（宋高宗宪圣皇后）默认后，拥立太子赵扩（1168—1224）为皇帝，是为宋宁宗。尊光宗赵惇为太上皇，实质上是逼赵惇退位。一场不见硝烟的"绍熙内禅"就这样顺理成章地完成了。

"绍熙内禅"事成后，赵汝愚以宗臣在拥立新帝时功劳较大，宁宗拜为右相；韩侂胄在定策中的作用也不小，他希望能得到节钺（即节度使）的职衔，没能如愿。但凭着他是宁宗皇后韩氏的叔父，居中用事，很得赵扩的宠爱和信任。赵汝愚曾对韩侂胄说，你是外戚，我是宗臣，都是皇帝身边亲近的人，在国家处于危急的时候出力，是分内职责，不应该居功，也不必求什么封赏。赵汝愚信奉的是程朱理学，他显然是以"君子"之"义"来要求韩氏，不以功利为目的。而赵汝愚在掌权不久，随即将他所倚重的朱熹调入京城，以焕章阁待制充任宁宗"侍讲"，在朝廷中强化理学思想，韩侂胄因此而对赵汝愚怨恨在心。

朱熹是个理学大师，尽管早年曾一度表示过反对议和，但绝不是传统意义上的主战派。他关心的不是和与战，而是理学和道统的光大。淳熙十五年（1188），陈亮仿淳熙二年（1175）朱熹、陆九渊、吕祖谦等人的"鹅湖之会"，约请辛弃疾、朱熹赴江西铅山鹅湖会面。朱熹没有赴约，而且对主战人士辛弃疾、陈亮在鹅湖瓢泉共酌，长歌相答，极论世事所表现的恢复大志，反应十分冷淡。六十年来的"和议"已经养成了一种很深的惯性，中原的沦落既成事实，人们已经不再关心和与战的问题，甚至还贬斥那些抗金北伐的行为是人欲横流。朱熹当时的态度就是这样。

朱熹入朝后，对韩侂胄借机植党营私，安置言官，排挤赵汝愚的作风很是忧虑，也很不满。他借讲经之机在宁宗面前弹劾韩侂胄擅权弄政，要求诛杀韩侂胄，以绝后患。由于韩侂胄在内禅过程中出过不少力，又是宁宗赵扩皇后韩氏的叔父，因此深得宁宗的信任。

当参与"绍熙内禅"的韩侂胄、赵汝愚二人的矛盾，演变成对立的党派之争时，宁宗倒向了韩侂胄一边，先用内批的形式罢免朱熹。不久，又找了个借口革去了赵汝愚右相之职。庆元二年（1196），朝廷下诏斥朱熹为代表的道学为"伪学"。庆元四年五月，因朝臣上书"伪学"猖獗，道学权臣结为逆党，窥伺神器，宁宗再次下诏禁"伪学"，这就是史书上说的"庆元党禁"。

"庆元党禁"事实上是政治上的派系争斗反映在学术思想领域的结果。韩侂胄通过党禁把持了朝政，先将弹劾他的朱熹除去，接着又把本是同道的宰相赵汝愚排挤出朝廷。在党禁中，韩侂胄青云直上，位至太傅。

如果以前陈亮、叶适对以朱熹为代表的道学的抨击，是属于学术观点的批判的话，那么"庆元党禁"则是政治强权对学术的一种压制，其后果必然殃及许多无辜的学者。在党禁中，入籍"逆党"者凡五十九人，受到株连的人很多，形势变得人人自危。在当时，朱熹的"门人故交，尝过其门，凛然不敢入"[1]，甚至一些士大夫"更名他师"，"变易衣冠，狎游市肆，以自别其非党"[2]。

"庆元党禁"对儒家学者在政治上的清理，滋生出了仕风的丕变。韩侂胄执政期间，"举朝之臣，知有侂胄而不复知有人主；虽往时坐党被斥之人，亦有趋趋于侂胄之门者矣"[3]。

---

① 《四朝闻见录》丁集《庆元党》，第149页。
② 《宋史》卷四二九《道学》三，第12769页。
③ 《庆元党禁》，中华书局1985年版，第23页。

　　陆游对"绍熙内禅"发动的政变显然是拥护的，他在诗中表达了对朝廷的
支持和期待，但对随之而来引发的"庆元党禁"，以及韩侂胄用"伪学""鼓动
天下，图谋不轨"等罪名打击朱熹、赵汝愚的做法深感忧虑。北宋的亡国很大
程度上缘于党争，他深知历史上党争误国的历史教训，他在诗中写道："大事竟
为朋党误，遗民空叹岁时遒。"①他最担心的是朋党之争带来的直接后果是国力
削弱，人心涣散，断送恢复大业。况且列入庆元"伪学逆党"的五十九人中，
有许多是当时很有影响力的知名人士，如朱熹、周必大、叶适等，他们与陆游
关系密切，意气相投。好在当时陆游僻居山阴农村，落职回乡，又曾为赵汝愚
等所弹劾，所以不在伪党之列。

　　从"绍熙内禅"到"庆元党禁"的近十年间，无论朝廷政治风云如何变幻，
党争演变到怎样一个局面，陆游都可以置身事外，唯有事关恢复的国家大事，
始终令他忧切，难以释怀。他在诗文中屡屡言及这样一些话题：

　　　　自丧乱来七十年，遗老凋落无在者，然后知此书之不可阙。吕公论著
　　实崇宁、大观间，岂前辈达识，固已知有后日耶！然年运而往士大夫安于
　　江左，求新亭对泣者，正未易得，抚卷累欷。②

　　　　楚水枫林霜露新，白头一叟正呻吟。牛衣未起王章疾，马磨何伤许靖
　　贫。治道本来存简册，神州谁与静烟尘。新亭对泣犹稀见，况觅夷吾一
　　辈人。③

　　南宋初年，士大夫言及国事，往往慷慨激昂。六十几年过去了，士大夫苟
安江南，莫说没有王导式的宰相，连新亭对泣的忧国之士都不可多得了，多的
是争权夺利、明哲保身之徒。其《书叹》云：

---

　　① 《北望感怀》，《剑南诗稿校注》卷四一，第2610页。
　　② 《跋吕侍讲岁时杂记》，《渭南文集笺校》卷二八，第1432页。
　　③ 《初寒病中有感》，《剑南诗稿校注》卷二八，第1931页。

少年志欲扫胡尘，至老宁知不少伸。览镜已悲身潦倒，横戈空觉胆轮囷。生无鲍叔能相知，死有要离与卜邻。回望不须揩病眼，长安冠剑几番新。①

诗人冷眼观世，看到"长安冠剑几番新"，感叹当朝旧僚新贵相继登场，党同伐异，争权夺利，置中原的大好河山不顾，置沦陷区百姓"忍死望恢复"的殷切期望和呼唤不顾！

诸公可叹善谋身，误国当年岂一秦？不望夷吾出江左，新亭对泣亦无人！②

从绍兴和议、隆兴和议到诗人写诗时，已历半个多世纪。一方面，金人在中原的土地上扎根盘踞已成事实，另一方面，南宋小朝廷麻木苟安"直把杭州作汴州"，诸公谋身有方，新亭对泣无人，现实和历史同样令人沮丧失望。陆游感今怀昔，不胜怅然，只好借《醉歌》来一吐心中的愤慨：

读书三万卷，仕宦皆束阁；学剑四十年，虏血未染锷。不得为长虹，万丈扫寥廓；又不为疾风，六月送飞雹。战马死槽枥，公卿守和约。穷边指淮淝，异域视京洛。于乎此何心，有酒吾忍酌？平生为衣食，敛版靴两脚。心虽了是非，口不给唯诺。如今老且病，鬓秃牙齿落。仰天少吐气，饿死实差乐。壮心埋不朽，千载犹可作。③

这首醉歌可以看作诗人彼时情绪之标本。也许因为醉意醺然，才能激活诗人被压抑已久的意愿，新愁旧恨一齐涌上笔端心头。诗人自言"读书三万卷""学剑四十年"，但到头来书束之高阁无用武之地，剑连敌人的边都没挨着。他

---

① 《剑南诗稿校注》卷二七，第1901页。
② 《追感往事》，《剑南诗稿校注》卷四五，第2781页。
③ 《剑南诗稿校注》卷二一，第1609页。

感叹自己既不能化为长虹廓清天宇，又不能变成疾风给六月的炎夏送来冰雹的清凉。总之，空怀一副肝胆，满腹的感伤和愤怒。诗人对朝政和自己内心都有着深刻的剖析与批判。"战马死槽枥，公卿守和约"，陆游不止一次地感叹"公卿可叹善谋身，当时误国岂一秦？"对于朝中大臣只为个人利益打算，竟把淮河、泗水当作边界，把开封、洛阳看作是异域他国，早已把沦陷的中原山河忘得一干二净！诗人痛心疾首，呜呼纵叹，气愤得连滴酒也难以下咽！

韩侂胄执政后，分明看到了主战人士对于恢复的迫切心理，他力排众议，提出了恢复主张，开始筹谋北伐。庆元元年（1195）八月，在排斥异己的同时，"诏内外诸军主帅条奏武备边防之策以闻"①。韩侂胄着手备战，做出北伐的姿态，起用抗战派人士，开始受到了一批人的拥护和支持，其中包括陆游和辛弃疾。

三 为史官的苦涩

韩侂胄（1152—1207），字节夫，相州安阳（今河南安阳）人，出身名门，是北宋名将魏郡王韩琦（1008—1075）的曾孙，神宗之女齐国长公主之孙，父亲韩诚娶高宗宪圣皇后之妹，其妻乃宪圣侄女，宁宗皇后又是他的侄孙女。韩侂胄祖上名声显赫，再加上与赵宋王室这种深厚的渊源，为其他近幸亲贵所莫及。因此，韩侂胄"居中用事"以来，利用"庆元党禁"宣告了以反近幸为己任的道学朋党的彻底失败。他把赵汝愚、朱熹、彭龟年等很有影响的道学人士都逐斥贬死，完全确立了近幸派相党的专制地位。在这个过程中，他的一些做法过于残酷，很不得人心，受到朝野人士的抵触。事过以后，他对此也感到后悔，为笼络人心，免于日后报复，他主动作出化解成见的姿态。庆元五年（1199），"伪党之禁"开始缓解。至嘉泰二年（1202），"逆党之禁"也开始松弛。朝廷追复赵汝愚、朱熹、周必大等人之职。他先后解除了学禁与党禁，对道学反对派人士主动作出让步。不仅如此，韩侂胄为谋求团结，一致北伐，还

---

① 《宋史》卷三七，第709页。

起用了被列入"伪学党禁"之籍的叶适、刘光祖、陈傅良等人，连被韩侂胄打成"伪学逆党"的薛叔似，也因赞同北伐而被重用。他团结了一批反对党人士共同筹划战事，在这样的背景下，陆游与韩侂胄发生了直接联系。

韩、陆两家原有"通家之谊"，陆游祖父陆佃与韩侂胄从祖韩宗彦（？—1060）在徽宗当朝时同为执政大臣，当时同入元祐党籍。韩侂胄的堂兄韩肖胄（1075—1150，字似夫）建炎初为工部侍郎，金兵入侵后，主张抗金。他认为议和只是权宜之计，等国家安强、军声大振之时，誓当雪此仇耻。绍兴十年（1140）五月，韩肖胄以资政殿学士知绍兴府，与其弟韩膺胄（1096—1176，字勉夫）与陆宰一家均有往来，给年幼的陆游留下了深刻的印象。后来，韩肖胄之孙韩晞道也和陆游保持了友谊。庆元六年（1200），陆游寄诗给韩晞道，"子孙继踵皆将相，我犹及拜西枢公。顾怜通家略贵贱，劳问教诲均儿童"[1]，可见陆氏与韩氏素有通家之谊，陆游希望韩晞道继承韩琦的功业，支持推动韩侂胄北伐。

不论韩侂胄倡导北伐到底出于何种动机，他在政治上的一系列开明政策和行动上的积极用贤，均有利于积蓄力量，号召朝野一致准备恢复大业，他的做法也得到了爱国人士的支持。江湖诗人刘过、欧阳丞等纷纷寄诗，表现出对北伐跃跃欲试的热情。

嘉泰通宝

嘉泰元年（1201）早春二月，陆游为绍兴府主持新修的方志嘉泰《会稽志》作序。嘉泰二年五月，朝廷以孝宗、光宗两朝实录及三朝史未就，宣召陆游以实录院同修撰兼同修国史。[2]六月十四日，陆游奉召入都，在临安六官宅小住。这是陆游第三次到临安供职为史官，时年七十八岁。考虑到陆游年迈，朝廷特许免奉朝请。同年十二月，除秘书监

① 《江东韩漕晞道寄杨庭秀所赠诗来求同赋作此寄之》，《剑南诗稿校注》卷四三，第2679页。
② 《宋史》卷三九五《陆游传》，第12057页。

（正四品），①他自己也有《恩除秘书监》诗为志：

> 群仙鹤驾去难追，白首重来不自知。才艺荒唐痴独绝，功名蹭蹬老如期。海边郑叟穷耽酒，吴下韦郎晚学诗。扶上木天君莫笑，衰残不似壮游时。②

张镃听说陆游赴召，喜而赋诗相贺，江湖诗人苏泂、杜旟有诗送行，支持陆游出仕，③认为以陆游的地位与声望出领国史院，主持修纂孝宗、光宗两朝实录是众望所归，是当之无愧的。然而，陆游的老朋友，著名诗人杨万里却对陆游的此番出仕非常不满，他曾奉劝陆游不要和当道者韩侂胄来往。杨万里认为陆游应召是支持韩侂胄用事，有趋炎附势、贪恋富贵之嫌，他用诗表达了他的失望与遗憾：

> 莫说湘南寺，令人绝痛渠。中间缘国论，偶似《绝交书》。衫短枯荷叶，墙高过笋舆。人生须富贵，富贵竟何如？④

出于对道学家的同情，杨万里自己决不与韩侂胄合作，也反对陆游与韩侂胄来往。在北伐问题上，杨万里和陆游也存在着明显的意见分歧。陆游积极支持北伐，杨万里则主张休兵。他认为韩侂胄发动北伐是动兵残民、谋危社稷的作为。因为政见不同，他断然拒绝出仕和为韩侂胄作《南园记》的请求。待开禧北伐消息传来，杨万里气愤至极，不食而死。⑤

对于陆游与韩侂胄往来，不仅杨万里有这样的误解，在党禁中备遭打击的

---

① 陈骙《南宋馆阁续录》卷七曾载有此事："陆游，字务观，会稽人。隆兴初召对，赐进士出身。（嘉泰）二年十二月除。三年二月为宝章阁待制兼。四月提举江州太平兴国宫。"四库全书本，第328页。

② 《剑南诗稿校注》卷五二，第3093页。

③ 张镃有《陆严州赴召喜成三诗》，《南湖集》卷七；苏泂有《送陆放翁赴落致仕修史之命》，《冷然斋诗集》卷一；杜旟《癖斋小集》有《陆务观赴召》，《江湖小集》卷一九。

④ 《纪闻悼旧》，《诚斋集》卷四一，四库全书本，第1743页。

⑤ 《宋史》卷四三三《杨万里传》，第12870页。

朱熹生前对此也颇有微词。朱熹说陆游"迹太近，能太高，恐为有力者所牵挽，不得全此晚节"[①]，担心陆游被弄权者利用而晚节不全，说这话显然是事出有因，有所指摘的。朱熹是因弹劾韩侂胄而遭韩打击与之结怨，赵汝愚因弹劾陆游疏放而与陆游有隙，韩侂胄正是看到陆游与赵汝愚之间的隔阂，以及陆游作为文学名士的巨大声望，想拉拢陆游为其所用。陆游则因为韩侂胄是将门之后，正积极倡导北伐，再度燃起了尘封二十五年之久的恢复中原的希望。朱熹和杨万里只看到韩侂胄弄权的一面，认为韩侂胄倡导北伐本身就是笼络人心，是谋求政治资本的一种手段，没有看到北伐客观上顺应民心，有利于恢复大业的一面。所以对陆游和韩侂胄的交往颇有微词。朱熹本来已经应诺为陆游新命名的"老学庵"作铭文，后来推说自己遭党禁之祸，怕累及陆游，索性不写了。杨万里听到陆游为韩侂胄作《南园记》的消息也大为不满，寄诗相讥讽，可见友人误解之深。

《南园记》是应召前二年（1200），陆游在山阴时，因韩侂胄之请所写的一篇关于园林的应酬文章。据叶绍翁《四朝闻见录》卷乙载："先是慈福（高宗宪圣皇后）赐韩（侂胄）以南园，韩求记于公（陆游）。公记云：'天下知公之功而不知公之志，知上之倚公而不知公之自处。公之自处与上之倚公，本自不侔。'盖寓微词也。又云：'游老，谢事山阴泽中，公以手书来，曰：'子为我作《南园记》。'岂取其无谀言，无侈辞，足以道公之志欤？"[②]南园在临安武林之东麓、西湖之畔，现在杭州的南山路一带，湖山极美，是南宋时天造地设的著名园林。文中先描写了山川形胜，后以忠献王韩琦的事业相勉励。曲终奏雅，希望韩侂胄以其曾祖为榜样，忠于王室，建立功勋，并无谀词。韩侂胄向陆游求文是因为两家有通家之故旧，陆游念韩侂胄是忠献王韩琦之后，且主张抗金，有恢复之志，出于一般的应酬，陆游为之作记，也是人情之常。如果没有后来

---

① 朱熹《答巩仲至》："放翁诗书录寄，幸甚。此亦得其近书，笔力愈精健，顷尝忧其迹太近，能太高，或为有力者所牵挽，不得全此晚节，计今决可免矣，此亦非细事也。"《晦庵集》卷六四，四库全书本，第6932页。朱熹《答巩仲至》："放翁老笔尤健，在今当推为第一流。近闻复有载笔之招，不知果否？方欲往求一文字，或恐以此疑贱迹之为累，未必肯作耳。"《晦庵集》卷六四，四库全书本，第6962页。

② 《四朝闻见录》乙集《陆放翁》，第66页。

的出仕，此事很可能也就被人淡忘了；因为有两年后的入都供职，陆游以耄耋
之年第三次应召为史官，在当时是颇为引人注目的，因此招致了道学家的种种
清议。

陆游入朝后不久，正逢韩侂胄生辰，陆游写了一首《韩太傅生日》的诗，
表示了对北伐的期待和支持。次年即嘉泰三年（1203）四月，陆游与傅伯寿修
成孝宗、光宗两朝实录，正数次上书辞归时，韩侂胄邀请一些官员到"南园"
游览，陆游也在被邀之列。南园中有一泓清泉，用玛瑙石砌成池。韩侂胄的曾
祖北宋名将忠献王韩琦曾有一座阅古堂，所以，把此泉称为"阅古泉"。当时韩
侂胄请求陆游为他作一篇《阅古泉记》，陆游就乘兴一挥而就。淡泊明志，文中
流露出"复归故山"的愿望。文章虽然写得很好，却因为朱熹等人的清议预言
在先，在道学风行的年代里，产生了很大的负面影响；后又因韩侂胄开禧北伐
兵败被诛，与道学有着"血缘"关系的《宋史》将韩侂胄列为奸臣，陆游也因
与韩侂胄的交往而受到了士林的非议和诟病，《南园记》《阅古泉记》二记，遂
成为聚讼千秋的一桩公案。我们认为，对韩侂胄的评价，历史自有公论，不是
《宋史》能一锤定音的。就陆游所撰的二记本身而言，后人的这种所谓"不全晚
节"的诟病显然是不公正的。

清代著名诗人袁枚在《书陆游传后》就为陆游辩诬：

> 《宋史》称陆游为侂胄记《南园》，见讥清议，余尝冤之。夫侂胄，魏
> 公孙，智小而谋大，不过《易》所称折足之鼎耳，非宦寺流也。南园成，
> 延游为记。……宋儒以恶侂胄故波及于游。然则据宋儒之意，必使侂胄划
> 除善念，不许亲近一正人，而为正人者，又必视若洪水猛兽，望望然去之。
> 呜呼！此宋以后清流之祸所以延之明季而愈烈也。……侂胄自咎前失，大
> 弛伪学之禁，又安知非游与往来阴为疏解乎？彼矜矜然自夸清议者，或阴
> 享其福而不知！盖《宋史》成于道学之风甚炽之时，故杨时受蔡京之荐无
> 讥词，胡安国受秦桧之荐，史无讥词。……张浚伐金之谋与侂胄同，符离
> 之败与侂胄同。然而张浚不诛，士林不议者，何也？则一与朱子交，一与
> 朱子忤故也。善乎宁宗之言曰："恢复岂非美事，惜不量力耳。金人葬侂胄

首，谥曰"忠缪"，言其忠于为国、缪于为己故也。[1]

　　韩侂胄网罗四方知名人士，是一种政治行为，既是权力斗争的需要，也是营造北伐声势之必然。袁枚看到了陆游与韩侂胄交往可能影响其解除党禁、共同对外，致力于恢复中原积极的一面。当时支持韩侂胄北伐的并不只有陆游，如辛弃疾、邓有龙、刘过等，包括卷入党祸的许多爱国人士都是北伐的积极参赞者。陆游三为史官既与韩侂胄用事有关，也与陆游当时特殊的资历与声望有直接关系，是形势之必然。

　　陆游在孝宗朝就以文才兼史笔著称，《孝宗实录》始修于庆元元年（1195），因为种种原因，七八年时间过去了，实际上没有什么进展。对于陆游的三为史官，朱东润先生认为：朝廷起用陆游担任修史工作，实际上是用其所长，在陆游固然没有奔走权门的嫌疑，在韩侂胄也没有予以特别的照顾。[2]邱鸣皋先生以为：陆游之所以应召入都，原因是多方面的。从陆游的性格上说，他是要务实、要干实事的，他继承了张浚的那种朝廷有召"即日就道，不敢以老病辞"的精神。另外，陆游于孝宗一直感念其知遇之恩，朝廷召他去主持纂修《孝宗实录》，这正是他知恩图报的机会，他怎么能不"即日就道"呢？[3]就陆游本人而论，他很想在有生之年亲眼看到王师北定中原的理想付诸实施，当时北伐的呼声很高，许多有识之士相继被起用，到京城为官无疑可以更直接地得到备战的信息。

　　收复中原是陆游一生不可夺之志，他曾积极赞助张浚北伐。陆游希望韩侂胄能继承其曾祖的遗志，对国家有所贡献，并从团结的愿望出发，切盼士大夫集团能破除成见，为合力抗金而各效所长，在抗金的前提下通力合作。诗人胸襟坦荡，不怕非议，这正是其磊落之处。

　　陆游作为专职修史官，入都后一头扎进"重重汗简"中，他本打算只用九个月时间完成两朝实录的编纂，实际上工作很繁重，差不多用了一年时间才大

---

[1] 袁枚《小仓山房诗文集》卷三〇，清乾隆嘉庆刊本，第980页。
[2] 朱东润《陆游传》，第316页。
[3] 邱鸣皋《陆游评传》，第226—227页。

功告成。实录一完成，他就迫不及待地请求致仕还乡。在京不到一年，诗人已经感受到时局的复杂性。北伐之事，举步维艰。主战的陈亮曾感慨道："今世之儒士，自以为得正心诚意之学者，皆风痹不知痛痒之人也。举一世安于君父之仇，而方低头拱手以谈性命，不知何者谓之性命乎？"①指责的就是侈谈爱国言辞、奉行"守为制胜之本"的理学人士。陆游赴京任职，是为了支持北伐，他并不留恋官场，后来对自己以年迈多病之身冒暑出山甚至有些后悔："癯老入朝元是错，期年决去已为迟！"②

嘉泰三年正月（1203），陆游复升任宝谟阁待制，陆游连书《除宝谟阁待制谢表》《除宝谟阁待制谢丞相启》《谢费枢密启》，辞谢不肯就职，并推荐从政郎曾黯以自代。接着他又连上《乞致仕札子》足见他归心迫切。四月十七日，陆游呈上编撰完毕的《孝宗实录》五百卷、《光宗实录》一百卷。进书后，又上疏请守本官致仕，皇帝不允，又再上札子请求，终于得敕，授提举江州太平兴国宫，五月十四日去国还乡，从此告别了是非纷纭的京城。

辛陆绍兴之会

离开京城，陆游写了一首题为《予以壬戌六月十四日入都，癸亥五月十四日去国，而中有闰月，盖相距正一年矣，慨然有赋》的诗：

> 三百六十日，扶衰得出都。略无新伎俩，仍是旧形模。世事蛮攻触，人情越事吴。勿言莼菜老，舣棹醉湘湖。③

一年来，对于朝中青黄莫辨的政治伎俩，以及朝廷党同伐异无休止的权力争斗，诗人早已厌烦，也很不适应。"已破京尘梦，还寻剡曲游"④，陆游眷念

---

① 《上孝宗皇帝第一书》，见《陈亮集》卷一，邓光铭点校，中华书局，1987年版。
② 《初归杂咏》其五，《剑南诗稿校注》卷五四，第3166页。
③ 《剑南诗稿校注》卷五三，第3159页。
④ 《闲游》，《剑南诗稿校注》卷五四，第3170页。

家乡山阴的清风明月和闲淡亲切的生活：

> 予居镜湖北渚，每见村童牧牛于风林烟草之间，便觉身在画图。自奉
> 诏缃史，逾年不复见此，寝饭皆无味。①

事实上，年届八十的诗人，无论是精力还是体力上已经很不适宜做一板一
眼的工作，尽管朝廷考虑到他年事已高，免于朝请，但繁重的文案工作还是让
陆游感到寝食难安。好在幼子子聿在京相伴左右照顾，不至于客中寂寞，但他
还是决意还山："人生快意事，五月出长安。"②有诗人气质的人，特别向往任性
逍遥的环境，最怕被牢笼拘使，因此陆游还山，恢复了熟悉的村居生活，一写
小诗就显得特别有精神：

> 溪烟一缕起前滩，急雨俄吞四面山。造化等闲成壮观，月明却送钓
> 船还。③

诗中描写鉴湖夏夜的一场急雨，来得快，去得也疾。急雨是大自然不经意间
的一幕奇观，诗人特别享受大自然的无穷奇妙，信手拈来，便成山水天然小品。
归田后，陆游出游的兴趣很高，而且对自己近来焕发出来的诗兴颇为自得，
他在《入秋游山赋诗，略无阙日，戏作五字七首识之，以"野店山桥送马蹄"
为韵》诗中写道：

> 束发初学诗，妄意薄风雅。中年困忧患，聊欲希屈贾。宁知竟卤莽，
> 所得才土苴。入海殊未深，珠玑不盈把。老来似少进，遇兴颇倾泻，犹能
> 起后生，黄河吞巨野。④

---

① 《跋韩晋公牛》，《渭南文集笺校》卷二九，第1498页。
② 《乍自京尘中得归故山作五字识喜》，《剑南诗稿校注》卷五三，第3163页。
③ 《湖上急雨》，《剑南诗稿校注》卷五四，第3167页。
④ 《剑南诗稿校注》卷五四，第3178页。

　　陆游感觉年来诗兴勃发，创作欲望愈来愈旺盛，挥洒自如，自称有"黄河吞巨野"之势。在放翁最后的退居生涯中，写诗成了他生活的必要内容，除了日课一诗外，还有很多即兴的抒发，五六年间成诗三千多首，其中不乏精彩篇章，成了名副其实的高产诗人。

　　陆游高产，很大程度上缘于他的高寿。他十分注意养生之道。《剑南诗稿》中有关养生的诗有不少，这与他道学的家庭背景有关。据他自己说，高祖陆轸号朝隐子，学过炼丹辟谷之术，陆家四代都有学仙修道的传统。在坎坷的仕途生涯中，陆游之于养生实在是出于生理和心理两方面的需要。嘉泰三年（1203），他写了一首题为《养生》的诗，描述了晚年的养生秘诀和萧散自得的心境：

　　　　西游曾受养生书，晚爱烟波结草庐。两眦神光穿夜户，一头胎发入晨梳。邀云作伴远忘返，与鹤分巢宽有余。占尽世间闲事业，任渠千载笑迂疏。①

　　诗中说他"曾受养生书"该指在四川四赴青城山一事。诗人晚年卜居镜湖三山，有近二十年的生活基本上是退居野处，一个辙环天下、心怀大志的人，一下子要他平淡下来，过田父野老的生活，没有一个精神支点恐怕是很难转型的。道家的超然和萧散便是诗人调整心理的一帖良药。他先后命名自己的屋庐为"心太平庵"，取《黄庭经》中"闲暇无事心太平"之意，说自己"学道逍遥心太平，幽窗鼻息撼床声"②。又名一室为"渔隐堂"，别署"笠泽渔隐"，还名道室为"还婴室"，还婴即返老还童的意思，是养生的方术之一，还说自己学道后"两眦若有光，夜视如正昼"③，半夜睡觉两眼发光，"如初日历历照物"。这

---

　　① 《养生》，《剑南诗稿校注》卷五五，第3248页
　　② 《晚起》，《剑南诗稿校注》卷九，第718页
　　③ 《中夜睡觉，两目每有光，如初日历历照物，晁文元公自谓养生之验，予则偶然耳感而有作》，《剑南诗稿校注》卷四七，第2862页。

些诗虽有夸张唯心的地方，但他的这一番锻炼，毕竟有利于健身摄养，延年益寿。

陆游是个高寿的诗人，膝下子孙众多，其乐也融融，亲情聊可慰怀。陆游原有七个儿子，两个女儿。除五子子约早逝外，健在的六子均享年很高，此时大都相继出仕。长子子虞赴金坛县（今属江苏常州）丞，次子子龙赴吉州（今江西吉安）掾，三子子修出仕闽县（今福州闽侯），四子子坦赴临安盐官（今属浙江海宁）县税任，幼子子聿亦以致仕恩得官。特别是几年前，留蜀的第六子子布自成都万里东归，陆游亲自赶到柯桥相迎，父子二十几年的暌违，道途相认时即抱头痛哭。子孙满堂给了年迈的陆游以极大的心理安慰，一家人总算可以团聚在一起了。

陆游晚年生活贫寒简朴，他经常告诫子孙要清廉节俭，谨守陆氏务本的家风。嘉泰二年（1202），次子子龙因贫出仕，拖儿带女外出谋生，远赴江西吉州做一个司理参军的小官。陆游特意写《送子龙赴吉州掾》诗相送：

我老汝远行，知汝非得已。驾言当送汝，挥涕不能止。人谁乐离别？坐贫至于此。汝行犯胥涛，次第过彭蠡。波横吞舟鱼，林啸独脚鬼。野饭何店炊？孤棹何岸舣？判司比唐时，犹幸免笞箠。庭参亦何辱，负职乃可耻！汝为吉州吏，但饮吉州水。一钱亦分明，谁能肆谗毁？聚俸嫁阿惜，择士教元礼。我食可自营，勿用念甘旨。衣穿听露肘，履破从见指。出门虽被嘲，归舍却睡美。益公名位重，凛若乔岳峙。汝以通家故，或许望燕几。得见已足荣，切勿有所启。又若杨诚斋，清介世莫比。一闻俗人言，三日归洗耳。汝但问起居，余事勿挂齿。希周有世好，敬叔乃乡里。岂惟能文辞，实亦坚操履。相从勉讲学，事业在积累。仁义本何常，蹈之则君子。汝去三年归，我傥未即死，江中有鲤鱼，频寄书一纸。①

垂暮之年，父子祖孙分离，陆游心中虽然十分伤感，但他还是以前程为重，

---

① 《剑南诗稿校注》卷五〇，第2982页。

勉励儿子，于公要忠于职守，知足安分，廉洁公正；于私要关心教育子女，及时婚嫁，大可不必以父亲年迈为念。这一席话，宽慰中含期望，表现了父亲舐犊深情。

周必大、杨万里都是吉州名重一时的先辈诗人和朝廷元老。周必大曾官至左丞相，陆游又与其有通家之好，如果按一般人的看法，子龙此次赴任，请他照顾提携也是人之常情，当不以为过。但陆游却告诫儿子"切勿有所启"，也就是说不要去拉关系，提什么请求，要凭自己的真才实学工作，"事业在积累"，"蹈之则君子"，做一个坦坦荡荡、光明磊落的人。故周必大在《跋陆务观送其子子龙赴吉州司理诗》由衷地说："吾友陆务观，得李杜之文章，居严徐之侍从。子孙众多如王谢，寿考康宁如乔松。诗能穷人之谤，一洗万古而空之。"①诗人爱子，不溺爱包办，而是注意引导和培养他们虚心好学、独立创业的精神。这种教子方法和正直坦荡的胸怀，令人敬佩。

陆游始终牢记着祖上淡泊明志的家风，不慕荣利，过着自食其力、清贫自守的生活，给儿孙们作出了榜样。陆游一生除了乾道年间用镇江通判任上俸禄在镜湖之三山筑宅外，终身未置余产。②陆游晚年四代同堂，子孙繁衍到几十口，而三山别业经过四十年的风风雨雨，老宅日见局促破旧，已经是名副其实的陋室了，但陆游不以为陋，还写了《居室记》叙说自己俯仰自得、安贫乐道的情趣：

> 陆子治室于所居堂之北，其南北二十有八尺，东西十有七尺。东、西、北皆为窗，窗皆设帘障，视晦明寒燠为舒卷启闭之节。南为大门，西南为小门；冬则析堂与室为二，而通其小门以为奥室；夏则合为一，而辟大门以受凉风。岁暮必易腐瓦，补罅隙，以避霜露之气。朝晡食饮，丰约惟其力。少饱则止，不必尽器；休息取调节气血，不必成寐；读书取畅适性灵，不必终卷。衣加损，视气候，或一日屡变。行不过数十步，意倦则止。虽

---

①《益公题跋》卷六，丛书集成本，中华书局1985年版，第61页。

②陆游自言："我生无他长，所得静而简。出仕三十年，不殖一金产。"《累日多事，不复能观书，感叹作此诗》，《剑南诗稿校注》卷一九，第1509页。

有所期处，亦不复问。客至，或见或不能见。间与人论说古事，或共杯酒，
倦则亟舍而起。四方书疏，略不复遣，有来者，或亟报，或守累日不能报，
皆适逢其会，无贵贱疏戚之间。足迹不至城市者率累年。……舍后及旁，
皆有隙地，莳花百余本。当敷荣时，或至其下，方羊坐起，亦或零落已尽，
终不一往。有疾，亦不汲汲近药石，久多自平。……①

嘉泰三年（1203）六月，在陆游平淡的生活里发生了一件令诗人兴奋不已
的事。著名词人、爱国主战人士辛弃疾被朝廷再次起用，以朝请大夫集英殿修
撰知绍兴府兼浙东安抚使，来到绍兴，成了陆游的父母官。

辛弃疾（1140—1207），字幼安，号稼轩，山东历城（今山东济南）人，也
是个豪杰之士，其人品个性与陆游真有几分神合之处。他们都是南宋著名的爱
国志士，矢志恢复，与投降势力势不两立。他们都有傲视世俗、独立不羁的精
神。当被打成"伪党"罪魁的朱熹去世时，故旧亲近莫敢致哀，只有辛弃疾和
陆游二人以文致祭②。《宋史·辛弃疾传》："熹殁，伪学禁方严，门生故旧至无
送葬者，弃疾为文往哭之曰：'所不朽者，垂万世名；孰谓公死，凛凛犹
生！'"③陆游与辛弃疾虽未曾谋面，但两人早已名声相闻，并且是彼此推崇心
仪的朋友了。

辛弃疾称得上南宋历史上有勇有谋、胆识超群的英雄人物。平生以气节自
负，以功业自许。南归后，他向孝宗上奏《美芹十论》，三十一岁进献《九议》，
从各个方面指陈任人用兵之道，谋划复国中兴的大计。三十三岁时即预言金朝
"六十年必亡，虏亡则中国之忧方大"，体现出辛弃疾的远见卓识。他还具有随
机应变的实干才能，四十一岁在湖南创建雄镇一方的飞虎军，一展其雄才将略。
然而，孝宗自隆兴元年（1163）符离之役失败后，南宋王朝即向金国俯首求和，
使得英雄志士请缨无路，报国无门。而身为"归正人"的辛弃疾，更受到歧视

---

① 《渭南文集笺校》卷二〇，第977—978页。
② 陆游《祭朱元晦侍讲文》："某有捐百身起九原之心，有倾长河注东海之泪，路修齿蠹，神往形
留。公殁不亡，尚其来飨！"《渭南文集笺校》卷四一，第1986页。
③ 《宋史》卷四〇一，第12165—12166页。

而不被信任。从二十九岁到四
十二岁，十三年间调换十四任
官职，使他无法在职任上有大
的建树和作为。四十二岁，辛
弃疾正值壮年，却被弹劾罢职
闲居。宋宁宗嘉泰三年
（1203），朝廷准备北伐，六十
四岁的辛弃疾怀着建功立业的
希望，再度出山，出帅浙东。

今绍兴府山蓬莱阁

他六月十一日到任，同年十二月二十八日召赴行在。在这短暂的浙东帅任上，
稼轩豪情满怀，诗情勃发，一口气写下了《汉宫春·会稽蓬莱阁观雨》《汉宫
春·会稽秋风亭怀古》《汉宫春·答李兼善提举和章》和《汉宫春·答吴子似总
干和章》等四首词，另有一首《上西平·会稽秋风亭观雪》。这些词怅望越中山
川，缅怀历史遗迹，慷慨纵谈，气度非凡，其中最负盛名的是《汉宫春·会稽
蓬莱阁观雨》：

　　秦望山头，看乱云急雨，倒立江湖。不知云者为雨，雨者云乎。长空
万里，被西风、变灭须臾。回首听，月明天籁，人间万窍号呼。　　谁向
若耶溪上，倩美人西去，麋鹿故苏？至今故国人望，一舸归欤？岁云暮矣，
问何不、鼓瑟吹竽？君不见、王亭谢馆，冷烟寒树啼乌。①

　　词包含着展望风物的今古兴叹，由眼前的"乱云急雨"和雨后的"万窍号
呼"进入古越大地风云变幻的历史，与《汉宫春·会稽秋风亭怀古》词为姐妹
篇，秋风亭怀古还敷陈了禹至大越的历史，感慨"山河举目虽异，风景非殊"。
这些词，脍炙人口，表现了稼轩在参赞北伐前指点江山的豪迈气概。
　　辛弃疾在越州期间，与陆游交往频繁，彼此推重，共同的人生理想和文学

---

①《稼轩词编年笺注》（增订本）卷五，第788页。

情趣，使两人结下了深厚友谊。当辛弃疾看到陆游退居后生活贫困清苦时，总想接济他，还常送一些新鲜蔬菜给陆游[1]；他到三山造访，看到陆游住的屋庐年久失修，十分简陋，出于关心，他还想给陆游另筑新舍，但陆游一直没有接受，婉言谢绝了稼轩的一番美意[2]。

陆游此时最关切的已不是自己的生活处境，他最关注的是朝廷的北伐事业和稼轩此次被起用后，朝廷对抗金志士的态度。

当时金国正处于腹背受困的处境之中，因此，陆游和辛弃疾对朝廷拟议中的北伐都充满了信心。嘉泰四年（1204）初春，辛弃疾奉召入对，商讨国事。陆游仿佛看到了北伐的曙光，他特别兴奋地写了《送辛幼安殿撰造朝》为辛弃疾送行：

> 稼轩落笔凌鲍谢，退避声名称学稼。十年高卧不出门，参透南宗牧牛话。功名固是券内事，且葺园庐了婚嫁。千篇昌谷诗满囊，万卷邺侯书插架。忽然起冠东诸侯，黄旗皂纛从天下。圣朝仄席意未快，尺一东来烦促驾。大材小用古所叹，管仲萧何实流亚。天山挂旆或少须，先挽银河洗嵩华。中原麟凤争自奋，残虏犬羊何足吓。但令小试出绪余，青史英豪可雄跨。古来立事戒轻发，往往谋夫出乘罅。深仇积愤在逆胡，不用追思灞亭夜。[3]

诗盛赞了辛弃疾的文学才华和个人涵养。辛弃疾家居十年，已参透禅机，退能著文养性，蓄势自珍；进能材尽其用，青史雄跨。陆游希望老朋友能珍惜这次机会，在抗金事业中建功立业，有所作为。诗歌煞尾四句的叮咛，堪称知交间最亲密无间的贴心话，诗人不忘提醒好友，准备北伐，务必谨慎行事，切勿浮躁从之，以防奸邪小人诬陷中伤。同时提醒辛弃疾凡事以北伐大业为重，

---

[1] 《贫甚戏作绝句》："敢烦地主送园蔬"。《剑南诗稿校注》卷六三，第3579页。

[2] 《草堂》："幸有湖边旧草堂，敢烦地主筑林塘。"自注：辛幼安每欲为筑舍，予辞之，遂止。《剑南诗稿校注》卷六一，第3488页。

[3] 《剑南诗稿校注》卷五七，第3314页。

大敌在前，应胸怀天下，以洗雪国耻为重，不必计较个人恩怨私仇；要同仇敌忾，共同完成一统河山的伟大事业。"往往谗夫出乘罅"是陆游支持北伐的切身体会，语重而心长，足见诗人对友人相知之深、相勉之切。

针对当时复杂的时局，陆游颇有政治远见，诗人虽对北伐充满必胜的信念，但清醒地认识到敌我相持形势的严峻，所以特别提出"立事戒轻发"，在这一点上，正与辛弃疾战略上藐视敌人，战术上重视敌人的策略不谋而合。陆游对北伐持严肃谨慎的态度，在大敌当前之际，意气用事，斤斤计较，只能使亲者痛仇者快。他勉励稼轩以国事为重、不计个人私仇、一致对外的忠告，在当时党争余波未息的情况下，很有现实意义。陆游这些话，国事与私谊，两见殷勤，足见一个爱国者磊落坦荡的胸襟。

次年正月，辛弃疾晋谒皇帝，"言金国必乱必亡，愿付之元老大臣，务为仓猝可以应变之计"[1]，毅然支持韩侂胄的北伐决策。入对后，辛弃疾被派往前线重镇镇江任知府。

心在天山，身老沧洲

由于近年来蒙古族力量日趋强大，对女真统治者形成极大的威胁。金国边境多故，连年用兵，国力已大为削弱，为了应付庞大的开支，不得不对百姓进行更加残酷的搜刮和镇压，民族矛盾日益尖锐。嘉泰四年（1204）十二月，邓友龙出使金国，有义民夜半求见，密告金国内情的虚实，说如今金国已为蒙古人所困，再加上国内饥馑连年，民不聊生，王师若能趁此机会一举恢复中原，势必大获全胜。与此相应，诸如此类关于北方"虏乱"的消息不时地传来，刺激着南宋主战派人士的斗志，唤起了久已压抑的恢复热情。陆游听到"虏乱"的消息后自然非常兴奋，以为王师北定中原的时机已到，他怀着强烈的恢复愿望，用诗人激情和主观愿望描述着期盼之中的北伐胜利场景：

---

① 据《丙寅淮汉蜀口用兵事目》，见李心传《建炎以来朝野杂记》乙集卷一八，中华书局2000年版，第825页。

闻道舆图次第还，黄河依旧抱潼关。会当小驻平戎帐，饶益南亭看华山。

关中父老望王师，想见壶浆满路时。寂寞西溪衰草里，断碑犹有少陵诗。

鸭绿桑干尽汉天，传烽自合过祁连。功名在子何殊我，惟恨无人快着鞭。

九天清跸响春雷，百万貔貅扈驾回。不独雨师先洒道，汴流滚滚入淮来。①

陆游此时已经退居山阴农村，远离恢复前线，他所能得到的只是传闻中一些零星讯息，据论者分析，陆游"虏乱"诗真实的成分较少，大多是传言不实之事②，一个八十多岁的老人心念中原，所能做的就是日复一日热切的盼望和等待：

客从城中来，相视惨不悦。引杯抚长剑，慨叹胡未灭。我亦为悲愤，共论到明发。向来酣斗时，人情愿少歇。及今数十秋，复谓须岁月。诸将尔何心，安坐望旄节。③

他很怕再次失去北伐的良机而抱憾终生，所以，对此次朝廷迟迟按兵不动感到十分焦虑和不安。自从隆兴北伐以来，几十年的时间都在等待中过去了，自己年岁已老，而恢复大业不是坐等观望所能等来的。他在诗中感叹道：

---

① 《书事》，《剑南诗稿校注》卷五八，第3369页。
② 张剑《宋金文学的交融与演进》，北京大学出版社2013年版，第148页。
③ 《客从城中来》，《剑南诗稿校注》卷六四，第3617页。

形胜崤潼在，英豪赵魏多。精兵连六郡，要地控三河。慷慨鸿门会，悲伤易水歌。几人怀此志，送老一渔蓑！①

北伐前，陆游的心情是十分矛盾的。从理性上讲，他也知道"古来立事戒轻发，往往逸夫出乘罅"②的道理；但从感情上说，他真巴不得恢复的梦想立马就能实现。他为自己年老衰病，力不从心，只能做旁观者而深深叹息！人生易老，岁月无情，陆游在漫长的等待中日见苍老，又在苍老中急切等待着王师北伐的那一天的到来。

陆游八十岁时，朱熹的学生周彦文令画工为放翁写真，且来求赞，陆游自为赞云：

名动高皇，语触秦桧。身老空山，文传海外。五十年间，死尽流辈。老子无才，山僧不会。

皮葛其衣，巢穴其居。烹不糁之藜羹，驾秃尾之草驴。闻鸡而起，则和宁戚之牛歌；戴星而耕，则稽氾胜之农书。谓之瘁则若腴，谓之泽则若癯。虽不能草泥金之检以纪治功，其亦可挟兔园之册以教乡闾者乎。③

从一个"名动高皇，语触秦桧"的少年志士，到"烹藜羹""驾秃驴""身老空山"的耄耋老人，如今他"身杂老农间"，再也没有可能直接踏上恢复中原的战场，自言"年来诗料别，满眼是桑麻"④，由于生活环境的转变，陆游心里期望的理想与现实生活的场景完全不一样了。致仕后的贫困，使他对农民的困苦有了更深刻的了解和同情。有时诗人还骑着驴子，带着药囊，到远近的村落

---

① 《感愤》，《剑南诗稿校注》卷五五，第3229页。
② 《送辛幼安殿撰造朝》，《剑南诗稿校注》卷五七，第3314页。
③ 《放翁自赞》，《渭南文集笺校》卷二二，第1099页。
④ 《倚杖》，《剑南诗稿校注》卷三二，第2149页。

里去医病施药，受到了乡民的爱戴和尊敬：

> 耕佣蚕妇共欣然，得见先生定有年。洒扫门庭拂床几，瓦盆盛酒荐豚肩。

> 驴肩每带药囊行，村巷欢欣夹道迎。共说向来曾活我，生儿多以陆为名。

> 逆旅人家近野桥，偶因秣寒暂消摇。村翁不解读本草，争求先生辨药苗。[1]

陆游晚年与乡民打成一片，他在和农民的交往中体会到农民的淳朴、善良和真诚。他写了大量的反映农村贫困现实和描写田园风光的诗，风格也趋向平淡。

> 农事初兴未苦忙，且支漏屋补颓墙。山歌高下皆成调，野水纵横自入塘。

> 水长人家浸稻秧，蚕生女手摘桑黄。差科未起身无事，邻曲相过日正长。[2]

但是，他期望抗金北伐的热情始终不曾减退，常常在梦里都想着打到了北方，收复了失地，平时则看到一幅画、几朵花，喝上几杯酒，听了一声雁叫，都会激起他的满腔心事。

开禧元年（1205）冬，陆游写了一首热情洋溢歌唱家乡的颂歌《稽山行》，

---

[1] 《山村经行因施药》，《剑南诗稿校注》卷六五，第3673页。
[2] 《农桑》，《剑南诗稿校注》卷六六，第3712页。

会稽山

以史诗的方式对稽山鉴水的村居生活进行全景式的展示：

　　稽山何巍巍，浙江水汤汤。千里亘大野，句践之所荒。春雨桑柘绿，
秋风粳稻香。村村作蟹椴，处处起鱼梁。陂放万头鸭，园覆千畦姜。春碓
声如雷，私债逾官仓。禹庙争奉牲，兰亭共流觞。空巷看竞渡，倒社观戏
场。项里杨梅熟，采摘日夜忙。翠篮满山路，不数荔枝筐。星驰入侯家，
那惜黄金偿？湘湖莼菜出，卖者环三乡。何以共烹煮？鲈鱼三尺长。芳鲜
初上市，羊酪何足当。镜湖滀众水，自汉无旱蝗。重楼与曲槛，潋滟浮湖
光。舟行以当车，小伞遮新妆。浅坊小陌间，深夜理丝簧。我老述此诗，
妄继古乐章。恨无季札听，大国风泱泱。①

　　这首五言古诗洋洋洒洒四十句，从字面上看，扑面而来的都是村林茅舍、
农田耕渔等琳琅满目的家乡风物，但诗人此时充满激情地写这么一曲长歌，其

---

　　① 《剑南诗稿校注》卷六五，第3660页。

寓意决不仅限于此。他从悠远的历史写起，山阴是古越国的发祥地，稽山巍巍，浙水汤汤，越王句践在此开疆拓土，经过卧薪尝胆，十年生聚，十年教训，使越国逐渐繁荣发展，富强壮大起来，终于打败了不可一世的吴国，称霸诸侯。历史的光华灌溉了这片神奇的土地，使她的子孙后代的血脉里永远流淌着爱国爱乡的精神。越王句践这种自强不息的精神与陆游志在恢复中原的理想是一脉相通的。因此，诗人以"季札观乐"的历史故事，极力展示"句践之所荒"的故土拥有的大国风范，以期引发人们驱敌复国、重振河山的斗志，诗中隐含着报国之志不被理解的寂寞和感慨。

宁宗开禧二年（1206）春，陆游倍感孤独。他在《村夜》诗中写道："百年辛苦农桑业，五处暌离父子情。"诗下自注："时子虡调官行在，子龙阻风西陵（今杭州西兴），子修在闽，子坦在海昌（今属海宁），予与子布、子遹守舍。"[1]夏天，作《子遹调官，得永平（今江西鄱阳）钱监，待次甚远，寄诗宽其意，盖将与之偕行也》诗：

> 黄纸起家升仕籍，青衫湖阙拜恩光。署衔汝勿憎铜臭，就养吾方喜饭香。世事极知多倚伏，人生正要小回翔。但令父子常相守，敛版扶犁味总长。[2]

当儿子们"为贫出仕"，纷纷离乡背井到外地谋生的时候，陆游感到有些许的寂寞与伤感。哎，可能自己真的老了，他多么怀念当初父子相守，一起"敛版扶犁"的田居生活。

寂寞中的诗人辟舍东之地为"东篱"，种草栽花，朝灌暮锄，自为《东篱记》：

> 放翁告归之三年，辟舍东茀地，南北七十五尺，东西或十有八尺而赢，

---

① 《剑南诗稿校注》卷六五，第3693页。
② 《剑南诗稿校注》卷六六，第3738页。

或十有三尺而缩，插竹为篱，如其地之数。埋五石瓮，潴泉为池，植千叶白芙蕖，又杂植木之品若干，草之品若干，名之曰"东篱"。放翁日婆娑其间，掇其香以嗅，撷其颖以玩，朝而灌，暮而锄。凡一甲坼，一敷荣，童子皆来报惟谨。放翁于是考《本草》以见其性质，探《离骚》以得其族类，本之《诗》《尔雅》及毛氏、郭氏之传，以观其比兴，穷其训诂。又下而博取汉、魏、晋、唐以来，一篇一咏无遗者，反复研究古今体制之变革；间亦吟讽为长谣短章、楚调唐律，酬答风月烟雨之态度，盖非独娱身目，遣暇日而已。昔老子著书末章，自"小国寡民"，至"甘其食，美其服，安其居，乐其俗，邻国相望，鸡犬之声相闻，民至老死不相往来"，其意深矣。使老子而得一邑一聚，盖真足以致此。於虖！吾之"东篱"，又"小国寡民"之细者欤！①

陆游取陶渊明诗名句"采菊东篱下"之意为自建的小圃命名，在圃中广植草木，考据训诂，遥想当年祖父著《埤雅》，精于考释鱼、兽、鸟、虫、马、木、草、天等名物的形状、特点及性能，如数家珍。诗人"言归镜湖上，日日醉东篱"②，观其比兴，旁收博取，大有乃祖的风范。以此来打发乡居的日子，抒发对"小国寡民"桃花源式的社会的向往。

---

① 《渭南文集笺校》卷二〇，第1009—1010页。
② 《读吕舍人诗追次其韵》其三，《剑南诗稿校注》卷六四，第3656页。

第十四章　但悲不见九州同

"开禧北伐"："一闻战鼓意气生"的"老马"

开禧通宝

开禧二年（1206），朝廷将对金宣战，战事已迫在眉睫，陆游此时情绪变得异常激昂，不仅密切关注着北伐的动向，梦见自己"重铠奋雕戈"[1]，披锐上前线，冲锋陷阵，梦中还频频出现一位具有文韬武略、能安邦定天下的奇士：

梦里遇奇士，高楼酣且歌。霸图轻管乐，王道探丘轲。大指如符券，微瑕互琢磨。相知殊恨晚，所得不胜多。胜算观天定，精忠压房和。真当起莘渭，何止复关河。阵法参奇正，戎旃相荡摩。觉来空雨泣，壮志已蹉跎。[2]

诗人梦中的奇士，能酣酒，能狂歌；才压管仲、乐毅，文敌孔子、孟轲。

---

① 《异梦》，《剑南诗稿校注》卷七七，第4186页。
② 《二月一日夜梦》，《剑南诗稿校注》卷六五，第3699页。

有超人的本领，王道也懂，霸道也行，无所不能。更为奇特的是其人生宗旨，竟然与诗人不谋而合，也有一腔热血和精忠报国之心。于是，诗人与奇士相见恨晚，犹如在莘野遇上了商朝贤相伊尹，在渭水边请到了姜太公吕望一样。这样，收复关河的事自然不在话下。诗人梦中思路一贯而下，从遇奇士到赏奇士再到用奇士，最后奇士仿佛已为所用，挂帅军前，演示阵法。只见军旗飘扬，阵法多变，指挥若定，令人目不暇接……梦境至此，戛然而止。觉来两句，抒发醒后壮志落空，正是诗人暮年岁月蹉跎的感喟。

掩卷而思，不难发现，陆游梦中所写的奇士，有他自己的影子。陆游一向自期、自信有文才武略，早年在枢密院任编修期间和中年入蜀入幕南郑时都曾进过治军强兵之计，表明诗人有强烈的参政意识和靖扫胡尘的远大抱负。陆游很想有所作为，但诗人的自期与自负"惟恨无人粗见知"，难怪乎一梦醒来，凄然难堪。

开禧北伐给了陆游一个梦想成真的机会，他甚至说："功名在子何殊我，惟恨无人快着鞭。"①在当时局势下，韩侂胄是宰相，又封平原郡王，位极人臣，是朝廷的实际掌权者，也是唯一能够推动北伐事业的人。

韩侂胄在与金国交往的过程中，也看到了金朝腹背受敌的尴尬处境和综合国力的颓势，想趁机北伐，恢复中原。之前，他作了一些舆论铺垫。先是说服宁宗下诏追封岳飞为鄂王，在镇江府为抗金名将韩世忠立庙，削去秦桧死后的封号，改谥"缪丑"，大长主战派的士气，大煞投降派的威风。另外，韩侂胄在战备部署方面也早有准备，如造战舰，增置襄阳骑兵，命令两淮诸州在仲冬训练民兵弓箭手。起用参知政事张岩帅淮东，同知枢密院事程松帅淮西，侍郎丘崈守明州。诏告沿江四川军帅精选和训练士兵，充实军备，以增强军队的实力。增置庐州的精锐部队部署，以激励士气民心。同时起用主战派志士担当重要职务，如调任辛弃疾为前线重镇镇江知府、兵部侍郎，任命叶适为权吏部侍郎兼直学上院，李奕为荆鄂副都统兼知襄阳。经过一段时间的酝酿，到宁宗开禧二年（1206）春，北伐已提到议事日程上来。但就在箭在弦上将要对敌宣战之时，

---

① 《书事》，《剑南诗稿校注》卷五八，第3370页。

朝廷中仍然有反对势力阻挠着战事的推进，参知政事钱象祖竭力反对用兵。陆游闻讯，情绪十分激动，借《书贾充传后》一文，极力驳斥主和派的主张，支持韩侂胄北伐。

五月，北伐正式开始，南宋军队主动出击，步步推进，战事进展得比较顺利。镇江副都统毕再遇、统制陈孝庆取泗州，江州统制许进取新息县（今河南息县），光州忠义军首领孙成取褒信县（今河南息县东北），镇江统制陈孝庆收复虹县（今安徽省泗县）。首战告捷，诗人感到无比兴奋，当听说王师收复华州（今属陕西渭南市）时，立即写了一首《闻西师复华州》①表示祝贺。

陆游对此次北伐所寄予的期望是十分殷切的。南宋朝廷自建立以来，经过与金人反反复复的战争与和谈，最后总是以惨重的代价换取苟安。南宋自绍兴、隆兴和议以来，一直向金岁贡厚币，卑躬称侄，致使一代爱国志士在朝廷的和戎声中抱恨终生。如张孝祥、张元幹、胡铨、陈亮等抗金主战人士，都没能等到开禧北伐的那一日，就相继谢世了。陆游享年较高，能在有生之年看到朝廷再一次兴师北伐，作为一个老战士，眼看苦盼了整整四十几年收复中原的愿望即将付诸实施，怎能不欣喜万分？诗人也明白，开禧北伐也许是自己有生之年有望北定中原的最后一搏了，怎能不魂牵梦绕？

他在朝廷正式向金宣战的这年八月，写了一首《老马行》，把自己幻想成一匹久经沙场的老马，时刻准备效力军前，为北伐贡献最后的力量：

> 老马虺隤依晚照，自计岂堪三品料？玉鞭金络付梦想，瘦稗枯萁空咀噍。中原蝗旱胡运衰，王师北伐方传诏。一闻战鼓意气生，犹能为国平燕赵。②

诗运用了中国传统的比兴寄托手法，托物言志。夕照下，一匹老马正艰难地咀嚼着干草枯萁，并发出声声叹息。老马粗草恶食，衰病凄凉的景况，正是

---

① 《剑南诗稿校注》卷六九，第3852页。
② 《剑南诗稿校注》卷六八，第3818页。

诗人困顿晚景的真实写照。从"中原北望气如山"的少年志士，到眼前这匹尪
隤衰迈的伏枥老骥；从力说张浚用兵的隆兴北伐，到力排众议，支持韩侂胄宣
战的开禧北伐。陆游走过的路是极其坎坷不平的，所受的遭遇也正如这匹被人
菲薄、遭人冷遇的老马。但他并不以个人仕宦得失为怀，还是一如既往地关注
着时代风云变幻。当他听说"胡运衰""王师北伐"的消息后，抑制不住心底的
激动。一匹衰病的老马，一闻战鼓号令就忘却身上所有的衰病创痛，精神抖擞，
意气倍增，随时准备冲锋陷阵。战鼓声中，这匹遭人冷落的老马终于焕发出烈
士暮年生命中最耀眼的光彩，英雄的本色，壮士的情怀，在这首诗中得到了最
好的印证。陆游以八十二岁的高龄，不以衰贫为念，以老马自喻，依然忘情投
入，不忘国事，自言"壮心未与年俱老，死去犹能作鬼雄"[1]，表示愿意奔赴国
难为国尽瘁，死而后已。这些诗让我们更深切地体会到诗人暮年为国开张的
胸胆！

　　然而，战争并没有如诗人热望想象的那样顺利圆满。当宋金双方全面接触
进入实质性交战时，南宋军队的问题就暴露出来了。马军司统制田俊迈进攻蕲
县（今属安徽宿州）时，为金人所败，他的上司池州副都统郭倬把田俊迈作为
俘虏献给敌人，自己却逃跑了。毕再遇奉命进攻徐州，听到前方败绩的消息，
进至灵璧和金人交战后不得不退守泗州。随后，皇甫斌攻唐州失败，双方攻防
战争形势发生了逆转。战争进入相持阶段，宋军阵脚不战自乱。四川宣抚副使
吴曦主动降敌，西北门户大开。幸亏随军转运史安丙、监兴州合江仓杨巨源等
起义，杀吴曦，这才消弭西北大患。但东西两个战场各自难以自全，彼此之间
失去了应有的呼应和支持。十月，金兵分九路渡淮南下，江淮全线告急，南宋
军队作战的信心和意志都产生动摇。此时，金人也无意恋战，金主遣使谕示金
将仆散揆，造渡江之势以胁迫南宋求和。

　　韩侂胄出兵前，在朝廷中本来就有不同的声音，因为彼时韩势头正健，反
对派公开阻挠，不得不有所顾忌。但他们一直在寻找机会，巴不得北伐毁于一
旦！后来从前线传来北伐失利的消息，主和派幸灾乐祸，便趁机反攻倒算。

---

　　① 《书愤》，《剑南诗稿校注》卷三五，第2312页。

韩侂胄迫于内外形势，遣使求和。开禧三年（1207）八月，金人提出同意和议的几项要求：一割两淮，二增岁币，三犒军金帛，四取太师（韩侂胄）首级。前面几项条件与往常相比只是量的扩展，而第四项极大地惹怒了韩侂胄，他决意再度整兵出战。

以史弥远和杨皇后为代表的投降派上奏说如再启兵端，将危及社稷，声称与其亡国，宁若辱国，在征得宋宁宗同意后，与参知政事钱象祖、中军统制夏震等密谋，在十一月三日早朝时谋杀了韩侂胄。随后，钱象祖和史弥远不顾国体，以一国之相的首级，作为和议的信物，向金人求和。双方议定：宋增岁币为银帛各三十万，纳犒师银三百万两，宋金以侄伯相称，这就是屈辱的"开禧

嘉定通宝

和议"。具有讽刺意义的是金人最后给予韩侂胄一个谥号叫"忠缪侯"，并将他的首级礼葬在其祖父韩琦的墓侧，认为他忠于宋朝，只是善于谋国而不善于谋身。这一处置显示了金国对韩侂胄的尊重和对其忠诚的认可，与南宋朝廷将韩侂胄首级送往金国以求和的行为形成了鲜明对比。韩侂胄一死，主战派的大小官吏杀的杀，流放的流放，北伐宣告终结。开禧三年十二月，朝廷改新年年号为嘉定。

开禧三年，对朝廷来说，是个多事之秋，主和派大开杀戒，在血雨腥风之中促成和议；对陆游来说，是个悲怆之年，好友张缉、辛弃疾等朋辈相继去世，诗人悲伤不已，写下许多诗文哭祭朋辈挚友。

北伐出师未捷，就同室操戈，诗人对朝廷屈从于金人的意旨，杀重臣这种亲者痛仇者快的做法深表悲愤。

"嘉定更化"：落职后的不白之冤

嘉定元年（1208）开始，史弥远独揽大权，三月，恢复了秦桧王爵，大批主战派人士则遭到了迫害清算，在投降派史弥远执政期间，就无人敢言恢复了。

为了彻底推翻韩侂胄执政以来的政治路线，史弥远集团借清除反道学势力之名，在朝野上下开始了大规模的整顿清理。"雪赵汝愚之冤，乞褒赠赐谥，厘正诬史，一时伪学党人朱熹、彭龟年、杨万里、吕祖谦虽已殁，或褒赠易名，或录用起后，召还正人故老于外。"①他先后为张栻、吕祖谦、陆九渊、周敦颐等道学名家特诏赐谥，两宋道学在他独相期间彻底翻案，并在意识形态领域确立了正统地位。于是，进入了以史弥远为核心的相党专制时期。在培植党羽、排斥异己的过程中，有更化之名，无更化之实，全面清理反道学势力，凡是赞同北伐的人士都被列入韩党，一概屏逐，主和势力控制了朝政。主战、参战成了一种罪孽。在北伐中有功的叶适因"附韩侂胄用兵"②被夺职，逐出政治舞台，他所主张的儒家思想因与朱熹相异，遭到攻击诋毁。兵部尚书兼侍读倪思，"言辛弃疾迎合开边，请追削爵秩"，进士毛自知以首论用兵，降职处置。

嘉定二年（1209）五月，陆游因支持韩侂胄北伐而被劾落太中大夫宝谟阁待制，因此失去半俸。"嘉定更化"党同伐异，如此作为，显然是大肆的政治报复行为。"嘉定更化"实际上是史弥远排斥异己的手段，是对"庆元党禁"的一次清算。在政治上"更化"反对派，禁锢士人，最终必然导致道学内部的分化与对立③。

在"嘉定更化"中，陆游不但因主战而备受打击，还因为韩侂胄写了两篇应酬文章受到道学家的无端指责。章良能在以宁宗名义颁发的判词中言之凿凿指斥陆游："子孙之累未忘，胡为改节？"④更有甚者，居然还有人诬陷陆游为韩侂胄撰写二记，是为妾所生之幼子打算而附势失节，诋毁之辞可谓无奇不有，严重偏离了客观事实。《宋史》的编撰者欧阳玄等道学家与南宋道学有着割不断的"血缘"关系，他们延续了南宋道学党同伐异的陋习，肆意褒贬历史人物，降低了作为正史的客观标准和可信度。在《宋史·陆游传》中记所谓的"晚节"问题，混淆了是非界线。元人戴表元说得好：

---

① 《宋史》卷四一四《史弥远传》，第12417页。

② 《宋史》卷四三四《叶适传》，第12894页。

③ 沈松勤《南宋文人与党争》，人民出版社2005年版，第131页。

④ 据周密《浩然斋雅谈》卷上，丛书集成本，中华书局1985年版，第5页。

余早闻好事者说，谓放翁晚岁食贫，牵于幼子之累，赖以文字取妍韩氏，遂得近臣恩数，遍官诸子。此说既行，而凡异时不乐于放翁之进与忌其文辞者，同为一舌以排之。至于死且百年，同时争名角进之人，亦已俱尽，宜有定论，而犹未止，盖其事可伤悲者焉。渡江以来如放翁，可谓问学行义人矣。谂其放陁而不伤，困窭而能肆，不可谓无君子之守。就令但如常人之见，欲为身谋，为子孙谋，当盛年时，知己如麻，何待七八十岁之后，始媚一戚里权幸而为之邪？①

八十多岁的陆游在晚年忍受着政治诽谤和贫困生活的双重煎熬，面对投降势力的人身攻击，他并没有屈服。他说：

老去转无饱计，醉来暂豁忧端。双鬓多年作雪，寸心至死如丹。②

这首写于嘉定元年（1208）夏天的六言诗，是老诗人心迹的写照。面对投降势力的迫害，诗人我行我素，坦坦荡荡，以饱含正气的笔触，一字一顿，抒发了他对恢复事业九死未悔的坚定意志。同年冬天，他在一组写景组诗《湖山》中，别有感慨地赞美西楚霸王项羽：

逐鹿心虽壮，乘骓势已穷。终全盖世气，绝意走江东。③

诗后自注："项羽庙。"项羽庙，在山阴县西南十五里的项里溪上，传说是项羽曾经住过的地方，后人为纪念他建有这祠庙。诗人此时游项里，深感于项羽不肯过江东之事，写下了类似李清照《夏日绝句》的小诗。诗人笔下的项羽是个失败的历史人物，但作者对他的盖世气节充满了敬意。此前有《古意》抒

---

① 《题陆渭南遗文抄后》，见《戴表元集》卷一八，浙江古籍出版社2014年版，第361页。
② 《感事六言》，《剑南诗稿校注》卷七六，第4165页。
③ 《剑南诗稿校注》卷八〇，第4314页。

愤："宁为雁奴死，不作鹤媒生"①，此借项羽的"绝意走江东"，讽刺那些对金屈膝求和的投降派，其立意与李清照"至今思项羽，不肯过江东"一样具有深沉的政治感慨。

在道学思想笼罩下的《宋史》，认为开禧北伐是不自量力的鲁莽行动，是韩侂胄想立"盖世功名以自固"。实际上，在发动北伐前，韩侂胄已官至平章军国事（宰相），执掌朝政大权十多年，何须冒险发动战争以巩固权位？决意北伐绝不是韩侂胄轻启的"边衅"（边界争端），而是因主战人士的鼓动，为恢复中原所作出的又一次尝试。

金人虽早有一举吞灭南宋的野心，但他们西向面临着契丹的死灰复燃，北方受到蒙古族崛起的威胁，再加上尖锐的内部矛盾，迫使他们疲于应付，实际上已经失去了进犯南宋的力量；而在南方，南宋立国以来经过高宗、孝宗朝几度北伐，没有获得过成功。就这样打打谈谈，战战和和，先后签订了"绍兴和议"和"隆兴和议"，大体形成了南北对峙的格局，得以休养生息。

南宋朝廷在外力压迫减弱的情况下，并没有集中精力励精图治，锐意恢复，相反，接连不断的内耗丧失了恢复中原的最佳时机。大臣之间钩心斗角，争权夺利，而且文人的学术分歧和朝廷的党派之争，又往往与对外政策的和战和攻守问题纠缠在一起，演变为极其复杂的矛盾，使得很多文人自觉或不自觉地被卷入了这个开禧前后的政治漩涡。

如何看待开禧北伐？历来是有分歧的。持功利哲学立场的陈亮、辛弃疾、叶适等人在思想与言论上都支持北伐，但是，他们目睹了当时南宋的形势，意识到北伐并不是一件轻而易举的事。陈亮、辛弃疾在战争到来之际已衰病离世，叶适有幸亲历了北伐，南宋军队的现状与主战立场之间存在的矛盾，使叶适倍感痛苦。他上书宁宗，希望朝廷修边整兵，增强实力以待时机；但另一方面，当北伐启动后，尤其是出现危机时，他义无反顾地投身于实际的政治与军事活动之中，甚至进入前线，收拾残局，力挽颓势。但是随着北伐失败，一切结果都似乎印证了主和派的先见之明，给主战派以沉重的打击。

---

① 《古意》，《剑南诗稿校注》卷七九，第4306页。

应当说，开禧北伐失利的原因是多方面的，后人指责开禧北伐往往集中在准备不充分，发动不全面，韩侂胄贪功冒进，轻启边衅等具体问题上。其实，南宋王朝前后几次北伐失败，都有个共同的致命原因，即战略思想不统一，表现为临阵之际不能一致对外，内耗厉害。

从根本上找原因，南宋立国后面临的主要敌人不是外族入侵，而是在一百多年里朝内投降派势力和主战派之间规模巨大、旷日持久的激烈冲突。在投降派当道之时，岳飞、韩世忠、宗泽、李纲、刘锜、张浚这些主张北伐的军政大臣先后遭到排挤打击，斗争的规模已经超出了政治的范围，苟且偷生的病菌侵入上上下下整个统治肌体。尽管开禧北伐前，宋朝边防的实力有所恢复，民心所向均系北伐，但朝廷内部的和战问题一直没有得到实质性的解决。思想没有真正统一，军队也没有形成发动北伐战争所必须具备的同心同德的政治统帅集团。隐患在一开始的时候就存在了，所以战争进入白热化程度时再次暴露出来，表现为前线胜负未定，一旦受挫而朝中议和之声骤起，军队丧失斗志，等等。

当时东西两线在交战的过程中不是没有转机，西北战场杀吴曦后，局势已经稳定下来；东南一带叶适以江淮制置使坚守建康，阻止了金人深入。倘若此时上下思想统一，朝廷坚持不向金人屈服，情况将朝着有利于宋朝的方向发展。但以史弥远为首的投降派，在关键时刻，置国家民族利益于不顾，趁机密谋杀害韩侂胄，铲除异己，与金人签订和议，断送了北伐前程。这一切和南宋历史上前两次北伐的遭遇何其相似！

历史重复着同样的结果：主和派上台得势，主战人士照例在扫除之列，一切是那么顺理成章，热心支持北伐的陆游又怎能幸免呢？

交好贫尤笃，乡情老更亲

北伐失败了，眼看一生的雄心壮志和远大抱负付诸东流成为泡影，垂暮之年的陆游被落职夺半俸，还背上一大堆是是非非，成为道学家们的口实，陆游真的感到很无奈。

毁誉要须千载定，功名已向隔生求。①

人生被曲解到这个分上，还能说什么？此时能给予他安慰，支撑他精神的恐怕就是眼前这块养育着他一大家子的土地，以及这方土地上辛劳、善良的乡民。"交好贫尤笃，乡情老更亲"②，诗人在乡民身上，读到了质朴、尊重和与人为善，也获得了对人生价值新的体认。诗人与农民朝夕相处，生活在山阴这个农耕环境里，农田的涝与旱，气候的寒与燠，事事关情。绝禄以后，诗人体会到了社会底层的乡民以稼穑营生的不易：

俸券新同废纸收，迎宾仅有一绹裘。日锄幽圃君无笑，犹胜墙东学俭牛。③

他与农民建立了深厚的情谊，常常为老百姓流露在日常生活中发自本真、朴实无华的可贵品质所感动：

几年羸疾卧家山，牧竖樵夫日往返。至论本求编简上，忠言乃在里闾间。私忧骄虏心常折，念报明时涕每潸。（自注：二句实书其语）寸禄不沾能及此，细听只益厚吾颜。④

随着生活的贫民化，陆游越来越体会到普通人的人格魅力。这是一个了不起的生活感悟。以前总认为"至论"来自圣贤书本，没想到在"寸禄不沾"的普通乡民中，竟有如此赤诚的忧国忧民之至论忠言，着实让曾经身为朝官、享受朝廷俸禄的诗人感到自愧不如。这种自我反省解剖是真诚的、深刻的，也是需要勇气的，可见诗人晚年思想平凡中的可贵，朴实中的光华。

---

① 《山村独酌》，《剑南诗稿校注》卷七八，第4265页。
② 《与村邻聚饮》，《剑南诗稿校注》卷六〇，第3447页。
③ 《半俸自戊辰二月置不复言价作绝句》，《剑南诗稿校注》卷七五，第4135页。
④ 《识愧》，《剑南诗稿校注》卷七八，第4241页。

嘉定元年（1208），八十四岁的陆游感到自己垂垂老矣，他在诗中说：

> 余生垂九十，一病理一衰。旬月不自保，敢作期岁期？粲粲女郎花，忽满庭前枝。繁华虽少减，高雅亦足奇。持杯酹花前，事亦未可知。明年倘未死，一笑当解颐。①

此时距离诗人去世之时已不足两年，陆游已清楚地感觉到衰老和死亡的迫近。可是他仍然兴致勃勃地持酒酹花，以顺其自然的态度享受着最后的一段人生。

寒食前后，陆游有一次比较尽兴的春游。他乘小舟从城西鉴湖三山出发，遍游城南沈氏园，城东南二十五里处的禹祠、龙瑞宫，城西南三十里处的兰亭、花坞，城西北的梅市桥等处，足迹遍布稽山镜水的胜景。

入夏以后赋《初夏书感》诗：

> 春与人俱老，花随梦已空。游蜂粘落蕊，轻燕接飞虫。桑悴知蚕起，牲肥赛麦丰。为农当自力，相戒勿匆匆。②

他告诫自己要像农民一样脚踏实地、自食其力地生活，在农村最平凡的生活场景中体会着生活的乐趣：

> 一见溪山病眼开，青鞋处处踏苍苔。平生长物扫除尽，犹带笔床茶灶来。③

入秋以后，身体虽然日见清瘦，但精神很好，自庆"家贫却得身差健"④，

---

① 《病中观辛夷花》，《剑南诗稿校注》卷七六，第4146页。
② 《剑南诗稿校注》卷七六，第4153页。
③ 《闲游》，《剑南诗稿校注》卷七八，第4157页。
④ 《初夏杂兴》，《剑南诗稿校注》卷七八，第4174页。

"清虚正与老人宜"①。

石帆山

陆游是一位懂得养生和有生活情趣的诗人，平素爱好劳动、运动，喜欢动静两宜的生活，"卧读陶诗未终卷，又乘微雨去锄瓜"②，常常读书与游山两不误，"八十可怜心尚孩，看山看水不知回"③。陆游少时习剑术，晚年坚持走路登山等活动，在家乡登过会稽山、秦望山、云门山、石帆山、射的山、鹅鼻山、陶宴岭、雪窦岭、五峰岭、四明山、天台山等。还泛舟鉴湖、若耶溪、浙东运河、曹娥江、剡溪等。自言："秦王酒瓮边，知复几经过？欣然舍画檝，仄步扪青萝。"④喜欢舟楫、徒步并用出游观景。常年练气功、静坐、按摩，十分注意饮食养生。自称"闭户惟须学坚坐，不知更败几蒲团"⑤，"两眦神光穿夜户，一头胎发入晨梳"⑥。

陆游和宋代许多士大夫的偏好一样，也偏好素食，赞美食蔬。苏轼有《菜羹赋》，把素食写得非常富有诗意，并把食蔬与安贫乐道、好仁不杀相联系⑦。陆游的《食粥》诗则把食粥与修身养性的精神生活相联系：

> 世人个个学长年，不悟长年在目前。我得宛丘平易法，只将食粥致神仙⑧。

①《秋来瘦甚而益健戏作》，《剑南诗稿校注》卷七八，第4214页。

②《小园》，《剑南诗稿校注》卷一三，第1041页。

③《初归杂咏》，《剑南诗稿校注》卷五三，第3165页。

④《舟过会稽山下因系舟游近村追暮乃归》，《剑南诗稿校注》卷一六，第1252页。

⑤《羁怀》，《剑南诗稿校注》卷七六，第4181页。

⑥《养生》，《剑南诗稿校注》卷五五，第3248页。

⑦王学泰《华夏饮食文化》，商务印书馆2013年版，第285页。

⑧《剑南诗稿校注》卷三八，第2462页。

陆游个性豁达，拿得起放得下，他和子孙说"忧患如山一笑空"[①]，"人间故多难，感慨不须深"[②]。

陆游晚年数千首诗平和、睿智，"粗知道义死无憾，已迫耄期生有涯"[③]，即便是最后的日子，也没有出现与死亡有关的忧惧。

诗人兴致不错，酒量也好，《醉书秦望山石壁》："放翁七十饮千钟，耳目未废头未童。"平居生活粗茶淡饭，有酒则斟酌之，并写下多首以酒为题的诗，如《园中把酒示邻曲》《对酒歌》《夜坐小饮》《舟中醉题》等。其《醉赋》道出了酒之于养生的好处：

> 我疾多自愈，初非遇奇方。我生固多难，欲虑忽已忘。颓然乱书中，不知岁月忙。有时或得意，炙冷不暇尝。乃今又大悟，万事付一觞。书中友王绩，堂上祠杜康。[④]

在一觞一咏之间，访村老，学养生。拄着桃竹拐杖，泛一叶扁舟，四处寻胜。观风俗，道人情，看邻曲新传秧马，游山赏桂，访古寺僧庐，在清贫简约的生活里酝酿诗意，信手拈来，诗风平实而休闲：

> 白襦女儿系青裙，东家西家世通婚。采桑晌饭无百步，至老何曾识别村。[⑤]

从镜湖三山到会稽山、云门寺，从若耶溪到剡溪、天台，到处都有陆游兴致勃勃的身影。"我是人间自在人，江湖处处可垂纶。扫空紫陌红尘梦，收得烟

---

① 《秋夜示儿辈》，《剑南诗稿校注》卷三五，第2279页。

② 《夜坐》，《剑南诗稿校注》卷六九，第3867页。

③ 《啜粥茶示儿辈》，《剑南诗稿校注》卷六九，第3880页。

④ 《剑南诗稿校注》卷八一，第4376页。

⑤ 《村女》，《剑南诗稿校注》卷七八，第4263页。

蓑雨笠身。"①诗人以坦荡的心胸接纳人世间的风雨忧患，面对眼前的贫窭困顿，不以为怀，总以平和的态度处之：

> 书剑当年遍两川，归来垂钓镜湖边。老皆有死岂独我，士固多贫宁怨天。物外胜游携鹤去，琴中绝谱就僧传。莫言白首诗才尽，读罢犹能意爽然。②

> 舍前烟水似潇湘，白首归来爱故乡。五亩山园郁桑柘，数椽茅屋映菰蒋。翩翩小伞船归郭，渺渺长歌月满塘。却掩柴荆了无事，篆盘重点已残香。③

这一年的冬天，诗人总的来说身体还算粗健，常常读书至夜分，也少不了出门清游。值得注意的是诗人笔下频频出现隐逸高士的形象。如《简湖中隐者》《隐趣》，《稽山雪》诗题下自注："为隐者作。"此前，陆游也有关于隐者的描写：

> 薄云韬日不成晴，野水通池渐欲平。绿叶忽低知鸟立，青萍微动觉鱼行。醉游放荡初何适，睡起逍遥未易名。忽遇湖边隐君子，相携一笑慰余生。④

湖边与他携手同行、会心而笑的隐君子给人以一种与周遭景色融合无间，悠然兴会的感觉。诗人漫无目的地闲游，那份闲适，那份逍遥，还有绿叶青萍间最细微的动态景色给人以深刻的感观印象，正可入画。陆游笔下频频出现的隐者，到底是实有其人，抑或只是诗人精神家园的一种外化？

---

① 《溪上小雨》，《剑南诗稿校注》卷七八，第4239页。
② 《书剑》，《剑南诗稿校注》卷七九，第4286页。
③ 《秋日徙倚门外久之》，《剑南诗稿校注》卷七八，第4252页。
④ 《初夏闲步村落间》，《剑南诗稿校注》卷六一，第3523页。

入冬以后，天气转寒，陆游一病二十几天，特别思念出门在外的儿孙，岁尾赋诗说："传家六儿子，其四今皓首。"①陆游对子孙满堂、和睦团聚的大家庭感到特别欣慰满足。膝下七个儿子，除了五子子约英年早逝外，其他六子均已安好长寿，且都先后出仕为官。②此时长子子虞正在寿春（今安徽寿县）供职，有书信寄达，说要到明年春天才可回家，陆游满怀喜悦，开始屈指期盼着。

临终示儿，矢志靡他

嘉定元年戊辰（1208），是农历的龙年，陆游安然走过了这一年。次年嘉定二年己巳（1209），是农历蛇年，这年春天也是陆游生命旅程中的最后一个春天。鉴于近来体虚力衰，诗人想起古人关于龙蛇之年与贤者生命的关系的说法③，对蛇年的到来，保持了应有的警觉。他不时地宽慰自己，"非贤那畏蛇年至？"④希望也能像刚刚送走的龙年一样，出入平安，从容地迈过流年之门槛。

在养生方面，陆游受道家思想的影响，也曾寄希望于炼丹、求仙等传说中的长生手段，可在现实生活中，他对这些手段并不真的信从："时时笑顾儿曹说，纵有烟霄莫问津。"⑤陆游粗通医道，清楚地知道生老病死本是一种自然现象，是人生的必然过程。只要保持乐观的心态，知天命而不忧，合理地摄生，有效地活络筋骨，就能强体健身达到延年益寿的目的。回顾往事，他对自己走过的一生感到踏实，所以，对即将来临的死亡也能坦然处之。

---

① 《戊辰岁除前五日作新岁八十有五矣》，《剑南诗稿校注》卷八〇，第4336页。
② 长子子虞（1148—1222），享年七十五，官知江州；次子子龙（1150—1236），享年八十七，官东阳令；三子子修（1151—1228），享年七十八，官知江宁军事；四子子坦（1156—1221，卒年据出土圹记），享年六十六，官知安丰军；五子子约（1166—1192），享年二十七；六子子布（1174—1252），享年七十九，官淮南东路提刑；幼子子聿（1178—1250），享年七十三，官知严州。
③ 《后汉书》卷三五《郑玄传》：玄乃以病自乞还家。五年春，梦孔子告之曰："起，起，今年岁在辰，来年岁在巳。"既寤，以谶合之，知命当终，有顷寝疾。李贤注云：北齐刘昼《高才不遇传》论玄曰："辰为龙，巳为蛇，岁至龙蛇贤人嗟。玄以谶合之，盖谓此也。"《后汉书》，中华书局1965年版，第1211页。
④ 《人日雪》，《剑南诗稿校注》卷八〇，第4343页。
⑤ 《幽居遣怀》，《剑南诗稿校注》卷六九，第3856页。

　　陆游有时也会思及身后之事，但那不是对死亡本身的思考，而是对生前的依恋，并希望把生前的价值追求延伸到身后去。诗人迈入老境，仍然执着地追求着自己的理想，他用诗反复披露着人生最后的牵念：

　　　　故人已死梦中见，壮志未忘心自知。①

　　　　周汉故都亦岂远，安得尺箠驱群胡？②

　　　　暗笑衰翁不解事，犹怀万里玉关情。③

　　　　爱君忧国孤臣泪，临水登山节士心。④

　　　　此身死去诗犹在，未必无人粗见知。⑤

　　陆游在这方面的执着是秉承了儒家对生死的态度。在价值观方面，儒家重视生前活动的价值差异，主张以生前的建树来获取生命的最大意义；在生命观方面，儒家持顺其自然的态度，重视生命而不畏惧死亡，并主张以生前功业的建树来求得死后的不朽。因此，陆游作于老年时期的数千首诗中，不但没有出现与死亡有关的焦虑、忧惧，而且还表现出烈士暮年壮心不已的态度，依然在梦境中披甲扬戈，亲临久已沦陷的失土，力图把这种执着的追求延伸到身后。⑥
　　嘉定二年（1209）开春，天气出奇的寒冷，山阴连续下了好几场大雪。之前，长江淮河一带发生严重的旱灾、蝗灾，再加上兵灾人祸，使江淮的老百姓流离失所无法生存，纷纷向相对安定和富庶的江南地区逃亡。这年的临安、山

　　① 《春寒复作》，《剑南诗稿校注》卷八一，第4369页。
　　② 《赏山园牡丹有感》，《剑南诗稿校注》卷八二，第4395页。
　　③ 《书叹》，《剑南诗稿校注》卷八三，第4463页。
　　④ 《雨后殊有秋意》，《剑南诗稿校注》卷八三，第4455页。
　　⑤ 《记梦》，《剑南诗稿校注》卷六九，第3846页。
　　⑥ 莫砺锋《陆游诗中的生命意识》，载《江海学刊》2003年第5期。

阴一带到处可见饥寒交迫的流民。开春以来，陆游的物质生活也面临着严峻的危机：

> 夜夜燃薪暖絮衾，禺中一饭直千金。身为野老已无责，路有流民终动心。①

诗人此时生活极为艰难，有时断炊，有时喝粥度日，困顿和饥馑使他最真切地体会到流民的疾苦和不幸。所以有时常想"安得粟满囷，作粥馈行路"，让流亡的饥民有一口饭吃。古人云："达则兼济天下，穷则独善其身。"诗人这时只是一介布衣，十足的"野老"，但他看到农民流离失所，还是怦然心动，感同身受，忍不住要去关心。他在诗中流露出来的感情是那么自然、炽热，都忘记了自己其实和流民处于同样的窘境。

不久阳春到来，气候转暖，花气袭人。他再一次踏上山阴道，来到了著名的兰亭集市赶热闹，他兴致盎然地吟道：

> 湖上青山古会稽，断云漠漠雨凄凄。篮舆晚过偏门市，满路春泥闹竹鸡。
>
> 陌上行歌日正长，吴蚕捉绩麦登场。兰亭酒美逢人醉，花坞茶新满市香。②

诗题下自注：兰亭，官酤名也。花坞，茶名。入夏后，陆游抖擞精神，登上府城卧龙山绝顶望海亭，登高临远，题诗亭上：

> 山高风浩浩，堂豁海冥冥。绿李分猿嗛，苍苔堕鹤翎。松寒诗思健，

---

① 《春日杂兴》，《剑南诗稿校注》卷八一，第4358页。
② 《兰亭道上》，《剑南诗稿校注》卷八一，第4390页。

茶爽醉魂醒。安得丹青手，传摹入素屏。①

这一年，诗人频频出游，笔耕不辍，留下不少妙手偶得的佳篇，如《夏日六言》：

> 溪涨清风拂面，月落繁星满天。数只船横浦口，一声笛起山前。②

诗人用淡远闲适之笔，捕捉了江南水乡夏夜的迷人景色。小溪、清风、明月、繁星，舟横浦口、笛起山前，如画之景伴着一声清脆悠扬的笛声所构成的诗境，令人回味无穷，极有具象感。小诗对仗工整流利，语言整饬和谐，意象生动优美，不愧是陆游垂暮之年得江山之助，妙手偶得的精彩篇章。

陆游说自己"残躯未死敢忘国，病眼欲盲犹爱书"③，早就自矜"六十年间万首诗"④，"一生事业略存诗"⑤，"六十余年妄学诗，工夫深处独心知"⑥。他认为"文章本天成，妙手偶得之"⑦。长达一个多甲子的创作使诗人颇有发言权，晚年经常和儿辈们谈诗论道，一方面总结自己长期以来的创作体会，现身说法；另一方面则指点评判前人创作得失，授业于子孙。所以在示子诗中，有相当一部分是有关诗歌创作、批评和鉴赏的，诗人欲把"心知"的创作体会毫无保留地传授给儿辈。

> 我初学诗日，但欲工藻绘。中年始少悟，渐若窥宏大。怪奇亦间出，如石漱湍濑。数仞李杜墙，常恨久领会。元白才倚门，温李真自郐。正令笔扛鼎，亦未造三昧。诗为六艺一，岂用资狡狯？汝果欲学诗，工夫在

① 《小憩卧龙山亭》，《剑南诗稿校注》卷八三，第4445页。
② 《剑南诗稿校注》卷八三，第4447页。
③ 《新年书感》，《剑南诗稿校注》卷八〇，第4341页。
④ 《小饮梅花下作》，《剑南诗稿校注》卷四九，第2972页。
⑤ 《疾衰》，《剑南诗稿校注》卷六四，第3634页。
⑥ 《夜吟》，《剑南诗稿校注》卷五一，第3067页。
⑦ 《文章》，《剑南诗稿校注》卷八三，第4469页。

诗外。①

　　诗人认为学诗的要诀在于"诗外工夫"，这是他六十余年的创作甘苦凝结而成的经验之谈，超越了时人谈诗的传统说法，于法度、学力之外提出了一个令人耳目一新的独到见解。

　　我们知道陆游早年从江西诗人曾几学诗，是从江西诗法入门的。江西诗人比较重视诗法的传授，黄庭坚主张以故为新，脱胎换骨、点铁成金，一言以蔽之即"诗内工夫"。陆游和幼子子遹也谈诗法，陆游以为句法、字法属诗法，借鉴前人是诗法，书卷酝酿与生活阅历也是诗法。法不孤生，诗法应有许多因素构成，在这众多学习途径中，诗人特别重视的是"诗外工夫"。他认为"诗外工夫"包含着个人学养、生活实践等因素。直接从生活的土壤中获取创作素材，对纠正有些人片面讲究形式技巧，专从故纸堆中寻章摘句的毛病很有裨益。陆游从江西入，最后卓然成家，与这份独立创新的理论意识是分不开的。

　　漫长的夏天过去了，八十五岁的陆游思子心切，天天盼望着长子子虡的归来，重温父子扶携共耕的天伦之乐，但子虡一直没能回来。入秋后，得子虡濠上书信，来信说濠州（今安徽凤阳）军乱，子虡被派到濠州做通判，身先将士，力战平定了动乱。陆游闻讯后，"开缄读未半，喜极涕泗俱"②，儿子以国事为重，效力军前，自己十分欣慰，"思归虽甚苦，且复忍须臾"③。但已臻高寿的诗人明显地感受到生命尽头的迫近，"万事已随流水去，一尊将奈夕阳何！"④这是陆游真实的心态。

　　嘉定二年（1209）立秋，陆游得了膈上疾，近寒露病情有所好转，陆游作《病少愈偶作》：

　　　病入秋来不可当，便从此逝亦何伤。百钱布被敛首足，三寸桐棺埋涧

――――――――――――――――

　① 《示子遹》，《剑南诗稿校注》卷七八，第4263页。
　② 《得子虡濠上书》，《剑南诗稿校注》卷八三，第4467页。
　③ 《剑南诗稿校注》卷八三，第4467页。
　④ 《偶思蜀道有赋》，《剑南诗稿校注》卷八二，第4406页。

冈。但恨著书终草草，不嫌徂岁去堂堂。今朝生意才丝发，便拟街头醉放狂①。

不久，病又复发了，病情时轻时重，反反复复，很不稳定。陆游病卧在床，但仍神游驰骋于中原古战场，梦华山，梦游中原，皆一一写入其诗。病中思出游，梦中过梅市、柯桥。不久得子虞书，当以十月离泚上（泚水），心中宽慰，赋《病中杂咏十首》：

> 半黄半绿柳满城，欲开未开梅有情。放翁一病又百日，回视新春如隔生。②

腊月初五，陆游汤沐按摩半日，这一天早上起来，左边第二颗牙齿脱落，作《自笑》诗，表现了诗人在生命衰危情况下的乐观与旷达。入冬以后，可能病情转重，诗作数量锐减，留下的《末题》之二云："嘉定三年正月后，不知几度醉春风。"③诗人盼望漫长的冬天能够尽快过去，希望新年能带来新的转机。

然而，陆游毕竟衰老了，病体拖到嘉定二年（1209）十二月岁杪，临殁前做了一个奇特的梦，以诗记名曰《梦中行荷花万顷中》：

> 天风无际路茫茫，老作月王风露郎。只把千尊为月俸，为嫌铜臭杂花香。④

关于这首梦诗，有一个有趣的传说。宋人魏庆之在《诗人玉屑》中曾引录了这样一件事：嘉泰年间，陆游做了一个神奇的梦，梦见一位老朋友对他说，他本来是镜湖的莲花博士，现在将要离开，想请陆游暂且代替他的职位，每月

---

① 《病少愈偶作》，《剑南诗稿校注》卷八四，第4484页。
② 《剑南诗稿校注》卷八五，第4537页。
③ 《剑南诗稿校注》卷八五，第4540页。
④ 《剑南诗稿校注》卷八五，第4542页。

可得千壶酒的俸禄，应该是很不错的。一梦醒后，陆游感到很好奇，就用诗把这件事给记了下来："白首归修汗简书，每因囊粟戏侏儒。不知月给千壶酒，得似莲华博士无？"①如今，在陆游谢世之前，又梦行万顷荷花中，似乎去赴七年前旧梦中老朋友之约。这首诗是《剑南诗稿》中最末的第二首诗，与临终绝句《示儿》诗紧紧相连。从梦中描述的光景看，也极似人将离世前的幻觉，美好而绚丽。

如果宋人记载并非牵强的话，那么这个梦真的有点巧合，旧梦相隔七年，居然还能接着做，而且在茫茫云路之间，似乎真有神奇的力量在召唤诗人入主镜湖，做个管领万顷碧荷的"莲花博士"。看来陆游对这个位置一直心存好感，所以梦中也就欣然接受了"月王风露郎"的头衔。他喜欢荷花的清香，欣赏荷花出淤泥不染的纯洁品格。以千尊美酒为月俸，少了一份世俗仕途名利的铜臭气息，如此清真的人格和操守，足以驳斥《宋史》所谓"不全晚节"的清讯。

"少年志欲扫胡尘"的老诗人，在除夕之夜竟抱着"死前恨不见中原"的遗恨与世长辞了②。临终时，他留下了这样一首千古绝唱《示儿》诗：

　　死去元知万事空，但悲不见九州同。王师北定中原日，家祭无忘告乃翁！③

正如陈祖美先生所评价的："历代与'示子'内容有关的诗歌尽管难以数计，但真正在文学史上占一席地位的却为数不多，至于能够占重要地位的可以说只有陆游一家。"④

---

　　①《九月十四日夜鸡初鸣，梦一故人相语曰：我为莲华博士，盖镜湖新置官也，我且去矣，君能暂为之乎？月得酒千壶，亦不恶也。既觉惘然，作绝句记之》，《剑南诗稿校注》卷五一，第3066页。
　　②于北山《陆游年谱》根据陆游晚年弟子苏泂《泠然斋诗集》卷六诗"三山掺别是前年，除夜还家翁已仙。少小知怜今老去，每因诗句辄潸然"，及《山阴陆氏族谱》"宁宗嘉定二年己巳十二月二十九日卒，年八十五"等材料，定陆游卒期为嘉定二年（1209）十二月二十九日，该年十二月月小，二十九日是除夜，公历为1210年1月26日，享年八十五。宋陈振孙、元方回、清钱大昕等持八十六岁说。
　　③《剑南诗稿校注》卷八五，第4542页。
　　④《陆游等三家"示子"诗述评》，见《陆游论集》，吉林文史出版社1987年版，第106页。

陆游一生为儿孙留下的诗确实最多，既有表现舐犊之爱的如《喜小儿病愈》《喜小辈到行在》，也有表达愤世之情的如《书叹》，还有表现"父子更兼师友份"的论诗谈文之作，有教育儿孙清廉自守、重农务本的如《示儿孙》《送子龙赴吉州掾》等。然而，最终使陆游享有巨大声誉的，能使这一类题材跻身于文学殿堂的却是他临终之作《示儿》。诗人对国家的爱和对民族命运的关注，已超越了生与死的界限。一位八十五岁的老人，在临终易箦之际，仍悬望着祖国的命运，绝笔诗中无一字言及私事。陆游对自己老之将至看得很坦然，所谓"死去元知万事空"，什么都可以丢开，唯独未能见到祖国统一则是终身遗恨。陆游至死也没有失去对北伐的信心，希望自己的崇高理想能在儿孙们身上得以实现，所以特地嘱托子孙，在祭祀时别忘了把王师北定中原的消息相告慰。陆游的这种念想贯穿始终，特别是人到晚年，"不见九州同"的苦恼现实一直困扰着他，使他无法释怀，难以瞑目。临终的肺腑之言，正是他一生志愿的最有力的总结，也是他一生作为和人格力量的最终体现，与宗泽临终"三呼渡河之意"①同样振聋发聩！

这首临终绝笔已非一般意义上的临终嘱托，它可以一字不改地留给千秋万代、普天之下所有爱国的子孙后代，激励他们去完成前辈们未竟的事业。

---

① 《御选唐宋诗醇》卷四七，四库全书本，第3681页。

第十五章　赢得生前身后名

陆游是我国文学史杰出的爱国者，不愧为"亘古男儿"，他是有着特殊人格魅力的诗人。生当北宋灭亡之际，诗人在大宋半壁江山沦亡的社会现实中，立下"上马击狂胡，下马草军书"的志向。一生关注着国家存亡和民族复兴的大业，主张对金作战，在屡受主和派的压抑和罢斥的情况下，始终坚持抗金复国的信念，至死不渝，并发而为诗，在诗中大力表现自强不息的爱国思想和敢为国殇的尚武精神，唱出了时代的强音。

陆游也是创作最丰富的作家之一，一生勤奋治学，笔耕不辍，为后人留下丰富的精神财富和文化遗产。陆游存世作品有《剑南诗稿》八十五卷，《渭南文集》五十卷。明代毛晋曾将陆游作品汇刻成《陆放翁全集》一百五十七卷，1936年世界书局据此影印出版，1986年中国书店再次重印，作品总量达一百五十多万字。

诗歌是陆游平生之绝诣，殊多脍炙人口的篇什。和陶渊明、杜甫的生前寂寞不同，陆游在生前就享有盛誉。时人以尤袤、杨万里、范成大与陆游并称，陆游被誉为"中兴之冠"①，是南渡诗坛稳操牛耳者，并以近万首的规模雄居两宋诗坛榜首。同时代的周必大、杨万里、朱熹等人对陆游评价很高，使他获得了"小李白"②"不蹑江西篱下迹，远追李杜与翱翔"③"在今当推为第一

---

① 〔宋〕陈振孙《直斋书录解题》卷一八，上海古籍出版社2015年版，第541页。
② 〔清〕沈嘉辙等撰《南宋杂事诗》卷一，四库全书本，第64页。
③ 〔宋〕姜特立《陆严州惠剑南集》，见《宋集珍本丛刊·梅山续稿卷二》，线装书局2004年版，第55页。

流"①"笔力回斡甚善，非他人所及"②的巨大声誉。填词乃其余力，今传两卷一百四十多首，仍然跻身两宋名家之列。另外尚涉足于散文创作和史书撰述。《渭南文集》文备众体，"志铭记序之文，皆深造三昧"③，其中《入蜀记》六卷系陆游入蜀途中的日记，是中国第一部长篇游记，是宋代游记散文的佼佼者。另外《老学庵笔记》十卷、《南唐书》十八卷都是知名度很高的著作，其作品在传播的过程中深受世人推重，越来越显示出其独特的精神价值和文化魅力。

诗坛巨擘的奠基：六十年间万首诗

陆游诗名最著，自称"六十年间万首诗"④，创作周期之长，作品之繁富，在宋代诗人中是仅有的。现在我们看到的《剑南诗稿》八十五卷本，只是陆游创作后得以刊行的诗稿，其一生创作的数量远不止此。陆游在严州任上初刻《剑南诗稿》时，已经对自己六十三岁前的诗稿进行了大量删斫，在严州初刊的《剑南诗稿》二十卷本是十里挑一、严格筛选出来的⑤，系陆游亲自校定。退居山阴后，再由长子子虡编次成《剑南诗续稿》四十卷本，也是由陆游亲自校定。陆游谢世后十年，即嘉定十三年（1220），长子子虡遂将陆游一生诗作，包括已刊行的诗稿、晚年未及编次的诗稿和严州初刻所遗七卷《遗稿》等，在江州一并汇编刻成《剑南诗稿》八十五卷，即《剑南诗稿》"江州刊本"。通行的明毛晋汲古阁所刻本就是以此为祖本。据此，流传至今的诗作仍有9300多篇。

清赵翼在《瓯北诗话》中说"放翁诗凡三变"，即少工藻绘、中务宏肆、晚造平淡。从现存的诗稿看，除少工藻绘的特点不明显外，其他两点基本符合陆游创作的进境。陆游早年师从曾几、私淑吕本中，学习江西诗法，现入蜀前诗仅存百余首，大都精粹隽拔，清新可读。中期存诗2500余首，成就最显，是典

---

① 朱熹《答巩仲至》之四，见《晦庵集》卷六四，四库全书本，第1145页。

② 《宋史》卷三九五《陆游传》，第12057页。

③ 《宝庆会稽志》卷五，见《（南宋）会稽二志点校》，第456页。

④ 《小饮梅花下作》，《剑南诗稿校注》卷四九，第2972页。

⑤ 《诗稿自跋》："在严州再编，又去十之九。"《渭南文集笺校》卷二七，第1395页。

型的放翁诗风的代表，也是诗稿中最精华有特色的部分。晚年退居山阴农村，创作最丰，存诗达6600多首，创作重心有所迁移，诗风归于平淡，显示出陆游诗的另一种风味。

陆游成名很早，对陆游诗中的主流创作，即引人注目的爱国诗歌，在陆游生活的年代就引起了足够的重视。郑师尹在为《剑南诗稿》初版作序时就点到放翁诗"忠愤感激，忧思深远"①的特点。杨万里说陆游"重寻子美行程旧，尽拾灵均怨句新"②，罗大经《鹤林玉露》评陆游诗"多豪丽语，言征伐恢复事"③。

在陆游的诗中，忧国和忧民这两种思想感情总是自然交织在一起的。在国势衰微、外敌入侵、金瓯残缺、生灵涂炭的形势下，诗人抚时感事，以诗歌表现了他对国家民族命运的热切关注。他的诗呼吸着时代的气息，自觉地和着时代的脉搏而跳动。强烈的忧患意识，崇高的人格和坚定的信念，构成了他诗歌最强烈、最典型的主旋律。陆游作品中表达民族复兴的愿望和要求，反映抗敌雪耻、恢复中原、建功立业的雄心壮志的诗篇，已经成为激发爱国热情、表现家国情怀最有感染力的文学经典。陆游作品中还有大量抒发报国无门、壮志未酬之愤慨的诗篇，自然还包含着对社会政治的强烈批判，对朝廷当局的昏庸腐败和投降政策的强烈抨击，对封建统治残酷盘剥农民的社会现实的无情披露。总之，陆游爱国主义诗篇囊括了爱国主义精神在文学上所表现的一切领域，爱国主义是贯穿其一生的整体性情感。

陆游诗歌的题材大致可分为两类："一方面是悲愤激昂，要为国家报仇雪耻，恢复丧失的疆土，解放沦陷的人民；一方面是闲适细腻，咀嚼出日常生活的深永的滋味，熨帖出当前景物的曲折的情状。"④这两大类的诗歌，对后代读者都产生了很大的影响。不同的历史时期和不同审美兴趣的读者，对陆游诗歌

---

① 〔宋〕郑师尹《剑南诗稿序》，《剑南诗稿校注》，第3页。

② 〔宋〕杨万里《跋陆务观剑南诗稿二首》其一，见薛瑞生校证《诚斋诗集笺证》，三秦出版社2011年版，第1425页。

③ 《鹤林玉露》卷一四，四库全书本，第507页。

④ 钱钟书《宋诗选注》，人民文学出版社1958年版，第190页。

情感的取舍是不同的，事实确实如此。陆游的爱国诗章写得动情且引人注目，影响很大，是主旋律。除此之外，《剑南诗稿》中尚有其他许多"闲适细腻，咀嚼出日常生活的深永的滋味"等富有意味的诗章，表现出宋代士大夫文人的生活情趣。因此，古代不少选家在选诗鉴赏方面，则常常表现出另一种艺术趣味，就是"略其感激豪宕沉郁深婉之作，惟取其流连光景之作"①，对陆游描写日常生活滋味的闲适诗情有独钟，推崇备至。包括深受陆游的精神感召的诗人如刘克庄、方回等，都喜欢在大量闲适诗中摘章截句，讽咏"重帘不卷留香久，古砚微凹聚墨多"②之属，以致有的读者以为陆游只是"苏州一老清客"③。

陆游是南宋诗坛巨擘，既有志士的豪迈气概，又有文人士大夫的风雅情趣，笔触雄浑、细腻兼备。在诗歌创作方面，具有超群拔萃的艺术感悟力和描摹叙述的本领，在言情咏物、诗酒品题、山水纪游、童稚情趣、修道养生、田园节候、风土民俗、谈诗论艺、游仙纪梦、酬唱赠答、咏史怀古等类型的题材写作上，都十分出彩，有足以传世的精品佳构。特别是一些描写山川景物、花鸟虫鱼及日常情景的诗，后人评价说："至于渔舟樵径，茶碗炉薰，或雨或晴，一草一木，莫不著为歌咏，以寄其意。"④明代善写性灵的"公安三袁"也很推崇这类诗作，袁宗道《偶得放翁集，快读数日志喜，因效其语》评这类诗云"摹写事情俱透脱，品题花鸟亦清奇"⑤，传颂范围极广。

言情之作中最著名的当推以沈园为写作背景的抒情诗。宋诗中爱情题材很少，沈园诗中则俯拾皆是。陆游以诗笔直写夫妇之情伉俪之爱，并且一往情深，恻恻动人，在文学史上殊为罕见。沈园诗以最私人最隐秘的爱情伤痛叙说，引起了后人广泛的共鸣，在诗歌审美形态上，创造了一种出类拔萃的美学意境，成为宋诗中视为孤本的爱情名篇，令后世刮目相看。

陆游是一个有着丰富情感并且善发的人，而这一切又缘于他易感的气质。

---

① 《四库全书总目》卷一六〇，《剑南诗稿八十五卷》提要，中华书局1965年版，第1380页。以下引《四库全书总目》均用该版本，只注明卷次、篇目、页码。

② 《书室明暖终日婆娑其间，倦则扶杖至小园，戏作长句》，《剑南诗稿校注》卷三一，第2079页。

③ 见〔清〕阎若璩《潜邱札记》卷四，载《古典文学研究资料汇编·陆游卷》，第174页。

④ 〔清〕乾隆御选《唐宋诗醇》宋代选苏轼、陆游两家。

⑤ 见〔明〕袁宗道《白苏斋诗集》卷五，载《古典文学研究资料汇编·陆游卷》，第133页。

任何事物，只要真正走进过诗人的心灵，他都会万分投入，终生不忘。他是那么率真天然，连丰富的阅历、坎坷的遭遇也未能改变这种与生俱来的秉性和特质。他的爱国述志诗固然是真情的流露，而貌似飘然出世的"渔歌菱唱"，一直被认为是有悖情志的"消极"之作，也是放翁性情的写照，是一种明眼可见的政治牢骚，一种单纯执着性格常常要犯的偏激。钱钟书《谈艺录》中说"狷急之人作风不能尽变为澄淡，豪迈之笔性不能尽变为谨严"①。陆游性格外向，快人快语，心中郁积既多，发而成诗，于是大气磅礴，沛然而来，虽然艺术手段晦明变化运用上，可能稍逊于苏、辛，但确是情之所至，自有一股激荡于诗、充塞于天地之间的浩然正气，这正是放翁诗发扬踔厉处。

《剑南诗稿》洋洋近万首诗，"譬之深山大泽，包含者多"②，题材涉及极广，元方回的《瀛奎律髓》已把陆游的律诗剖分为二十余类列于唐诗之后，这种分类虽过于庞杂牵强，但也说明诗稿包罗之富，与只守"半亩之宫，一木一石，可屈指计数"③之诗人，自是两种风范。陆诗如深山大泽，蕴涵甚富，有意探索的人，均可在陆游诗中找到一份与自己心境相谐的自得。

陆游在诗歌创作上的大家风范，取自于诗人海纳百川的学习之法。从《渭南文集》的序跋中可以看到，陆游的涉猎面何其广博。他为同时代的韩元吉、范成大、吕本中、晁伯咎、梅尧臣、周必大、曾几、王伯庠、傅崧卿、曾黯、陈造等社会名流，佛照禅师、释行持、隐士师伯浑、澹斋居士陈棠等方外之士皆作过诗集序，④接触过诗歌史上几乎所有有影响的诗人诗集，并为之题跋。唐以及唐以前的有老子《道德经》、《韩非子》、刘向《说苑》、王羲之《兰亭序》、《陶渊明集》《樊川集》《王右丞集》《孟浩然诗集》《李太白诗》《刘随州集》《唐御览诗一卷》《岑嘉州诗集》《中兴间气集》《温庭筠诗集》《柳柳州集》《金奁集》等；宋代的有《西昆酬唱集》《荆公诗（半山集）》《林和靖集》《东坡诗草》《山谷诗》《淮海集》《后山居士诗话》《曾文清公诗稿》《司马光居家杂议》

---

① 钱钟书《谈艺录》，生活·读书·新知三联书店2001年版，第498—499页。
② 〔清〕乾隆御选《唐宋诗醇》卷四二，四库全书本，第3243页。
③ 《唐宋诗醇》卷四二，第3243页。
④ 见《渭南文集笺校》卷一四至卷一五。

《张安国（孝祥）家书》等。①

南宋文人在文学探讨过程中，在创作方面热衷的问题是文学创作究竟有无规律可遵循，即承认作诗作文有法与无法的问题，大都在如何跳出唐人的窠臼上下力。②陆游则不然。他不薄今人又爱古人，广汲博取，承前启后，特别是在熔铸唐宋两代诗歌的整体风格，古、近诸诗歌体式的全方位运用方面，可谓集其大成，有独特的贡献。

当然，作为一生创作极富的诗人，也不可避免地存在着出手率尔、贪多务得的疏误。陆游的诗大都率性而发，直书其事，略少含蓄。其晚年诗，瑕瑜互杂，不暇剪除荡涤，这也是事实。但正如唐诗之美，《全唐诗》未必首首精湛一样，我们看陆游，也应持辩证的眼光。陆游诗的艺术成就，固不像贺裳所言"才具无多，意境不远，惟善写眼前景物而音节琅然可听"③，陆游是性情中人，生命本色披露是他的特色，诗作繁富有所复出，本不应成为否定整体成就的理由。关键是陆游诗是经得起筛选的，其传世名篇与文学史上任何一位大家相比，均毫不逊色，正如四库馆臣所言："安可以选者之误，并集矢于作者哉！"④

"纤艳"又"雄慨"的放翁词

陆游一生精力在诗，词亦处于名家之列。

陆游自己对词常有夷然不屑之意，尽管如此，在当时还是被人看好。南宋诗人、词人兼诗论家刘克庄最先将辛、陆两家并提，并对两家词的内容、风格进行了分析和评点。他说："（放翁长短句）其激昂感慨者，稼轩不能过；飘逸高妙者，与陈简斋、朱希真相颉颃；流丽绵密者，欲出晏叔原、贺方回之上。"⑤这番话自有过誉之处，却概括了放翁词的三类题材风格，即抒写匡复河

---

① 见《渭南文集笺校》卷二六至卷三一。
② 马茂军、张海沙：《困境与超越——宋代文人心态史》，河北教育出版社2001年版，第200页。
③ 见〔清〕贺裳《载酒园诗话》卷五《陆游》，载《古典文学研究资料汇编·陆游卷》，第175页。
④ 《四库全书总目》卷一六〇，《剑南诗稿八十五卷》提要，第1380页。
⑤ 〔宋〕刘克庄《后村诗话》续集卷四，中华书局1983年版，第139页。

山、忧时忠愤"激昂感慨"的爱国词；寄情山水风月、"飘逸高妙"的隐逸词；抒发男女闺情春怨、"流丽绵密"的恋情词。陆游现存的一百四十多首词，主要集中在抒怀、隐逸、恋情三类题材，其中抒怀词有二十余首，抒发类似诗歌一样的志向、抱负和襟怀，笔法率直遒劲，最能代表放翁习气，可看作南宋辛派爱国词的羽翼。恋情词约五十首，多是早、中年所作，或描写一时感遇，或有所寄意，名声最大的当推《钗头凤》。陆游隐逸词近七十首，几占总数一半，大都作于罢职闲居情绪低落时，有超尘拔俗之想，但更多的是"嗟时人谁识放翁"的牢骚，与述怀词抒发的幽愤互为表里，构成放翁词的主体。

放翁激昂感慨的抒怀词是在与稼轩词的比较过程中，逐渐为后人认识并形成词学史上的共识的。金、元两代及明代前、中期，词坛本身比较寂寞，鲜有言及陆游者。但从明末开始至有清一代，接过刘克庄开启的话题，将辛、陆并提和进行比较与评价的论词文字大量出现。①

明末毛晋论放翁词在刘克庄的基础上提出"超爽处更似稼轩"②的看法，浙西词派代表人物汪森则说："樗亭婉丽之什，源于清商诸曲，遂与子夜、欢文竞爽。若矫健疏宕处，则又歌行佳境，非学步辛、陆也。"③明确地将辛、陆并称。王渔洋在其《倚声初集序》中论述唐五代两宋词的不同体派时，将陆游、辛弃疾并列为"变"的一派，并把陆、辛二人视为"英雄之词"的代表作家。清代词话、词论中将辛、陆相提并论者更不乏其人，其中绝大多数是着眼于思想内容和风格特征。如李慈铭谓："放翁词格，殊清快迫稼轩。"④陈廷焯多次将辛、陆并提来进行比较和评论，并在论列唐宋词的十四个体派时，将放翁词列入"辛稼轩体"。⑤

陆游的抒怀词雄快者，以《秋波媚·七月十六日晚登高兴亭望长安南山》

---

① 刘扬忠《陆游辛弃疾词内容与风格异同论》，见《陆游与越中山水》，人民出版社2006年版，第259页。

② 〔明〕毛晋《放翁词跋》，见《放翁词编年笺注》（增订本）附录，第194页。

③ 〔清〕沈雄《古今词话·词评卷下》"董俞玉凫词"条引，上海书店1987年版，第181页。

④ 〔清〕李慈铭《越缦堂读书记》词曲类，上海书店出版社2015年版，第1229页。

⑤ 〔清〕陈廷焯《白雨斋词话》卷八"唐宋名家流派不同"条，人民文学出版社1983年版，第206页。

为代表：

> 秋到边城角声哀。烽火照高台。悲歌击筑，凭高酹酒，此兴悠哉！　　多情谁似南山月，特地暮云开。灞桥烟柳，曲江池馆，应待人来。①

在宋代的边塞词中难得有这样乐观高昂的格调。陆游这首在西北边防前线即兴吟就的词，不仅给他的从军之乐平添了无限风光，也为宋代边塞词补上了亮丽的一笔。

陆游的抒怀词郁勃悲慨者，以《汉宫春·初自南郑来成都作》为代表：

> 羽箭雕弓，忆呼鹰古垒，截虎平川。吹笳暮归野帐，雪压青毡。淋漓醉墨，看龙蛇飞落蛮笺。人误许，诗情将略，一时才气超然。　　何事又作南来，看重阳药市，元夕灯山？花时万人乐处，欹帽垂鞭。闻歌感旧，尚时时流涕尊前。君记取，封侯事在，功名不信由天。②

词充满了对南郑军旅生活深情的回忆。上片以呼鹰截虎、行军露宿、淋漓醉墨三个典型的生活片段，刻画出才气横溢、诗意纵横的浪漫诗人形象，与下片从军不果的愤慨、失意的浩叹形成鲜明的对比，表现郁勃之气。

陆游一些描写壮志不酬的作品写得都极其出色，感情真挚源自内心，出手自然举重若轻，只需寥寥数笔，就能产生情景相生、深致动人的艺术效果。如：

> 雪晓清笳乱起，梦游处、不知何地。铁骑无声望似水。想关河，雁门西，青海际。　　睡觉寒灯里，漏声断、月斜窗纸。自许封侯在万里。有谁知，鬓虽残，心未死！③

---

① 《放翁词编年笺注》（增订本），第44页。
② 《放翁词编年笺注》（增订本），第48页。
③ 《夜游宫·记梦寄师伯浑》，《放翁词编年笺注》（增订本），第80页。

当年万里觅封侯，匹马戍梁州。关河梦断何处？尘暗旧貂裘。　　胡未灭，鬓先秋，泪空流。此生谁料，心在天山，身老沧洲！①

这两首豪纵悲郁的词与辛弃疾的《鹧鸪天·有客慨然谈功名，因追念少年时事，戏作》异曲同工：

壮岁旌旗拥万夫，锦襜突骑渡江初。燕兵夜娖银胡䩮，汉箭朝飞金仆姑。　　叹往事，叹今吾，春风不染白髭须。却将万字平戎策，换得东家种树书。②

都是失意废退期间不甘寂寞的抒愤之作，代表辛、陆爱国词的主体风格。从对比中我们不难看出，两人的作品虽各有自己的个性特色，但由于思想基础相近，现实遭遇相似，英雄情怀更是相合。清末词学家冯煦称许放翁词有"逋峭沉郁之概"③，即指这一类与"稼轩风"相近的作品。毛晋评这类词"超爽处更似稼轩"④，和稼轩词相比，放翁词有时虽然表达得不够蕴藉顿挫，但情之所至，本无暇遮掩，坦诚不隔，直接向人披露诗人那一颗悲怆受伤的心，具有一种独特的感人力量。

陆游的隐逸（闲适）词的代表作有《鹊桥仙·一竿风月》：

一竿风月，一蓑烟雨，家在钓台西住。卖鱼生怕近城门，况肯到、红尘深处？　　潮生理棹，潮平系缆，潮落浩歌归去。时人错把比严光，我自是、无名渔父。⑤

---

① 《诉衷情·当年万里觅封侯》，《放翁词编年笺注》（增订本），第124页。
② 《稼轩词编年笺注》（增订本）卷四，第708页。
③ 〔清〕冯煦《宋六十一家词选》例言，宣统二年扫叶山房石印本。
④ 《放翁词编年笺注》（增订本）附录，第194页。
⑤ 《放翁词编年笺注》（增订本），第149页。

　　这类隐逸词很具个性特色，词中"一竿风月，一蓑烟雨"的无名渔父性格鲜明，气度超然。词连用"潮生理棹，潮平系缆，潮落浩歌归去"三个排比句式，摹写渔父视日月而作，与潮汐规律相谐，顺应自然的天性。词人笔下精心塑造的艺术形象也就是自己人生观念的一种侧面披露。

　　另外如《鹧鸪天·懒向青门学种瓜》：

　　　　懒向青门学种瓜，只将渔钓送年华。双双新燕飞春岸，片片轻鸥落晚沙。　　歌飘渺，橹呕哑，酒如清露鲊如花。逢人问道归何处，笑指船儿此是家。①

《恋绣衾·不惜貂裘换钓蓬》：

　　　　不惜貂裘换钓蓬，嗟时人、谁识放翁。归棹借、樵风稳，数声闻、林外暮钟。　　幽栖莫笑蜗庐小，有云山、烟水万重。半世向、丹青看，喜如今、身在画中。②

俞陛云评："襟怀闲适，纵笔写来，有清空之气。"③这几首词都有清空之气，表现出摆脱世俗，飘然不群的姿态。所以刘克庄称其词"飘逸高妙方面与陈简斋（与义）、朱希真（敦儒）相颉颃"。

　　陆游的隐逸词是飘逸，而不是旷达，陆游的任真与放达是他壮志未酬后的一种情绪反激，也是他孤标独树，不与当道者同流合污的心迹表白。这种政治上的不合作态度，便演绎为词作中的超然，表面上"亦元亮（陶潜）右丞（王维）之匹"④，实质上放翁之放达，既不同于陶潜、王维之恬淡，也不同于张志和、朱敦儒的清真绝俗，他是迫于情势，身闲心不闲，由怨愤化解为无可奈何

---

①《放翁词编年笺注》（增订本），第26页。
②《放翁词编年笺注》（增订本），第134页。
③俞陛云《唐五代两宋词选释》，上海古籍出版社1985年版，348页。
④陈引驰编校《刘师培中古文学论集》，中国社会科学出版社1997年版，第249页。

的放达。所以这一类隐逸词中总不时地流露出幽愤之情："时人错把比严光，我自是无名渔父！"他作于同时的另一首同调词作圭角更露，词云："华灯纵博，雕鞍驰射，谁记当年豪举。酒徒一半取封侯，独去作江边渔父。　轻舟八尺，低篷三扇，占断蘋洲烟雨。镜湖元自属闲人，又何必官家赐与！"①同是渔父形象，后者的不甘已溢于言表，议论的成分也大大增加，从总体感觉上看，总不如"一竿风月"的渔父形象更接近于隐逸主题的原型。词人虽则放达，然急于披心剖胆，留下些许水迹沙痕，让人想见情感汹涌时的浪花。

陆游的咏物词也引人注目。《卜算子·咏梅》"无意苦争春，一任群芳妒。零落成泥碾作尘，只有香如故"的梅花，是对宋韵文化精神特质的艺术诠释，正是在以陆游为代表的南宋诗人笔下，梅花由比德之象提升到道德理想的顶点，成为完美的人格象征，折射出宋韵文化所推崇的君子节操。②有论者从文体的角度，加以比较，认为陆游、辛弃疾、姜夔之咏梅诗词在命意立心方面并没有显著区别，但在情感的深微与浓烈方面，词还是远远高于诗，因为有抒情"言长"之特点，凸显其空灵幽邈的风格特色。③

陆游的恋情词代表作当推《钗头凤·红酥手》：

红酥手，黄縢酒，满城春色宫墙柳。东风恶，欢情薄，一怀愁绪，几年离索，错、错、错。　春如旧，人空瘦，泪痕红浥鲛绡透。桃花落，闲池阁，山盟虽在，锦书难托。莫、莫、莫。④

词用第一人称直抒的口吻，向读者倾诉了一段不堪回首的情感伤痛。笔调如泣如诉，哀怨凄怅，恻恻动人。这首承蜀中新调《撷芳词》"可怜孤似钗头凤"之意另立词牌的新曲，在声情的把握上确实达到了"并茂"的效果。特别

---

① 《鹊桥仙·华灯纵博》，《放翁词编年笺注》（增订本），第146页。
② 肖瑞峰《宋韵文化视域中的陆游》，载《浙江大学学报（人文社会科学版）》2023年第2期。
③ 许芳红《诗显而词隐　诗直而词婉——从陆游、辛弃疾、姜夔的咏梅诗词解读诗词互渗》，载《山西大学学报》2011年第5期。
④ 《放翁词编年笺注》（增订本），第1页。

是由联绵词"错莫"拆分的"错、错、错""莫、莫、莫"前后三个仄声叠字的运用，增添了抒情的力度和韵味。就词本身而言，的确不失为一首感情激烈、诵之令人回肠荡气的言情佳作。

沈园《钗头凤》词碑

陆游在词的创作过程中，曾尝试着向各前辈名家学习，追求各种不同的风格，故其词呈现出多样的面貌。有近花间、柳永的，有萧闲散淡似朱敦儒的，有豪迈感慨如稼轩的，刘克庄对放翁词风这种多样化的特点已有评述。陆游的《放翁词》以"雄慨""纤艳"为其基本风格，又独有自己的艺术追求。讲典重、求工丽、重音律，于雄慨之中呈现出一种特有的典丽之美，音律亦于和谐中带有拗峭之势。这种艺术追求既和当时的词坛风气有关，又和江西诗派的诗学观念及注重"诗内功夫"的风习相联系。[1]

词这种文体要妙宜修，本以柔婉深幽见长，是很适合于抒写男女哀怨之情的。然而，从陆游平生的议论看来，他好像不太瞧得起这种倚声的文体，在自题《长短句序》中明显地表达出他菲薄这种文体的意思，为长短句作序时还称："今绝笔已数年，念旧作终不可掩，因书其首，以识吾过。"[2]与致力于诗的编纂不同，陆游对词的创作和整理是很不经意也不重视的。他的词是不编年的，附存于《渭南文集》之中。作为南宋爱国词的重要词人，陆游虽然留下不少优秀词篇，但与他在诗坛所取得的巨大成就相比，词的创作方面因为缺少别开生面的建树，只能厕身名家之列。

陆游词是南宋爱国词的先驱之一，雄慨处似东坡，纤丽处似淮海，正如四库馆臣所说："游之本意盖欲驿骑二家之间，故奄有其胜，而皆不能造其极。"[3]

① 刘庆云《放翁词的艺术追求与江西诗风》，见《陆游与越中山水》，人民出版社2006年版，第342页。
② 《渭南文集笺校》卷一四，第717页。
③ 《四库全书总目》卷一九八，《放翁词一卷》提要，第1817页。

是为公论。

研究陆游词，以夏承焘、吴熊和笺注，陶然补订《放翁词编年笺注》本最为详备。

博雅精湛"详核有法"的散文和史笔

陆游还是南宋著名的散文大家，在散文上的建树也有目共睹。

陆游的散文绝大部分收集在《渭南文集》五十卷中，另外有《南唐书》十八卷，《老学庵笔记》十卷，《家世旧闻》二卷，《斋居纪事》等。按照传统的文体分类，大致可分三类。

第一类是杂记类记叙文。陆游杂记文涉猎的面很广，《渭南文集》中有表、启、状、疏、书、序、碑、志、记、铭、赞、跋等以记叙为主的文体，作者博古通今，征史议论，知识面极广，语言生动而简约。其中，题、跋、书、记一类的小品文写得最有特色，记事者，只寥寥数语，即栩栩如生。如《跋李庄简公家书》：

> 李丈参政罢政归乡里时，某年二十矣。时时来访先君，剧谈终日。每言秦氏，必曰咸阳，愤切慨慷，形于色辞。一日平旦来，共饭，谓先君曰："闻赵相过岭，悲忧出涕。仆不然，谪命下，青鞋布袜行矣。岂能作儿女态耶？"方言此时，目如炬，声如钟。其英伟刚毅之气，使人兴起。后四十年，偶读公家书，虽徙海表，气不少衰。丁宁训诫之语，皆足垂范百世。犹想见其道"青鞋布袜"时也。①

叙长者坦荡之气，数十字便勾勒出李光的"英伟刚毅之气"，如在目前，使人兴起。还有描写日常生活的杂记短文，如《烟艇》《居室记》《云门寿圣院记》等短章，玲珑剔透而韵味绵长，语言精湛而美不胜收。

---

① 《渭南文集笺校》卷二七，第1377页。

记叙类散文中，最知名的当属《入蜀记》和《老学庵笔记》两部专著。《入蜀记》是一部日记体的游记，文字颇简练。尤其过三峡的一部分，多有描述沿途的自然风光及名胜古迹，他的游记文学犹如山水长卷，读来饶有趣味。在宋代游记散文中首开日记体散文的先河，独辟蹊径，影响了之后的徐兢、范成大的游记类散文创作，下启明人徐宏祖的《徐霞客游记》等，有崇高的地位。《老学庵笔记》内容比较庞杂，里面"杂述掌故，间考旧文，俱为谨严，所论时事人物，亦多平允"①，是"说部之杰出也"②。奇闻逸事、典章名物、历史风尚一应俱全，是研究宋代社会文化的很有价值的文献资料。

第二类是政论文和文论。有论荐才之道的《论选用西北士大夫札子》，论时政方略的《上殿札子》，还有论军事形势的《代分兵取山东札子》等，议论剀切，表现了一个爱国士大夫的用世之心。其文论也值得注意。

第三类是史传文。他多次参加国史、实录和圣政的撰述，有《高宗圣政草》《孝宗实录》一百卷、《光宗实录》一百卷。另外还参加宋代著名方志嘉泰《会稽志》的编撰，并为之作序。但完整保存下来的个人历史著作只有《南唐书》十八卷。陆游的史才为时人所推重，陈振孙《直斋书录解题》卷五载："新修《南唐书》十五卷，宝谟阁待制山阴陆游务观撰。采获诸书，颇有史法。"③钱曾《读书敏求记》卷二载："务观《南唐书》，详核有法。"④李慈铭非常推崇陆游的《南唐书》，说："考南唐事者莫备于此。"⑤

陆游散文的取法，据他的幼子子聿（遹）说："于古则诗书左氏，庄骚史汉；于唐则韩昌黎，于本朝则曾南丰……故落笔成文，则卓然自为一家。"⑥其实，陆游的散文有别于韩愈，他笔下没有韩愈散文那种磅礴的气势，但笔法灵活，意味深长，语言雅洁平易，与曾巩比较接近，成就则不在曾巩之下。《四库提要》评《渭南文集》云：

---

① 〔清〕李慈铭《越缦堂读书记》，上海书店出版社2015年版，第684页。
② 〔清〕李慈铭《越缦堂读书记》，上海书店出版社2015年版，第688页。
③ 〔宋〕陈振孙：《直斋书录解题》卷五，上海古籍出版社2015年版，第137页。
④ 〔清〕钱曾《读书敏求记》卷二，商务印书馆1936年版，第35页。
⑤ 〔清〕李慈铭《越缦堂读书记》，上海书店出版社2015年版，第1199页。
⑥ 陆子遹：《渭南文集跋》，《渭南文集笺校》附录二，第2533页。

游以诗名一代，而文不甚著。集中诸作，边幅颇狭。然元祐党家，世承文献，遣词命意，尚有北宋典型。故根柢不必其深厚，而修洁有余；波澜不必其壮阔，而尺寸不失。士龙清省，庶乎近之。较南渡末流，以鄙俚为真切，以庸沓为详尽者，有云泥之别矣。①

都说陆游文名为诗名所掩，其实陆游的文名和诗名，在当世及后代人心目中同样卓著。宋孝宗称赞陆游"笔力回斡甚善，非他人可及"②，张淏在《会稽续志》中称陆游"学问该贯，文辞超迈……其他志铭记序之文，皆深造三昧，尤熟识先朝典故沿革，人物出处，以故声名振耀当世。"③后人称："放翁文笔简健，有良史风，故为中兴大家。"④朱东润说陆游散文的成就远在苏洵、苏辙之上⑤，是为平心之论。

"笔札精妙，寄意高远"的书法作品

陆游不以书名，但《剑南诗稿》诗集中，有许多关于闲来作草、醉后作书的诗篇，至今还留下许多墨宝，为世人所重视。朱熹称赞陆游的书法"笔札精妙，意致高远"⑥。

陆游书法艺术成就源于家学渊源和自身天分兼苦练。陆游祖父陆佃写得一手刚劲挺拔的好字，父亲陆宰喜欢书法，爱不释手，收藏了不少历代书家的法帖。陆游受家庭的影响，从小学书。他少时借住的云门草堂，即是大书法家王献之隐居练书的地方，留下墨池。后来唐代书僧辨才携真本《兰亭序》在此临池习书。诗人耳濡目染，临池染翰，对书法也颇有兴趣。他在诗中说自己常常

---

① 《四库全书总目》卷一六〇，《渭南文集五十卷逸稿二卷》提要，第1381页。
② 《宋史》卷三九五《陆游传》，第12057页。
③ 《宝庆会稽志》卷五，见《（南宋）会稽二志点校》，第456页。
④ 祝允明《书新本渭南集后》，《渭南文集笺校》附录二，第2544页。
⑤ 朱东润《陆游选集》，中华书局1962年版，第7页。
⑥ 《晦庵集》卷八二《跋周元翁帖》，四库全书本，第8818页。

闭门学书"窗底自用十年功"①，可见他用力之勤。平时"矮纸斜行闲作草"②，在品题和鉴赏方面都有造诣。《渭南文集》中，题跋前人墨迹的文字很多，评价议论也十分精当。其《跋韩立道所藏兰亭序》《跋东坡问疾帖》《跋蔡君谟帖》等，对各种不同的书法艺术都有不少独到的见解。

从陆游现存的书法手迹和碑帖来看，他擅长正、行、草三体书法，尤精于行草书。他在书法上取法唐人，他说自己："草书学张颠，行书学杨风。平生江湖心，聊寄华砚中。"③张颠就是唐代大书法家张旭，精通楷法，草书最为知名。张旭的狂草、李白的诗歌和裴旻的舞剑是唐代三绝。相传张旭常常在酒醉之后狂

《北齐校书图》跋

走落笔，被称为"草圣"。④杨风是五代书法家杨凝式，擅长行草书，笔势雄劲，削繁为简，得欧阳询、颜真卿精髓。这两位书家都以草书见长，与陆游生性放达的个性相近，草书气势雄放，最适合表达陆游束缚不住的个性。美国波士顿美术馆藏陆游书于宋淳熙八年（1181）的行书《北齐校书图》跋，笔力遒劲，字形洒脱奔放，又不失法度，源于"杨凝式"遒严飘逸，意致高远。

陆游写草书喜欢醉后落笔。他把自己比作擅长酒后泼墨的书颠张旭，作草时有酒壮色，能"洗我堆阜峥嵘之胸次，写为淋漓放纵之词章"⑤。他的《草书歌》就是大醉后挥毫狂书之作。诗人以瘦蛟出海、风樯破浪、宝刀飞舞等比喻

---

① 《学书》，《剑南诗稿校注》卷三七，第2414页。

② 《临安春雨初霁》，《剑南诗稿校注》卷一七，第1347页。

③ 《暇日弄笔戏书》，《剑南诗稿校注》卷五二，第3111页。

④ 《饮中八仙歌》："张旭三杯草圣传，脱帽露顶王公前，挥毫落纸如云烟。"《杜诗详注》，第81页。

⑤ 《醉后草书歌诗戏作》，《剑南诗稿校注》卷四，第377页。

形容醉中遒劲横放的笔势，以作草喻作战，提气运笔，满纸风云。笔墨酣畅处，诗人索性脱帽露顶，捶床大叫，一如草圣张颠创作兴奋达到高潮时的模样，此时便将气吞云梦之势，挥扫在高堂三丈壁上，才足以倾泻他的才情和豪兴。《题醉中所作草书后》抒发的是"欲试锋芒空峥嵘"的喟叹。诗人醉眼朦胧，捉笔如执刀戈："酒为旗鼓笔刀槊，势从天落银河倾"，写草书又承用兵之喻，笔墨回旋有力。泼墨作草，恰似一位运筹帷幄指挥若定的大将，在纵目审视烟尘四起的沙场，谈笑间强虏灰飞烟灭。这类草书，气势恢宏，出神入化，奇幻无穷，挥洒的是胸中一腔炽热郁勃的豪放之气。

赵翼说："放翁不以书名，而草书实横绝一时……放翁于草书工力，几于出神入化，惜不传；且无有能知其善书者。盖为诗名所掩也。"[1]

自书诗《游近村》

关于陆游的草书，诗稿中形象性的自评很多，如"老蔓缠松""瘦蛟出海""昏鸦着壁""瘦蛟蟠屈"等，不一而足。赵翼说陆游"草书横绝一时"，可惜的是这类"出神入化"的狂草今天已经无缘看到。流传至今的尚有行草《自书诗卷》（辽宁博物馆藏）、《怀成都十韵》诗和一些书札真迹。这些行草作品老辣而天真，笔势错落有致，既有张、杨的韵味，又吸收了宋代苏、黄、米、蔡四家的笔法，自然融合，又富有新意。

除行草外，陆游的大楷写得沉稳有力。江苏镇江焦山崖壁上有陆游踏雪观"大字之祖"《瘗鹤铭》的摩崖石刻《焦山题名》，七十三个大楷系陆游手书。有汉碑之朴拙天真，又有颜体的饱满浑厚，顿挫有力，实为古代擘窠书法中的上乘之作。明代文彭在《题放翁帖》时说："放翁在当时不以书名，而遒丽若此，

---

① 《瓯北诗话》卷六，人民文学出版社1963年版，第95—96页。

真所谓人品既高，下笔自然不同者也。"①

　　但陆游毕竟不是一个以书法著称的人，从传世的墨迹看，虽有《怀成都十韵》等行草飘逸遒劲，但大多数作品都是信笔写来，比较随意，特别是陆游诗中最自负的狂草，至今不传，所以也很难评论。钱钟书先生在《谈艺录》中有一段较客观的评价，认为后人对放翁草书的印象："徒据诗中自夸语，遂有声闻过情之慕。"②从朱熹等人对陆游书法的评论看，陆游书法应该是自具特色，未必至工。但从《草书歌》形象传神超拔欲飞的笔势看，陆游的确不愧是一位笔力扛鼎的诗坛大家，并且确实有多方面的艺术素养，其书法的风云之气和理论涵养，也是一般书家无法望其项背的。

亘古男儿一放翁

　　陆游之著名，除了他的文学、史学、书法等实绩外，是因为他是南宋著名的爱国者、主战派，在诗歌中倾情表现出尚武思想和民族精神，被誉为"亘古男儿"。

　　清人梁启超在流亡日本时，观察到中国与日本"佑文尚武"的国俗差异后，才深切地感受到陆游诗的精神魅力。他在《读陆放翁集》组诗中写道：

　　　　诗界千年靡靡风，兵魂销尽国魂空。集中十九从军乐，亘古男儿一放翁。

　　　　辜负胸中十万兵，百无聊赖以诗鸣。谁怜忧国千行泪，说到胡尘意不平。

　　梁启超在附注中说"中国诗家无不言从军苦者，惟放翁则慕为国殇，至老

---

① 见《珊瑚网》，载《古典文学研究资料汇编·陆游卷》，第123页。
② 钱钟书《谈艺录》，生活·读书·新知三联书店2001年版，第386页。

不衰"，"放翁集中胡尘等字，凡数十见，盖南渡之音也"①。称许陆游为"亘古男儿"，即在古今中国诗界称得上男子汉、伟丈夫。此种评价是无以复加的，足可说明诗人在国人心目中的崇高地位。中国诗歌多的是汉乐府式的非战之作，陆游的诗却满怀激情地歌颂民族正义战争。虽然他一生看到的多是失败、屈辱、投降，但他始终没有丧失民族自信心，在逆境中崛起，在失意中奋进，在诗歌里表现理想主义和英雄主义的思想，民族自信心、自豪感贯穿他的一生创作。

几乎所有出版的有影响力的中国文学史史书，均以完整的章节和较大的篇幅，给陆游以充分的评价。然而，作为诗人的陆游，其影响已不仅仅局限于文学领域，后人对他的评价，往往超越了文学批评的范畴，把他的文学影响力上升为一种精神感召，他的作品在意识形态领域中，都具有独特的地位。这种被视为"诗魂"的爱国主义主体精神，在陆游一生的创作中是贯穿始终、影响深远的。每当国家民族正处于生死存亡的关头，更多的人是从陆游诗歌中汲取自强不息的精神力量，来激励斗志，鼓舞士气的。陆游作品中的忧患意识和强烈的爱国情感，总是深深地激励着有责任感的中国人。

然而，这一部分爱国抒情诗，在整部《剑南诗稿》近万首作品中的实际数量和所占的比重，实在不是特别多。仅就"量"而言，远远不敌他的闲适诗，却还是给人以"集中十九从军乐"的深刻印象。这说明一种精神和与之相应的篇章，有时并不需绝对的量化，关键在于感发的强度、真切的程度、持久的深度。正如纪昀所言："此种诗（指《书愤》）是陆游不可磨处，集中有此，如屋有柱，如人有骨。"②这些诗将永远是陆游诗的灵魂和脊梁。

以前我们探讨陆游的创作成就时，比较重视外在因素，比如说有据可循的诗学渊源、师承、境遇、交游，等等，而往往忽略对诗人个性气质的解析。其实，创作风貌的不同，很大程度上是诗人精神气质的个性差异造成的。辛弃疾、陆游基本上是处同一时代的人，文学成就不相上下，其面目大不一样。范成大和陆游唱和最多，两人在蜀中有过一段密切的交往，诗风之异，也如同人面，

---

① 《古典文学研究资料汇编·陆游卷》，第389页。。
② 《瀛奎律髓汇评》卷三二，上海古籍出版社2005年版，第1372页。

这不能不说是个性在起作用。陆游那以热烈而坦然为标志的艺术特色，正是他独特性格的体现。与祖、父辈持重、恭厚、稳重的个性不同，陆游实属于多血质外向型情绪激烈的人。他性格中有许多"极端"的因素，如对酒能歌、爱花欲狂，性好奇险、我行我素，有较强的表现欲。诸多方面都有似唐代的李白，但其用世之心的迫切与执着，又远甚于李白。陆游有远瞩政治的能力，并以有文才武略自信自期，却不谙身边的仕途风云，缺少斡旋谋生的能力。太多的文人诗人气质，使他能够在艺术创作领域内纵横驰骋，在梦境醉歌中大显身手，却在现实生活中捉襟见肘动辄得咎。他的性格不适合那个畸形局促的时代，朱熹说"恐只是不合作此好诗，罚令不得做好官也"①，确实，陆游政治上的单纯和热情，是成就他诗歌浪漫情调必不可少的因素。

陆游在政治理想和恢复中原的意念方面，有着强烈和持久的信念。陆游初不愿成为一个诗人，正如辛弃疾未料自己竟成词家一样，文学上的建树实非他们的本愿，都是事功落空后的产物，"蹭蹬乃去作诗人"②。也就是说陆、辛的诗词内容，并不存在多大的"说什么"的差异，关键是"怎样说"的问题。两人因个性的差异，手段自是不同。辛是一个有谋略、有手段，在实践方面可以建立事功且有权变的英雄人物，他的武略文才可以从他壮岁深入金营、只身擒缚叛将张安国、组建飞虎军以及《美芹十论》的论奏中得到证实。当壮志落空后，他便把平生的胆识与谋略手段全用于词的写作中去，这固然是一种艺术需要，同时也包含着作为北人在政治上的一份压抑。在词中往往用曲笔、典实、景物为抒情手段，幽折多变，盘旋激荡，不作直接叙写，赋壮词而不乏曲折含蕴之美，故能独树一帜。与辛弃疾相比，陆游只能算是一个热情而单纯的诗人，无论是处世，还是创作，都表现出这方面的习气。易感、率直、透明、真挚，与辛弃疾有意摧刚敛藏不同，不加讳饰的性情流露以及沛然勃发的盛气，成了陆游艺术创作的特征。性格与诗歌互为表里的创作，使陆游触处皆发，热情真挚而顿挫不足，这也是单纯浪漫个性使然。陆游能在经历了两次北伐失败、屡

---

① 《晦庵集》卷五四《答徐载叔庚》，四库全书本，第5823页。
② 《初冬杂咏》，《剑南诗稿校注》卷七九，第4278页。

遭谗毁摈斥，放废农村整整二十年以后，对朝廷北伐仍怀抱幻想，临殁时尚留下"王师北定中原日，家祭无忘告乃翁"的遗愿，诗人之赤子情怀，如此这般！

诗歌史上，原有许多本色的创作，如屈原作品中高洁好修的向往追求，陶潜诗的任真自适，李白的狂放飘逸，杜甫的忠爱缠绵，他们笔下的任何题材和内容，都时时表现出一种与生命性情襟怀相结合的本色流露，而不仅仅如一般诗人只凭才情技巧"作诗"。才情与技巧可以有一时动人的篇章，但这仅是灵感的偶然萌动，只有以生命本色作诗，才具有足以感发人心的巨大震撼力，这正是伟大诗人与一般诗人的区别所在。陆游就是这么一个用生命本色谱写诗篇，并用整个一生来践诺伟大志向的杰出人物。陆游从江西诗法入门，应该是懂得艺术谋略之道的，但江西诗法显然与他束缚不住的个性有不谐之处，所以他在创作中有意无意地在回避这种谋略而追求坦露率真的个性。

他性格放达，嗜酒如命，不拘小节，是一个对酒能歌脱帽即狂的诗人。他意志坚定，我行我素，不为环境左右。人讥其颓放，他自号放翁，人指责他嘲风弄月，他索性取室名为风月轩，自称"一生不作牛衣泣，万事从渠马耳风"①。陆游意志坚定不仅体现在对社会环境的承受能力方面，而且还体现在对自然环境的适应能力，他性格中有吃苦耐劳的因素，因而能够承受来自坎坷生活和军中苦旅的考验。历史上曾有多少人少年豪壮激烈，一旦受挫后便悲慨不已，或愤世嫉俗，或消沉超遁，暮年壮心不减的并不多见，而像陆游那样"寸心至死如丹"、此情至死未已的人更是寥寥无几。他就是这么一个意志坚定、活生生的具有这么多内在品质的血气方刚诗人，而这种内在品质，又是形成"亘古男儿"不可缺少的内在的性格基础。他用毕生的创作，在诗歌史上把爱国主义主题提高到一个前所未有的高度。

陆游不仅仅是著名的爱国诗人、文学家，他还在诸多领域都有建树，其成就旁及历史学、社会学、心理学、教育、经济、出版业、藏书业、传播学、农业、医学、园林、饮食、书法艺术等领域②。

---

① 《和范待制秋兴》，《剑南诗稿校注》卷七，第611页。
② 高利华《陆游研究三十年述评》，载《文学遗产》2016年第5期。

　　作为中国知识分子的典型代表，陆游身上呈现出中国优秀传统文化中最核心的精神特质，即厚植于心的家国情怀和民族精神，胸怀天下的历史使命和忧患意识，多元包容、和而不同的思想境界，清正廉洁、慎独慎微的人格操持。走近陆游，我们还可以深切体会到宋韵文化雅典精致、细腻丰富的生活特质，陆游深厚的艺术素养和生活智慧，还表现在对琴棋书画诗酒茶等文化精义的熟谙和对寻常生活之热爱。

　　陆游作为大诗人，"纸上得来终觉浅，绝知此事要躬行"式的感悟颇具典范意义；作为爱国爱民的地方官"位卑未敢忘忧国"，士大夫责任感和悲悯之心令人动容；作为乡土诗人接地气，作为高寿诗人懂养生。他热爱生活、充满情趣，一生爱读书，在黄卷青灯的书卷生活中获得了无穷的乐趣。陆游爱国、爱乡、爱生活，重视生命的质量，更注重生命的价值，主张以生前的建树来获取人生的最大意义。他坚韧不拔、始终如一的人生信念和淑世精神获得了后人的敬仰。陆游的人文情怀，包括丰富的情感世界，坚定的人生信仰，达观旷放的性格和丰富的人生情趣，八百多年来，历久弥新，可以融入到当代文化建设中来，传播正能量，提升精气神。

　　陆游的影响是一个不断延伸的话题，以陆游的人品、才学和成就，在他生活的南宋时期得到广泛认可接受，呈现出诗坛、朝堂、民间等多层次接受格局，体现了陆游对当时各阶层普遍而深刻的影响。八百多年来，陆游作品中蕴含的那种对国家民族执着关注的志士情结，对故土乡邦的赤子情怀，对生活境遇的从容豁达，以读书创作为生存乐趣的高雅情操，以及对弱势群体的尊重和深切怜悯，已经跨越了文化、民族与时空，成为人类共有的价值追求，因此才会被不同时代、不同种族的人所敬仰喜爱。诗人一生所释放出的耀眼光芒，将生生不息，永远激励着后人为国家民族的事业奋斗不息。

陆游大事年表

宋徽宗（赵佶）宣和七年（1125）乙巳　一岁

十月十七日（公元1125年11月13日）风雨骇人，平旦，陆游生于淮上。祖父陆佃，著名经学家，官至尚书左丞。父亲陆宰，官至直秘阁、京西路转运副使。母亲唐氏，北宋名臣参知政事唐介孙女。陆游为陆宰的第三子，出生于陆宰奉诏朝京师（开封）途中。后陆宰赶赴新任，其妻儿寓居荥阳。是年，女真大军大举南侵，宋徽宗传位于太子，是为宋钦宗。

宋钦宗（赵桓）靖康元年（1126）丙午　二岁

金人攻陷开封。四月，陆宰罢直秘阁转运副使，举家由荥阳南迁寿春。

宋高宗（赵构）建炎元年（1127）丁未　三岁

金人掳徽、钦二帝北去，中原大乱。宋高宗在南京（今河南商丘）即位，改元建炎。陆宰举家南迁，渡江淮，间关兵间，归山阴故庐，居城内戢山南麓之中正坊。

建炎二年（1128）戊申　四岁

在山阴故庐。时东京留守宗泽英勇抗金，三呼"渡河"而卒。

建炎三年（1129）己酉　五岁

在山阴故庐，陆宰为南郑掾，初识张浚。金人南下，高宗退至临安，此后由越州赴明州，乘船入海。

建炎四年（1130）庚戌　六岁

金人北撤，高宗回越州。陆宰奉祠洞霄宫，携家眷赴东阳山中避乱。陆游入乡校读书，师从毛德昭（文）约在此时。

绍兴元年（1131）辛亥　七岁

高宗在越州改元绍兴。八月秦桧为右相。陆游随父母寓居东阳。

绍兴二年（1132）壬子　八岁

正月，高宗复回临安。八月秦桧罢相，榜其罪于朝堂。陆游仍寓居东阳。

绍兴三年（1133）癸丑　九岁

由东阳回故乡山阴，居中正坊。

绍兴四年（1134）甲寅　十岁

在云门山入乡校，从韩有功及从伯父陆彦远读书。是年九月，赵鼎为相。十一月，张浚知枢密院事，视师北上。

绍兴五年（1135）乙卯　十一岁

从毛德昭游，约在此年前后。是年二月，赵鼎、张浚为左、右相。

绍兴六年（1136）丙辰　十二岁

能诗文，以门荫补登仕郎。

绍兴七年 (1137) 丁巳 十三岁

随父居住城南小隐山园,偶见藤床上有陶渊明诗,读之废寝忘食。与胡杞游学云门山中,约在这一时期。

绍兴八年 (1138) 戊午 十四岁

到禹祠、龙瑞宫等地探胜游赏。是年,秦桧复相,朝廷主和势力复炽。

绍兴九年 (1139) 己未 十五岁

二月李纲、张浚、赵鼎等主战派人士被贬出都。参知政事李纲落职后回乡,居绍兴城内新河里,与陆宰剧谈终日,言及秦桧,愤切慷慨,形于辞色。

绍兴十年 (1140) 庚申 十六岁

与堂兄陆静之(伯山)、陆升之(仲高)等赴临安应试,不第。是年七月,岳飞率军大败女真军于朱仙镇。高宗用秦桧计,诏命班师。

绍兴十一年 (1141) 辛酉 十七岁

与许伯虎等同从鲍季和先生读书,熟读王维诗。是年十一月,宋、金和议成,以淮水为界,宋向金称臣。十二月,岳飞赐死于大理狱。

绍兴十二年 (1142) 壬戌 十八岁

从著名江西诗人曾几学诗,诗集《剑南诗稿》首篇《别曾学士》作于本年。

绍兴十三年 (1143) 癸亥 十九岁

始发愤为古学。秋天,自山阴至临安应进士试。

绍兴十四年 (1144) 甲子 二十岁

上元在临安,从舅光州通守唐仲俊招观灯。是年秋,试礼部不中。初娶唐氏,为陆游母亲堂兄唐意女。赋《菊枕》诗,盖在此时。作《司马温公(光)

布被铭》。

绍兴十五年（1145）乙丑　二十一岁

正月，朝廷再分经义、诗赋二科取士。六月，朱敦儒任浙东提刑，陆游曾受知于朱氏。

绍兴十六年（1146）丙寅　二十二岁

与唐氏仳离，继娶蜀郡王氏，当在此年前后。有剡中、天台之行。朝中秦桧弄权，张浚因忤秦桧，出贬连州。

绍兴十七年（1147）丁卯　二十三岁

在山阴。是年三月，秦桧毒杀岳飞部将牛皋，朝野叹恨。

绍兴十八年（1148）戊辰　二十四岁

三月，长子子虞生。六月，父亲陆宰去世，享年六十一岁。

绍兴十九年（1149）己巳　二十五岁

友人王明清自京江来访，以《彩选》相赠。金主完颜亮自立为帝，改元为天德。

绍兴二十年（1150）庚午　二十六岁

正月，次子子龙生。与陈鲁山（山）、王季史（嶼）、堂兄陆仲高相从，重九同游禹庙，有游观酬唱之乐。

绍兴二十一年（1151）辛未　二十七岁

春日游禹迹寺南沈氏园，与出妻唐氏相遇，不能忘情，赋《钗头凤·红酥手》词题于园壁，当在此年前后。十月，三子子修生。金迁都燕京。

绍兴二十二年（1152）壬申　二十八岁

在山阴。作《送仲高兄宫学秩满赴行在》，以"道义无今古，功名有是非"规劝远离秦桧。

绍兴二十三年（1153）癸酉　二十九岁

秋，赴临安锁厅试，考官两浙转运使陈之茂擢置第一，秦桧孙秦埙屈居其次，触怒秦桧。

绍兴二十四年（1154）甲戌　三十岁

赴礼部试，因论恢复遭秦桧黜落，陈之茂也几遭祸。

绍兴二十五年（1155）乙亥　三十一岁

归山阴居云门草堂，秋，作《夜读兵书》诗。十月，秦桧去世，曾几复出，除提点浙东刑狱，与陆游在山阴会晤。十一月，作《跋唐御览诗》。

绍兴二十六年（1156）丙子　三十二岁

三月，曾几改知台州，陆游有《送曾学士赴行在》诗，流露出关心民瘼的思想。四子子坦生。六月，宋钦宗死于金。十二月，作《跋文武两朝献替记》。

绍兴二十七年（1157）丁丑　三十三岁

四月，作《贺台州曾直阁（几）启》。六月，汤思退为相。九月，曾几应召入对，除秘书少监，陆作《贺曾秘监启》。十一月，作《云门寿圣院记》。

绍兴二十八年（1158）戊寅　三十四岁

冬，以恩荫出仕福州宁德县主簿，取道永嘉、瑞安、平阳。途经瑞安，作《泛瑞安江风涛贴然》诗，流露用世之心。七月，曾几擢任尚书礼部侍郎，陆作《贺礼部曾侍郎》贺启。八月，作《宁德县重修城隍庙记》。

绍兴二十九年（1159）己卯　三十五岁

秋天，改调福州决曹。其间与张维、朱孝闻交游。度浮桥游南台岛、洞宫山等胜景，有《度浮桥至南台》记游。还乘兴航海，有醉题。九月，汤思退、陈康伯为左右相，上《贺汤丞相启》等。冬，辛次膺除福州路安抚使兼知福州，陆作《贺辛给事启》《上辛给事书》。

绍兴三十年（1160）庚辰　三十六岁

正月，奉召赴行在，别福州北归，取道永嘉、括苍、东阳，途中作《东阳观酴醾》诗。五月，除敕令所删定官，居百官宅，作《除删定官谢丞相启》《谢曾侍郎启》等。在行在临安交结奇士，与周必大、邹德章等友谊甚笃。十二月，罢敕令所删定官，在吏部听候差遣，作《潜亭记》。

绍兴三十一年（1161）辛巳　三十七岁

四月，上呈丞相陈康伯《上执政书》。七月，迁大理司直兼宗正簿。八月，作《烟艇记》。九月，金主完颜亮大举南侵，陆游"泪溅龙床请北征"，金兵屯兵瓜洲。上《贺黄枢密（祖舜）启》。十一月，完颜亮为部下所杀，金军不战而退。陆游以敕令所罢，返里一行。往谒曾几于会稽禹迹寺，共叙忧国之情。再入都，在玉牒所任史官。女儿阿绘出生。除枢密院编修官，当在本年冬。

绍兴三十二年（1162）壬午　三十八岁

春天，作《喜小儿辈到行在》《送七兄赴扬州帅幕》诗。六月，宋孝宗即位，上《上二府论事札子》。九月，除枢密院编修官兼编类圣政所检讨官，同官有范成大、周必大等人。作《论选用西北士大夫札子》《代乞分兵取山东札子》，修《高宗圣政》及《实录》。因史浩、黄祖舜的推荐，十一月，孝宗召见，赐进士出身。十二月，呈《条对状》。

宋孝宗（赵昚）隆兴元年（1163）癸未　三十九岁

正月，作《代二府与夏国主书》《上二府论都邑札子》等。张浚督师北伐，军溃符离。三月，陆游与张焘论龙大渊、曾觌结党营私事，触怒孝宗，被排挤出朝，除左通直郎通判镇江府。赴任前返里一行，为堂兄仲高作《复斋记》。秋，与曾几到云门，曾几作《题陆务观草堂》。

隆兴二年（1164）甲申　四十岁

二月，到镇江通判任。张浚以右丞相督视江淮兵马，驻节镇江，陆游以世谊晋谒。四月，张浚奉命还朝，罢相。秋，应知镇江府事方滋之邀游多景楼，赋《水调歌头·江左占形胜》词，张孝祥书而刻之崖石。七月，作《青山罗汉堂记》《跋修心鉴》。八月，张浚病逝。十二月，"隆兴和议"成。

乾道元年（1165）乙酉　四十一岁

用镇江所得薪俸，在山阴镜湖畔三山筑宅，有归隐的打算。二月，作《京口唱和序》《浮玉岩题名》。七月，改调隆兴府通判，自镇江乘船取道建康，溯江赴南昌，途中有《钟山题铭》、《望江道中》诗纪行抒怀。

乾道二年（1166）丙戌　四十二岁

正月，作《跋坐忘论》，第五子子约生。三月，因"交结台谏，鼓唱是非，力说张浚用兵"的罪名被罢归，途经玉山。五月返乡，始卜居镜湖三山。作《跋天隐子之一》，赋《鹧鸪天·家住苍烟落照间》《鹧鸪天·懒向青门学种瓜》词抒愤。是年五月，曾几卒于平江府（今属江苏苏州），享年八十三岁。十月，作《跋老子道德古文》。

乾道三年（1167）丁亥　四十三岁

在山阴，出游上虞。春，作《游山西村》《观村童戏溪上》等诗，自命书室为"可斋"，对农村风土人物多有歌咏。

乾道四年（1168）戊子　四十四岁

在山阴村居，赋《闻雨》诗，悲叹壮志不遂。十一月，作《贺莆阳陈右相

（俊卿）启》。

乾道五年（1169）己丑 四十五岁

三月，以中大夫参知政事王炎为四川宣抚使。八月，陈俊卿为左相，虞允文为右相。陆游上书求职。十二月，以奉议郎起为夔州通判。

乾道六年（1170）庚寅 四十六岁

闰五月十八日，离山阴启程赴夔州通判任，临行作诗《投梁参政》表明心志。沿大运河、长江西行，过姑苏有《宿枫桥》诗，沿途作《黄州》《哀郢》《重阳》《瞿唐行》等诗，十月二十七到夔州，凡旅途经见，写成《入蜀记》六卷。

乾道七年（1171）辛卯 四十七岁

在夔州主管学事兼管内劝农事。正月，作《记梦》诗重提迁都事。春，作《夔州劝农文》。初夏，作《晚晴闻角有感》诗，游览杜甫东屯旧居，作《东屯高斋记》。八月，知州王伯庠移牧永嘉，陆游对通判一职即感厌倦，时有思归之作。九月，所作《追怀曾文清公呈赵教授赵近尝示诗》是最早的论诗之作。十月，为王伯庠《云安集》作序。冬，作《上王宣抚（炎）启》。

乾道八年（1172）壬辰 四十八岁

年初，《上虞丞相（允文）书》请求迁官。四川宣抚使王炎辟陆游为幕宾，以左承议郎权四川宣抚使干办公事兼检法官，入幕南郑。正月启行，取道万州、梁山军、邻水、岳池、广安、利州，途中赋《饭三折铺，铺在乱山中》《岳池农家》《山南行》《南郑马上作》。三月抵南郑，作《游锦屏山谒少陵祠堂》《归次汉中境上》。军旅生活使陆游意气风发，对南郑前线的山川风俗，多有描写，诗歌境界为之一变。入夏，赋《浣溪沙·南郑席上》。七月，登高兴亭赋《秋波媚·七月十六晚登高兴亭望长安南山》，展望胜利；为王炎作《静镇堂记》，并陈"经略中原，必自长安始，取长安必自陇右始"之策，未用。九月，王炎奉召东归，幕僚四散。陆游改除成都府安抚司参议官。十一月，自南郑启程，携同家眷取道剑门关、武连、绵州、罗江、汉州，岁末赴成都任，途经葭萌驿作《清商怨》，过剑门关赋《剑门道中遇微雨》。岁暮抵成都，往游青城山。长兄陆淞卒，年七十三。

乾道九年（1173）癸巳　四十九岁

初至成都，赋《汉宫春·初自南郑来成都作》。春天多咏梅、海棠、牡丹之作。与蜀中名士谭季壬（德称）缔交。是春，调通判蜀州。不久，暂还成都，作《三月十七日夜醉中作》诗、《东楼集序》。夏，摄知嘉州（今四川乐山）州事，路经眉山，识隐士师浑甫（伯浑）。嘉州任上，绘岑参像于壁，刻其遗诗八十余篇，《跋岑嘉州诗集》，赋《登荔枝楼》《九月十六日夜，梦驻河外，遣使招降诸城，觉而有作》《醉歌》等爱国诗篇。十一月，再游青城山，作《红栀子华赋》。冬季，作《宝剑吟》《观大散关图有感》《金错刀行》《胡无人》诸作。《夜游宫·宫词》《渔家傲·寄仲高》也当作于此年前后。

淳熙元年（1174）甲午　五十岁

春，离嘉州返蜀州任，师伯浑送之青衣江上，后有《夜游宫·记梦寄师伯浑》词回寄。蜀州有东湖、西湖胜景，为陆游赋诗游憩之所，此际作《对酒叹》《秋声》诸诗，抒发怀抱。九月，寓成都多福院，作《跋瘗鹤铭》《跋蔡君谟帖》，赋《长歌行》《江上对酒作》，有国仇未报、壮士垂老之叹。冬，摄知荣州事，取道青城山，至荣州。十一月，第六子子布生。十二月，范成大除四川安抚制置使，除夕，陆游得制置司檄，除朝奉郎成都府路安抚司参议官，兼四川制置使司参议官，催赴新任。

淳熙二年（1175）乙未　五十一岁

年初，作《除制司参议官谢赵都大（彦博）启》《贺叶丞相（衡）启》。正月，别荣州赴成都任，官舍在花行。《跋西昆酬唱集》，得堂兄陆升之讣。六月，敷文阁直学士范成大来知成都府，权四川制置使，宾主唱酬，为文字交。成都大阅,感慨赋诗,叹身为儒冠所误。《水龙吟·春日游摩诃池》当为是年前后所作。

淳熙三年(1176)丙申 五十二岁

春日,成都海棠盛开,赋《花时遍游诸家园》组诗,自称"海棠颠",常应范成大招邀游宴,作《范待制诗集序》。春,赋《雨》《题醉中所作草书卷后》。夏初,免官。移居城西南浣花村,作《病起书怀》《剑客行》,不忘国事。六月,得领祠禄,主管台州桐柏山崇道观。人讥其颓放,因自号放翁。九月,作《筹边楼记》《跋温庭筠诗集》《题兰亭帖》。

淳熙四年(1177)丁酉 五十三岁

在成都领祠禄。正月,赋《关山月》《出塞曲》《战城南》《楼上醉书》等诗。春日作《海棠》诗,感慨人言刻薄。五月,作《铜壶阁记》《成都府江渎庙碑》等。六月,范成大还朝,陆游送行至眉州。八月,游邛州、白鹤山。九月到汉州,晤独孤策,小猎于新都、弥牟之间,回成都作《秋晚登城北门》。十月,以"心太平庵"名书室。得都下八月书报,差知叙州,未到任。作《江楼吹笛饮酒大醉中作》,多忧国忧时之思。

淳熙五年(1178)戊戌 五十四岁

正月,作《天彭牡丹谱》,在蜀诗篇,流传都下,为孝宗所见,孝宗念其在外日久,趣召东归。春间奉诏,别蜀取道眉州、青神、叙州转长江东下,放船出峡,途中赋《楚城》《小雨极凉舟中熟睡至夕》《南乡子·归梦寄吴樯》。七月,到临安,召对,除提举福建路常平茶事。九月,暂归山阴故庐,书《怀成都十韵》,真迹至今犹存,作《曾文清公墓志铭》。冬,取道诸暨、衢州、江山、仙霞岭、蒲城,赴福建建州任所,途经江山作《过灵石三峰》诗。是年,幼子子遹生。

淳熙六年（1179）己亥　五十五岁

　　建州任上宦情淡薄，生活寂寥，夏作《思故山》怀念镜湖故庐，又作《前有樽酒行》讽刺达官贵人不念国事、荒淫的生活。入秋作《初秋梦故山觉而有作》。不久奉诏离建安任北归，在衢州皇华馆待命。得旨，改除朝请郎提举江南西路常平茶盐公事，取道上饶、弋阳，赴任途中，赋《鹅湖夜坐书怀》《弋阳道中遇大雪》。十二月，到抚州任，作《江西到任谢史丞相（浩）启》《谢赵丞相（雄）启》等，为《师伯浑文集序》。

淳熙七年（1180）庚子　五十六岁

　　在抚州，正月有《登拟岘台》诗。春夏之交干旱，作《江西祈雨青词》。入夏有《五月十一日夜且半，梦从大驾亲征……》《夏日昼寝，梦游一院……》二首著名梦诗。继而江西水灾，陆游奏拨义仓赈济灾民，并到崇仁、丰城、高安视察灾情。入秋大旱，忽雨，作《秋旱方甚，七月二十八日夜忽雨，喜而有作》诗。八月，作《雨夜》诗，情系民生。作《放翁自赞》，以野鹤涧松自况。十一月，被命诣行在，由弋阳取道衢州，至严州寿昌县界，得旨，许免入奏，仍除外官，行至桐庐，始泛江东归，旋为给事中赵汝愚弹劾，奉祠居山阴。冬，作《小园》二绝。

淳熙八年（1181）辛丑　五十七岁

　　落职家居。三月，除提举淮南东路常平茶盐公事，为臣僚以"不自检饬，所为多越于规矩"论罢，作《上丞相参政乞宫观启》，致丞相赵雄、参政周必大，请求奉祠。在山阴闲居以阳狂自许，赋诗多激愤。夏，赋《夜坐独酌》。入秋，作《九月三日泛舟湖中作》。冬，作《灌园》。《诉衷情·当年万里觅封侯》当作于此时或稍后。是岁浙东大饥，绍兴府境内遭受严重水灾，陆游寄诗浙东提举朱熹，请他早来施赈。

淳熙九年（1182）壬寅　五十八岁

　　五月，除朝奉大夫，主管成都府玉局观，作《五月十四日夜梦一僧持诗编过予，有暴雨诗……》，抒发爱国思想。秋作《草书歌》《夜泊水村》。命名书室为"书巢"，并作记。此后几年基本上在山阴闲居。

淳熙十年（1183）癸卯　五十九岁

在山阴。二月，《跋黄山谷三言诗卷》。五月，赋《军中杂歌》二首。九月，有《月下》绝句，表现闲情逸致，又有《记梦（夜梦有客短褐袍）》为论诗之作。十一月，为径山兴庆万寿禅寺作《圜觉阁记》，赋《六十吟》《看镜》，云"乘除尚喜身强健，六十登山不用扶"。

淳熙十一年（1184）甲辰　六十岁

在山阴。正月，《跋三苏遗文》。初夏，甥桑世昌自天台来访。八月，为高仲武唐人选本作跋《跋中兴间气集二》。冬，有樊江寻梅之作。

淳熙十二年（1185）乙巳　六十一岁

在山阴。五月，作《跋柳柳州集》《跋说苑》等。

淳熙十三年（1186）丙午　六十二岁

春，赋《书愤》自抒爱国情怀。正月，除朝请大夫（从六品），除知严州（今浙江建德）军州事，作《知严州任谢王丞相（淮）启》《谢梁右相（克家）启》《谢周枢使（必大）启》等。二月，赴行在，作《临安春雨初霁》，陛辞时，孝宗谕曰："严陵，山水胜处，职事之暇，可以赋咏自适。"三月，还山阴一行。五月，作《能仁寺舍田记》。夏，作《夜泛蜻蜓浦》。七月初，到严州任，作《严州谒诸庙文》《谒大成殿文》《严州秋祭祝文》等。秋，赋《频夜梦至南郑小益之间，慨然感怀》诗。本年生一女，明年九月即殇。

淳熙十四年（1187）丁未　六十三岁

在严州。正月，作《先太傅遗像》文。春，赋《夜登千峰榭》诗、《丁未严州劝农文》。秋，作《焚香赋》《自闵赋》《思故山赋》。十月八日，高宗崩。入冬，作《喜小儿病愈》《余年二十时，尝作菊枕诗……》二绝，灯下和张志和《渔歌》，怀山阴故隐，追拟《渔夫》五首，《鹊桥仙·一竿风月》等词。刻成《剑南诗稿》二十卷，凡2500余首，知建德县事眉山苏林编次，括苍郑师尹作序。

淳熙十五年（1188）戊申　六十四岁

三月，作《跋半山集》。四月，上书乞祠。五月，《跋李庄简公家书》《跋世说新语》。七月，严州任满，还抵山阴。秋，作《塞上曲（老矣犹思万里行）》，自书《长相思·桥如虹》等词。冬，除军器少监，到临安。陈亮、辛弃疾相会于铅山之鹅湖，畅论时事，意在恢复。

淳熙十六年（1189）己酉　六十五岁

二月初，宋孝宗传位于宋光宗。陆游除朝议大夫（正六品）、礼部郎中。三月，为自制长短句作《长短句序》。四月，兼膳食部检察。七月，兼实录院检讨官，修《高宗实录》。十一月，为谏议大夫何澹弹劾，以作诗"嘲咏风月"罪被斥归故里。此后常家居山阴农村赋诗自适。醉中作草，雪夜读书，仍不忘驰逐疆场，为国效力。

宋光宗（赵惇）绍熙元年（1190）庚戌　六十六岁

在山阴。春，杭州净慈寺高僧慧明来访。立夏，《跋诗稿》，写《醉歌》指责视中原为异域的投降派。秋，醉登秦望山，题诗石壁。写《夜归偶怀故人独孤景略》，追怀好友独孤策。冬，以"风月"名小轩，且作绝句。除中奉大夫（从五品），提举建宁府武夷山冲祐观，在山阴奉祠。

绍熙二年（1191）辛亥　六十七岁

正月，《跋后山居士长短句》。四月，偕子坦、子聿游镜湖周边诸山，登鹅鼻山至绝顶。六月，取师旷"老而学如秉烛夜行"之语，为书斋命名"老学庵"。七月，自三江航海至余姚丈亭，《跋苏氏易传》。九月，知府王信建府学，陆作《绍兴府修学记》。秋作《兰亭》诗，冬作《梅花绝句（幽谷那堪更北枝）》，赞其高标逸韵。

绍熙三年（1192）壬子　六十八岁

封山阴县开国男（从五品），食邑三百户。三月，为天台山慧明法师作《重修天封寺记》。秋，游禹迹寺南沈氏亭园，怅然赋诗，感怀前妻唐氏。赋《荷花》二绝、《秋夜将晓出篱门迎凉有感》《秋日郊居》等诗。上书请再任冲佑。冬，作《夜读范至能揽辔录……》《十一月四日风雨大作》《醉倒歌》《醉卧松下短歌》《落梅》等诗，抒愤明志。第五子子约，卒于本年。

绍熙四年（1193）癸丑　六十九岁

二月，作《严州重修南山报恩光孝寺记》。秋作《书叹》《癸丑七月二十七夜梦游华岳庙》《秋晚闲步，邻曲以予近尝卧病，皆欣然迎劳》等诗。九月五日，范成大卒，年六十八，陆游有挽词。冬，尤袤卒，年六十八，陆游有祭文。赋《赛神曲》《与儿辈论李杜韩柳文章偶成》诗。

绍熙五年（1194）甲寅　七十岁

春，赴山阴花泾、梅仙坞观桃花，有《泛舟观桃花》二绝。作《梦范参政》诗。四月，史浩卒，陆游有挽诗。六月，孝宗驾崩，享年六十八岁。光宗称疾不出，"绍熙内禅"事成，七月，宁宗即位。秋，作《秋晚》组诗，十月作《跋东坡帖》《跋京本家语》，赋《书室明暖终日婆娑其间……》诗，表现书斋生活的闲适宁静。十一月，韩侂胄用事。《谢池春·壮岁从戎》当作于是年前后。

宋宁宗（赵扩）庆元元年（1195）乙卯　七十一岁

在山阴领祠禄。正月，作《跋东坡七夕词后》。春，赋《农家叹》表达对农家的深切同情。九月，《跋渊明集》。是年冬，作《十月十七日予生日也……》追叙淮上出生时的情形，赋《小舟游近村舍舟步归》四绝，记农村风情。

庆元二年（1196）丙辰　七十二岁

奉祠家居。五月，作《会稽县重建社坛记》。请朱熹为老学庵作铭，朱婉辞。夏，作《忆天彭牡丹之盛有感》。九月，作《吕居仁集序》。冬，作《陇头水》表示爱国赤诚。是年祠禄秩满，复被命再领武夷祠禄。朝廷下诏斥朱熹为代表的道学为"伪学"。

庆元三年（1197）丁巳　七十三岁

奉祠家居。五月，妻王氏卒，享年七十一岁，陆游赋《自伤》诗。十一月，《跋毛仲益所藏兰亭》。朱熹寄纸被至，赋诗感谢。次子子龙开始出仕武康尉。

庆元四年（1198）戊午　七十四岁

春，连日至梅仙坞、华泾观桃花。题洪迈《夷坚志》堪补史籍。五月，宁宗再次下诏禁"伪学"，是为"庆元党禁"。夏，作《与子虡子坦坐龟堂后东窗偶书》。十月，祠禄岁满，不复请，祠禄停止，以力耕勉子孙。爱国诗篇有《三山杜门作歌》等。

庆元五年（1199）己未　七十五岁

在山阴。春，赋《沈园》二绝。五月七日，朝廷准予致仕。六月，久旱得雨，作《喜雨歌》。秋，料理故书，得陈阜卿先生手帖有《陈阜卿先生为两浙转运司考试官……》诗追怀。作《法云寺观音殿记》《会稽县新建华严院记》《跋范巨山家训》《跋张安国家问》。入冬，赋《冬夜读书示子聿》强调学问须躬行。

庆元六年（1200）庚申　七十六岁

春，除直华文阁致仕，作乐府歌曲《长干行》。甲申日遇雨，作《甲申雨》指出甲申雨实非天灾，而是人祸。三月，朱熹卒于武夷山中，陆游为文祭之。夏咏《燕》清丽工巧。八月，作《居室记》。九月，作《跋黄鲁直书》《跋兰亭序》《跋乐毅论》《范文正公书》等。岁尾又逢雨灾，作《十二月二十八日夜风雨大作》记之。得子布离蜀东归书报。为韩侂胄作《南园记》当在是年间。

嘉泰元年（1201）辛酉　七十七岁

春，有《追感往事（诸公可叹善谋身）》，指斥投降派。二月，作《会稽志序》。作《春雨》诗念子布将归。三月，至柯桥迎子布东还。五月，《跋王右丞集》。秋，赋《柳桥晚眺》，有手挥目送之趣。冬，作《示子孙》二首，告诫后辈谨持清正勤劳的家风。十月，作《诸暨县主簿厅记》。《剑南诗稿》卷四九《小饮梅花下作》自言"予自年十七八学作诗，今六十年，得万篇"。

嘉泰二年（1202）壬戌　七十八岁

开春作《梅花绝句（闻道梅花坼晓风）》。二月，韩侂胄弛"伪党之禁"，追复赵汝愚、朱熹、周必大之职，对反对派作出让步。次子子龙将赴吉州任，作《送子龙赴吉州掾》诗送行。五月，以孝宗、光宗两朝实录及三朝史未就，宁宗宣召以原官提举佑神观兼实录院同修撰兼同修国史，免奉朝请。六月十四日到临安。十二月，除秘书监（正四品）。闰十二月，作《婺州稽古阁记》。

嘉泰三年（1203）癸亥　七十九岁

正月，除宝谟阁待制，举从政郎曾黯自代。作《梅圣俞别集序》，在临安赋《春日绝句》，意关悼亡。四月，为韩侂胄作《阅古泉记》，以孝宗、光宗《两朝实录》修成，上疏请守本官致仕，不允，除提举江州太平兴国宫。五月十四日，离开临安回山阴。夏，作《湖上急雨》记暴雨奇观。辛弃疾帅浙东，欲为筑舍，婉拒。秋，转太中大夫。十月，作《智者寺兴造记》。冬，赋《晓雪》《养生》等诗。

嘉泰四年（1204）甲子　八十岁

在山阴。春，辛弃疾奉召入对，陆游有《送辛幼安殿撰造朝》诗相送。三月，作《常州奔牛闸记》，衔称：太中大夫充宝谟阁待制、致仕、山阴县开国子、食邑五百户、赐紫金鱼袋。幼子子遹亦以致仕恩得官。三子子修始出仕闽县。四子子坦，始出仕临安。周必大卒，年七十九，作《祭周益公文》。周彦文令画工为陆游写真，自为赞云："名动高皇，语触秦桧。身老空山，文传海外。"

高观国作《水龙吟》为放翁祝寿。

开禧元年（1205）乙丑　八十一岁

在山阴。四月，作《东篱记》。初夏，作《初夏闲步村落间》。秋天，有《记梦二首（少日飞扬翰墨场）（老来百事不关身）》《秋怀》等。冬作《稽山行》《山村经行因施药》歌咏家乡风物，表现与农民的友谊。以"还婴"名室。十二月，作《跋花间集二》《周益公文集序》，赋《十二月二日夜，梦游沈氏园二首》绝句，感怀唐氏。是年冬，子龙、子虞罢官归乡。

开禧二年（1206）丙寅　八十二岁

开春，作《二月一日夜梦》梦遇奇士，共襄大计。春，咏《梨花》回忆南郑生活。夏，有《五更闻雨思季长》思念南郑幕友张缜。五月，杨万里卒，年八十。《跋曾文清公诗稿》，朝廷下诏北伐，陆游对出师积极拥护，赋《老马行》等诗抒发许国壮志，关心北伐。秋，作《城南》《晚菊》，以孤鹤自比，视菊花为"耐久"的朋友，蕴涵深意。子通编就《剑南诗续稿》四十八卷。

开禧三年（1207）丁卯　八十三岁

正月，陆游晋封渭南伯（正四品），食邑八百户。送子虞赴濠州通判任。子龙调官东阳丞，子坦调彭泽丞。是年春，张缜卒于江原。九月，辛弃疾卒于江西铅山，诗文哭祭之。冬十一月，史弥远谋杀韩侂胄向金议和，陆游作诗伤悼。作《放翁自赞》之四，自嘲："进无以显于时，退不能隐于酒，事刀笔不如小吏，把锄犁不如健妇。"

嘉定元年（1208）戊辰　八十四岁

因支持韩侂胄北伐受打击，二月，半俸不复敢请。春，赋《春游（沈家园里花如锦）》怅触旧情，至老不忘。垂暮之年念蜀中名花，作《海棠歌》。夏，作《感事六言》再述爱国深情，冬，游项里作《湖山》，歌咏项羽讽刺和议。《示子通》为晚年论诗之作。岁尾赋诗"传家六儿子，其四今皓首"。

嘉定二年（1209）己巳　八十五岁

　　春，被劾落宝谟阁待制。作《春日杂兴》《夏日六言》爱国诗作，登卧龙山望海亭。秋季爱国诗篇极丰，入冬病情转剧，诗作遽减。病中作《梦中行荷花万顷中》，十二月二十九日（公元1210年1月26日）除夜逝世，葬会稽五云乡卢家岙。临终赋《示儿》诗。

嘉定十三年（1220）庚辰　十一月

　　幼子子遹在溧阳刻成《渭南文集》五十卷，包括《天彭牡丹谱》及致语一卷，《入蜀记》六卷，词二卷。

嘉定十三年（1220）庚辰　十二月既望

　　长子子虡在江州刻成《剑南诗稿》八十五卷。

参考文献

一、著作

《越绝书》，〔东汉〕袁康、吴平辑录，乐祖谋点校，上海：上海古籍出版社1985年版。

《世说新语校笺》，〔南朝宋〕刘义庆撰，徐震堮校笺，北京：中华书局1984年版。

《建炎以来系年要录》，〔宋〕李心传撰，北京：中华书局1988年版。

《建炎以来朝野杂记》，〔宋〕李心传撰，徐轨点校，北京：中华书局2000年版。

《南宋馆阁续录》，〔宋〕陈骙撰，四库全书本，上海：上海古籍出版社1987年版。

《三朝北盟会编》，〔宋〕徐梦莘撰，四库全书本，上海：上海古籍出版社1987年版。

《（南宋）会稽二志点校》，〔宋〕施宿、张淏撰，李能成点校，合肥：安徽文艺出版社2012年版。

《四朝闻见录》，〔宋〕叶绍翁撰，北京：中华书局1989年版。

《直斋书录解题》，〔宋〕陈振孙撰，上海：上海古籍出版社2015年版。

《爱日斋丛钞》，〔宋〕叶寘，丛书集成本，北京：中华书局1985年版。

《齐东野语》，〔宋〕周密，北京：中华书局1983年版。

《乐山县志》，唐受潘修，黄熔纂，民国二十三年铅印本。

《晋书》，〔唐〕房玄龄等撰，北京：中华书局1974年版。

《续资治通鉴长编》，〔宋〕李焘撰，北京：中华书局2010年点校本。

《宋会要辑稿》，〔清〕徐松辑，北京：中华书局1997年影印本。

《宋史》，〔元〕脱脱等纂修，北京：中华书局1977年点校本。

《金史》，〔元〕脱脱等纂修，北京：中华书局1975年点校本。

《全宋词》，唐圭璋编，北京：中华书局1965年版。

《全宋诗》，北京大学古文献研究所编，北京：北京大学出版社1991年版。

《杜诗详注》，〔唐〕杜甫著，〔清〕仇兆鳌注，北京：中华书局1979年版。

《杜甫评传》，莫砺锋著，南京：南京大学出版社1993年版。

《花间集校》，李一氓校，北京：人民文学出版社1958年版。

《会稽掇英总集》，〔宋〕孔延之撰，邹志方点校，北京：人民出版社2006年版。

《苏东坡全集》，〔宋〕苏轼著，北京：中国书店1986年版。

《茶山集》，〔宋〕曾几著，北京：中华书局1985年版。

《周必大集校证》，〔宋〕周必大著，王瑞来校证，上海：上海古籍出版社2020年版。

《稼轩词编年笺注》（增订本），〔宋〕辛弃疾著，邓广铭笺注，上海：上海古籍出版社2018年版。

《南涧甲乙稿》，〔宋〕韩元吉著，刘云军点校，北京：中国社会科学出版社2022年版。

《诚斋集》，〔宋〕杨万里著，四部丛刊本。

《陈亮集》，〔宋〕陈亮著，邓光铭点校，北京：中华书局1987年版。

《晦庵集》，〔宋〕朱熹著，四库全书本，上海：上海古籍出版社1987年版。

《朱熹的历史世界》，余时英著，北京：生活·读书·新知三联书店2004年版。

《江湖后集》，〔宋〕陈起编，四库全书本，上海：上海古籍出版社1987年版。

《后村诗话》，〔宋〕刘克庄著，历代诗话本，北京：中华书局1983年版。

《宋诗选注》，钱钟书选注，北京：人民文学出版社1958年版。

《瀛奎律髓》，〔元〕方回选评、李庆甲集评校点，上海：上海古籍出版社2005年版。

《越中杂识》，〔清〕悔堂老人著，杭州：浙江人民出版社1983年排印本。

《饮冰室文集》，〔清〕梁启超著，北京：中华书局1989年影印本。

《越缦堂读书记》，〔清〕李慈铭，上海：上海书店出版社2015年版。

《鲁迅辑录古籍丛编》，鲁迅著，北京：人民文学出版社1999年版。

《吴越文化论丛》，陈桥驿著，北京：中华书局1999年版。

《吴熊和词学论集》，吴熊和著，杭州：杭州大学出版社1999年版。

《宋代江南经济史研究》，〔日〕斯波义信著，方键、何忠礼译，南京：江苏人民出版社2001年版。

《江西诗派研究》，莫砺锋著，济南：齐鲁书社1986年版。

《两宋文学史》，程千帆等著，上海：上海古籍出版社1991年版。

《宋南渡词人群体研究》，王兆鹏著，台北：文津出版社1992年版。

《宋代文学通论》，王水照著，开封：河南大学出版社1997年版。

《宋诗精华录》，〔清〕陈衍评选，成都：巴蜀书社1992年版。

《困境与超越——宋代文人心态史》，马茂军、张海沙著，石家庄：河北教育出版社2001年版。

《唐宋诗美学与艺术论》，陶文鹏著，天津：南开大学出版社2003年版。

《南宋文人与党争》，沈松勤著，北京：人民出版社2005年版。

《读书敏求记》，钱曾著，上海：上海古籍出版社2007年版。

《华夏饮食文化》，王学泰著，北京：商务印书馆2013年版。

《宋金文学的交融与演进》，张剑著，北京：北京大学出版社2013年版。

《宋代诗词实证研究》，胡可先著，杭州：浙江大学出版社2019年版。

《中国科举通史·宋代卷》，钱建状著，北京：人民出版社2020年版。

《陆游集》（全五册），〔宋〕陆游著，北京：中华书局1976年版。

《陆放翁全集》（全三册），〔宋〕陆游著，北京：中国书店1986年据世界书局1936年版影印。

《陆游全集校注》（全二十册），〔宋〕陆游著，钱仲联、马亚中校注，杭州：浙江古籍出版社2015年版。

《陆游书法全集》（经折装四卷本），故宫博物院等编，北京：故宫博物院出版社2013年版。

《剑南诗稿校注》（全八册），〔宋〕陆游著，钱仲联校注，上海：上海古籍出版社1985年版。

《宋本新刊剑南诗稿》（全三册），陆游著，北京：国家图书馆出版社2017年影印本。

《渭南文集笺校》（全五册），〔宋〕陆游著，朱迎平笺校，上海：上海古籍出版社2022年版。

《放翁词编年笺注》（增订本），〔宋〕陆游著，夏承焘、吴熊和笺注，陶然订补，上海：上海古籍出版社2012年版。

《家世旧闻》，〔宋〕陆游撰，孔凡礼点校，唐宋史料笔记丛刊本，北京：中华书局1993年版。

《老学庵笔记》，〔宋〕陆游著，李剑雄、刘德权点校，北京：中华书局1979年版。

《入蜀记·老学庵笔记》，〔宋〕陆游著，柴舟校注，上海：上海远东出版社1996年版。

《山阴陆氏族谱》，〔清〕陆曾纂修，康熙四十三年（1704）世德堂刻本，上海图书馆藏本。

《陆放翁先生年谱》，〔清〕钱大昕撰，《嘉定钱大昕全集》肆，南京：江苏古籍出版社1997年版。

《瓯北诗话》卷七《陆放翁年谱》，〔清〕赵翼撰，北京：人民文学出版社1963年版。

《陆游年谱》，欧小牧著，北京：人民文学出版社1981年版。

《陆游年谱》，于北山著，上海：上海古籍出版社1985年版。

《宋陆放翁先生游年谱》，刁抱石撰编，新编中国年谱集成第21辑，台北：台湾商务印书馆1990年版。

《陆游研究》，朱东润著，上海：中华书局上海编辑所1961年版。

《陆游选集》，朱东润著，北京：中华书局1962年版。

《陆游传》，朱东润著，上海：中华书局上海编辑所1960年版。

《陆游传论》，齐治平著，北京：古典文学出版社1958年版，长沙：岳麓书社1984年再版。

《陆游》，齐治平著，北京：中华书局1981年版。

《陆游》，曹济平著，南京：江苏人民出版社1982年版。

《陆游传》，郭光著，郑州：中州书画社1982年版。

《陆游》，喻朝刚著，哈尔滨：黑龙江人民出版社1983年版。

《爱国诗人陆游》，〔日〕村上哲见著，谭继山译，台北：台湾万盛出版有限公司1983年版。

《陆游评传》，邱鸣皋著，中国思想家评传丛书本，南京：南京大学出版社2002年版。

《亘古男儿——陆游传》，高利华著，杭州：浙江人民出版社2007年版。

《古典文学研究资料汇编·陆游卷》，孔凡礼、齐治平汇编，北京：中华书局1962年版。

《陆放翁诗解》（上下卷），〔日〕铃木虎雄著，弘文堂书房1967年版。

《陆放翁诗鉴赏》，〔日〕河上肇著，《河上肇全集》第20卷，岩波书店1982年版。

《陆游论集》，吴熊和主编，长春：吉林文史出版社1987年版。

《陆游论集》，绍兴市陆游研究会等编，杭州：杭州大学出版社1993年版。

《陆游散论》，张福勋著，呼和浩特：内蒙古人民出版社1993年版。

《钗头凤与沈园本事考略》，黄世中著，南宁：广西师范大学出版社1998年版。

《但悲不见九州同·陆游卷》，高利华编著，郑州：河南文艺出版社2002年版。

《陆游与越中山水》，中国陆游研究会编，北京：人民出版社2006年版。

《陆游研究》，邹志方著，南宋史研究丛书，北京：人民出版社2008年版。

《陆游研究》，欧明俊著，上海：上海三联书店2008年版。

《陆游与鉴湖》，中国陆游研究会编，北京：人民出版社2011年版。

《陆游诗歌研究》，宋邦珍著，台湾新北：花木兰文化出版社2012年版。

《陆游严州诗文笺注》，朱睦卿笺注，杭州：浙江大学出版社2013年版。

《陆游与汉中》，中国陆游研究会等编，上海：上海古籍出版社2013年版。

《陆游诗歌传播、阅读研究》，张毅著，上海：复旦大学出版社2014年版。

《陆游词接受史》（上下），陈宥伶著，台湾新北：花木兰文化出版社2015
年版。

《陆游与南宋社会》，中国陆游研究会等编，北京：中国社会科学出版社
2016年版。

《陆游评传三种》，苏雪林等著，陶喻之整理，杭州：浙江古籍出版社2017
年版。

《陆游的乡村世界》，包伟民著，北京：社会科学文献出版社2020年版。

《陆游汉中诗词选》（修订本），孙启祥选注，西安：陕西人民出版社2020
年版。

《陆游与浙江诗路文化研究》，中国陆游研究会等编，北京：中国社会科学
出版社2022年版。

二、论文

吴熊和：《陆游钗头凤词本事质疑》，见《文学欣赏与评论》，浙江人民出版
社1982年版。

肖瑞峰：《论陆游诗的意象》，《文学遗产》1988年第1期。

傅璇琮、孔凡礼：《陆游与王炎的汉中交游》，《杭州师范学院学报》1995
年第5期。

孔凡礼：《陆游五题——关于陆游生平的若干资料》，《徐州师范大学学报》
1998年6月。

孔凡礼：《陆游交游录》，《文史》第21辑。

孔凡礼：《陆游家世叙录》，《文史》第31辑。

费君清：《陆游诗歌的乡土风情》，《杭州大学学报》1998年第2期。

姚大勇：《陆游诗家三昧新探》，《学术月刊》1999年第1期。

沈家庄：《论放翁气象》，《文学遗产》1999年第2期。

邹志方：《陆游地名释疑》，《绍兴文理学院学报》2000年第3期。

邱鸣皋：《陆游研究札记》系列，《徐州师范大学学报（哲学社会科学版）》2001年第4期；2002年第2期；2003年第3期。

邱鸣皋：《陆游、吕祖谦、韩元吉关系考述》，《齐鲁学刊》2001年第6期。

许文军：《论陆游在南郑》，《陕西师范大学学报（哲学社会科学版）》2002年第3期。

李强：《陆游碑志艺术特色与系年考辨》，《阴山学刊》2002年第2期。

高利华：《义山无题诗与放翁沈园诗绎说》，《文学遗产》2002年第3期。

高利华：《陆游诗歌研究中的几个问题》，《浙江学刊》2002年第4期。

莫砺锋：《陆游读书诗的文学意味》，《浙江社会科学》2003年第2期。

高利华：《陆游沈园本事诗考辨》，《文史》2003年第2期。

胡传志：《陆游笔下的北方及相关问题》，《中国韵文学刊》2004年第2期。

韩立平：《诗赋并刊与〈剑南诗稿〉版本问题》，《古典文献研究》2004年第12辑。

莫砺锋：《陆游诗中的生命意识》，《浙江学刊》2003年第4期。

钟振振：《陆游诗注辨正》，《浙江大学学报（人文社会科学版）》2004年第5期。

何忠礼：《有关陆游研究中的几个问题》，见《宋史研究论丛》，科学出版社2006年版。

莫砺锋：《读陆游〈入蜀记〉札记》，《文学遗产》2006年第1期。

胡元翎：《陆游词之缺失及原因探析》，《北京大学学报（哲学社会科学版）》2006年第2期。

杨义：《陆游诗魂与越中山水魂》，《文学遗产》2006年第3期。

刘庆云：《放翁词的艺术追求与江西诗风》，《文学遗产》2006年第3期。

陈祖美：《论〈放翁词〉的“创调”和“压调”之作》，《文学遗产》2008

年第5期。

　　许芳红：《诗显而词隐　诗直而词婉——从陆游、辛弃疾、姜夔的咏梅诗词解读诗词互渗》，《山西大学学报》2011年第5期。

　　邱美琼等：《20世纪以来日本学者的陆游诗歌研究》，《南昌大学学报》2013年第4期。

　　黄奕珍：《论陆游南郑诗作中的空间书写》，《文学遗产》2014年第2期。

　　曾维刚：《典范确立：论陆游的当世接受》，《江海学刊》2014年第3期。

　　黄奕珍：《论陆游成都时期爱国诗的特色》，《文学遗产》2016年第5期。

　　高利华：《陆游研究三十年述评》，《文学遗产》2016年第5期。

　　钱汝平：《新见陆游从祖兄陆升之墓志发覆》，《绍兴文理学院学报》2018年第6期。

　　郑永晓：《陆游的西域情结与西域想象》，《北方论丛》2020年第5期。

　　莫砺锋：《陆游与陶诗的离合》，《学术月刊》2021年第5期。

　　胡传志：《陆游的故都想象》，《中国诗学研究》2021年第1期。

　　商宇琦：《陆游入幕行实考辨》，《中国典籍与文化》2022年第1期。

　　肖瑞峰、商宇琦：《士人网络与文献生成：陆游入幕新论二题》，《浙江社会科学》2022年第11期。

　　肖瑞峰：《宋韵文化视域中的陆游》，《浙江大学学报（人文社会科学版）》2023年第2期。